O aparecimento da escola moderna
Uma história ilustrada

Maria Lúcia Spedo Hilsdorf

O aparecimento da escola moderna
Uma história ilustrada

2ª edição

autêntica

Copyright © 2006 Maria Lúcia Spedo Hilsdorf
Copyright © 2006 Autêntica Editora

Todos os direitos reservados pela Autêntica Editora. Nenhuma parte desta publicação poderá ser reproduzida, seja por meios mecânicos, eletrônicos, seja via cópia xerográfica, sem a autorização prévia da Editora.

EDITORA RESPONSÁVEL
Rejane Dias

CAPA
Beatriz Magalhães

REVISÃO
Maria de Lourdes Costa de Queiroz (Tucha)

DIAGRAMAÇÃO
Waldênia Alvarenga Santos Ataíde

	Hilsdorf, Maria Lúcia Spedo
H656a	O aparecimento da escola moderna ; uma história ilustrada / Maria Lúcia Spedo Hilsdorf . – 2. ed. – Belo Horizonte: Autêntica Editora, 2012.
	234 p.
	ISBN 978-85-7526-186-6
	1. História da Educação. 2. Ensino Elementar. 3. Ensino Secundário I.Título.
	CDU 37
	37.046.14

GRUPO **AUTÊNTICA**

Belo Horizonte
Rua Carlos Turner, 420
Silveira . 31140-520
Belo Horizonte . MG
Tel.: (55 31) 3465 4500

São Paulo
Av. Paulista, 2.073, Conjunto Nacional, Horsa I
23º andar . Conj. 2310-2312 Cerqueira César
01311-940 São Paulo . SP
Tel.: (55 11) 3034 4468

www.grupoautentica.com.br

Sumário

Apresentação 7

CAPÍTULO I – **Dos primórdios do Cristianismo ao final da Idade Média** 9
    Séculos V-XI: a Alta Idade Média e as escolas monacais 9
    Séculos XII-XV: a Baixa Idade Média, as escolas episcopais e as universidades 18
    Séculos XIV e XV: o Renascimento e as demandas da burguesia 26

CAPÍTULO II – **A escola secundária erudita** 55
    Século XVI: a criação do colégio de humanidades 55
    Séculos XVI-XVIII: o protagonismo dos colégios de humanidades 72
    Séculos XVII e XVIII: alternativas aos colégios de humanidades 80

CAPÍTULO III – **A escola secundária científica** 109
    Séculos XV e XVI: a ciência fora dos colégios 109
    Século XVII: línguas, ciências e religião 123
    Século XVIII: enciclopedismo e burguesia 136

CAPÍTULO IV – **A escola popular elementar** 157
    Séculos XIV e XV: educação profissional nas escolas urbanas 157
    Séculos XVI-XVIII: educação rudimentar nas pequenas escolas 166
    Séculos XVIII e XIX: aproximações à escola primária 183

Referências 223

Fontes das ilustrações 230

Apresentação

Ensinaram-me que este é o lugar dos protocolos de leitura. Para escapar às injunções das laudas analíticas de um prefácio elucidativo, mas que ninguém lê, fiquei tentada a enunciá-los mediante a formulação sintética de uma epígrafe poderosa, todavia curta demais para satisfazer ao editor. Acabei por optar pela forma do preâmbulo, que espero o leitor receba como uma pequena explicação sobre as condições de produção deste livro, escolha que me parece sensata, uma vez que as tentativas discursivas e tipográficas de controle de sua recepção e uso parecem caducar tão logo as obras saiam de nossas mãos!

O aparecimento da escola moderna: uma história ilustrada é, basicamente, um livro didático, redigido com base em anotações de aulas das disciplinas História da escolarização e História da educação moderna e contemporânea, ministradas na FEUSP, e arranjadas para compor um curso de 12 semanas, correspondentes, pouco mais, pouco menos, aos nossos semestres letivos. Cobre dos primórdios do cristianismo ao início do século XIX, mas dá protagonismo às instituições escolares constituídas nos três séculos (XVI-XVIII) da modernidade pedagógica: o colégio (secundário), primeiramente literário e posteriormente também científico, e a escola elementar (primária). Detém-se, portanto, à soleira do grande movimento de disseminação delas pelos Estados, que marca o início da contemporaneidade pedagógica.

A inventividade nesse percurso, percorrido já em tantos outros textos nacionais e estrangeiros, vem da metodologia com que ele foi construído: recorrendo aos aportes da história da educação e da história da arte conquanto fontes de análise da escola no passar dos séculos, e em seus respectivos contextos. Não é um trabalho de tese, e não está obrigado a conclusões, mas, se há uma ideia que emerge da exploração analítica assim encetada, é que essa escola moderna tem as suas singularidades, se contrastada à escola dos tempos antigos e medievais e também dos atuais, e que penso resultam de ter avançado sobre o plurissecular papel da família na transmissão de valores, conhecimentos e habilidades às crianças e aos jovens e o confinado àquelas novas formas escolares indissociáveis do domínio da leitura e da escrita. Essa compreensão, espero que professores e alunos a desenvolvam com a sua criatividade de leitores. Aliás, espero também que tenham tanto prazer em usar este texto quanto tive em compô-lo.

Este é para os meninos do xerox da Adriana (Marcos, Rafael e Anderson) e para as funcionárias da secretaria do EDF (Maria Luíza, Sandra e Rita), os quais, pacientemente, reproduziram as centenas de imagens escolhidas, até chegarmos à forma final deste livro.

Maria Lúcia Spedo Hilsdorf
São Paulo, março de 2006

Capítulo I

Dos primórdios do Cristianismo ao final da Idade Média

Séculos V-XI: a Alta Idade Média e as escolas monacais

Começamos pela apresentação e análise das instituições escolares que surgiram durante o período medieval, para fazer emergir delas, por contraste, a especificidade das instituições escolares dos tempos modernos, que abordaremos nos demais capítulos.

Na verdade, esse ponto de partida solicita do leitor um recuo temporal ainda mais largo, pois pensamos que a fisionomia própria da educação escolar da Alta Idade Média (séculos V-VIII) começou a delinear-se no interior mesmo do mundo antigo, na sua derradeira fase, aquela que H.-I. Marrou, em *Santo Agostinho e o agostinismo*, nomeou como os "tempos de catástrofe", quando o Império Romano se esboroa, mas a cultura clássica continua viva e influente, permeando tanto a cultura germânica quanto a cristã. Seguramente até o final do século V, segundo P. Riché, as antigas instituições do período romano que ministravam ensino de primeiras letras (as escolas do *ludus magister* ou *litterator*), de gramática (as escolas do *grammaticus*) e superior (as escolas de retórica do *retor* e as de filosofia) funcionavam plenamente, sustentadas quer pelos benfeitores particulares (*evergetes*), quer pela legislação imperial, quer pelos dirigentes das cidades. Aliás, diz também Marrou em outro texto, *História da Educação na Antigüidade*, que a política de romanização do Império Romano passava pelo projeto pedagógico de criação de escolas municipais públicas em todas as províncias anexadas. Vários autores concordam que a mais importante delas era a escola de retórica. É por isso que, sendo também a mais documentada, a nossa primeira ilustração traz a imagem de um *retor* da Gália, a província que fora aberta às influências da cultura clássica desde Júlio César [**Fig. 1**]. Sabemos que o *litterator* era frequentado por meninos e meninas em conjunto, até os 12 anos; depois, entrando na idade núbil, elas eram retiradas da escola, assim como os meninos das famílias menos abastadas. Os meninos ricos prosseguiam nas etapas seguintes. "A escola era uma instituição reconhecida", diz P. Veyne (*O Império Romano*, p. 32), e os meninos têm de se explicar ao mestre quando chegam atrasados para o estudo, como mostra a cena, sempre tocante para o historiador da educação, representada em um baixo-relevo do século II [**Fig. 2**].

De acordo com H. Pirenne, porém, a presença aqui e ali, principalmente nas regiões menos atingidas pelas invasões bárbaras, dessas escolas municipais ou particulares – chamadas então de escolas clássicas ou pagãs – deve ser empurrada até o século X, pois as cidades antigas também não tinham desaparecido ainda, ou perdido poder. Ou seja, a organização do mundo feudal (séculos IX–XI) estava apenas começando, e onde havia vida citadina havia também vida escolar nos moldes da tradição greco-romana.

Seja mais exata a primeira ou a segunda datação,[1] o que importa reter é que nem os bárbaros nem os cristãos destruíram essas escolas, embora tivessem interferido nos saberes nelas ministrados. A história da Patrística (séculos I-IV), por exemplo, pode ser justamente lida como a história das tensões, oposições e conciliações entre a nova doutrina do cristianismo e a antiga cultura clássica, no sentido de que os primeiros padres ergueram, nesse período, o arcabouço doutrinário e de conduta da Igreja ao discutir as relações entre as concepções do judaísmo, do helenismo e dos primeiros apóstolos. Isso se deu em um clima de intensa polêmica, evidenciando a posição ambígua dos autores cristãos diante da cultura greco-romana, com as vozes autorizadas da Igreja oscilando entre a aceitação e a rejeição. Para Taciano (110-172), o único conhecimento válido para um cristão era o da Bíblia; para Tertuliano (160-222), o cristão devia ser impedido de ensinar nas escolas pagãs, embora as crianças pudessem frequentá-las. Houve padres da Igreja que também foram professores de gramática e retórica, ou de filosofia antiga, como Anatólio (?), que ensinava Aristóteles, embora criticando as suas opiniões; e Orígenes (185-255), que combinou o ensino doutrinário com o dos filósofos platônicos, pitagóricos e estoicos, reunindo tantos ouvintes nas cidades de Alexandria e Cesareia que era obrigado a dar aulas ao longo do dia, como lembra R. Nunes, em sua *História da Educação na Antigüidade*

---

[1] As análises de Riché e Pirenne podem ser encontradas em A. Clausse, *A Idade Média*.

Cristã. Esse autor cita também passagem de Eusébio, biógrafo de Orígenes, mostrando como era feito o registro de suas lições, envolvendo ricas práticas de escrita: "quando ditava [seus *Comentários sobre as Sagradas Escrituras*], tinha à sua disposição mais de 7 taquígrafos, que se sucediam por turnos, um número não menor de copistas (que traduziam para o grego as notas taquigráficas) e, também, algumas jovens práticas em caligrafia" (p. 132-3). Ou ainda os dois Apolinários, pai e filho, que foram mestres de gramática e retórica, e, depois que Juliano impediu os cristãos de ensinarem suas doutrinas por um decreto de 362, procuraram criar toda uma literatura escolar cristã, reescrevendo as histórias bíblicas em versos que seguiam as métricas da epopeia e da lírica gregas. Para estes, a cultura clássica preparava para a compreensão das Escrituras Sagradas. E houve da parte de outros a aceitação plena do modelo das escolas antigas, como Panteno de Alexandria e Justino, o Mártir (século II), Clemente de Alexandria e Hipólito de Roma (século III), Gregório de Nazianzo e Crisóstomo de Antióquia (século IV), que, no Oriente e no Ocidente, tiveram as suas próprias escolas de filosofia cristã.

A despeito da posição contrária de muitos padres e bispos, o que acabou predominando foi a interpretação conciliatória definida por Agostinho (354-430), que, por sinal, esteve embasada na realidade da sua própria experiência, pré-conversão, de titular de duas daquelas cadeiras municipais de retórica, em Cartago (374-383) e Milão (384-386). Segundo o programa que ele estabeleceu no *De doctrina christiana*, a forma da educação dos jovens cristãos podia ser clássica, isto é, realizada nas escolas pagãs de primeiras letras, gramática, e retórica ou filosofia, desde que o conteúdo fosse bíblico e propedêutico ao conhecimento sagrado (teologia), cuja fonte máxima é a revelação divina. É o que W. Jaeger (*Cristianismo primitivo y paideia griega*), chama de *paideia christi*: uma formação na qual os antigos conhecimentos do *trivium*, do *quadrivium* e da filosofia foram absorvidos pelo cristianismo para o aprofundamento das verdades religiosas. Neste sentido, as obras doutrinárias elaboradas pelos padres da Patrística e os da geração dos Enciclopedistas, como Boécio (480-524), Cassiodoro (480-575) e Isidoro de Sevilha (560-636), podem ser vistas também como textos escolares. Como eles conciliavam o ponto de vista pagão com o cristão? O procedimento de produção intelectual utilizado para contornar os pontos irredutíveis ao cristianismo era a alegoria, o antigo método de interpretar o pensamento sob forma figurada que a Igreja aplicava aos textos bíblicos.

Assim, as crianças cristãs continuaram frequentando as escolas pagãs remanescentes, enquanto elas existiram. Esse é o *more classicae*, modo ou costume clássico de educação que predominou no Ocidente cristão e se contrapunha ao *more sinagogae*, que caracterizou a educação influenciada pelos padrões judaicos, nos quais educação catequética e educação clássica não se misturavam. Daí podermos entender a mentalidade ascética dos padres do Oriente, ao passo que, no Ocidente, as culturas clássica e bíblica eram ensinadas e praticadas nas igrejas e nos mosteiros. Consagrando esta prática, o Concílio de Toledo (527) legislou para que os bispos criassem nas cidades, junto às igrejas onde doutrinavam *ex-cathedra*, escolas para formar novos pregadores a fim de evangelizar as populações. Nessas escolas catedrais ou episcopais, os candidatos aprendiam tanto o instrumental clássico, propedêutico à cultura bíblica, quanto a doutrina e a liturgia eclesiásticas. Na mesma linha, o Concílio de Vaison (529) determinou o atendimento às populações do campo, prescrevendo que os padres abrissem escolas para as crianças e os jovens das suas paróquias rurais e lhes ensinassem a ler os textos sagrados, a contar e a cantar os Salmos. A despeito de seus vícios, lembra A. Clausse em *A Idade Média*, padres e bispos dominavam a cultura clássica e atuaram como mestres eruditos, muitos deles combinando os recursos da oratória com mensagens simples, como Cesário de Arles (470-542), figura de destaque em Vaison, cujos sermões estavam impregnados de alegorias, com imagens populares e exemplos tirados da vida rural.[2]

Além das escolas paroquiais e catedrais, o século VI viu nascer também as escolas monacais. Elas foram instaladas por iniciativa de fundadores de mosteiros como Bento de Núrsia (480-547), Columbano (540-615) e Beda, o Venerável (673-735), que encontraram em Agostinho os fundamentos da ação educativa escolar sobre os seus jovens membros. Nem todos os mosteiros, porém, aceitaram esse encargo, pois, como lembra bem Peter Brown (*Antigüidade Tardia*), originalmente o monge se definia como o "homem de coração puro" que queria reviver, na solidão do deserto, o Adão do Paraíso, rejeitando tudo o que vinha da cidade imperial romana, fonte de corrupção, inclusive a educação que ela oferecia: "no paradigma monástico a cidade perde sua preeminência enquanto unidade social e cultural distinta (...) [e seu papel de] socialização dos meninos" (p. 279-80). Assim, à medida que a Alta Idade Média avançava para o período feudal, acompanhando o lento processo de perda de poder das cidades, a única forma autêntica e plena de vida cristã aceita à época era aquela que renuncia ao mundo, e o seu representante exemplar era o monge, como diz G. Miccoli (*Os monges*). Lutando contra o mundo, representado pelo sexo, a família e a procriação, abrigados no espaço interno, fechado dos mosteiros, gravitando ao redor do claustro, formando pequenos grupos, microorganismos que eram santuários da vida

---

[2] Cf. um desses sermões em J. Lauand, *Cultura e educação na Idade Média*.

privada – contra o modelo de vida citadina e pública do mundo antigo –, os monges viviam voltados sobre si mesmos, em silêncio e solidão. A sua própria roupa era um casulo, invólucro que os isolava e protegia do mundo [**Fig. 3**].

No entanto, mesmo sendo o modo de vida monástico caracterizado por essa cultura de interiorização, as escolas monacais ou claustrais se transformaram nas mais importantes instituições de ensino entre os séculos V e XI, pois essas comunidades apresentavam outros traços comuns de estabilidade, oração, trabalho manual, obediência ao abade e cultura religiosa, que supunham formação e aprendizado formal. De um lado, ao abandonar as cidades para viver da terra e os seus ofícios, aprendiam atividades produtivas pelo ver-fazer; de outro, para seus misteres espirituais, deviam conhecer a Bíblia, as Regras da ordem, as obras dos padres da Igreja e os 150 Salmos, que cantavam no coro ao longo dos dias e das noites da semana, saberes dos quais se impregnavam pela oralidade, pelo ver-ouvir e pelo colóquio permanente, propiciados pela vida em comum dos mosteiros. Miccoli esclarece os procedimentos empregados nessa formação: a *meditatio* e a *ruminatio*, isto é, a repetição constante, intensiva, cantarolada, dos textos bíblicos aprendidos de cor. Aqueles que quisessem alcançar a "clarificação da fé", como diz M. T. Brocchieri (*O intelectual*), precisavam ter acesso, ainda, ao conjunto dos ensinamentos clássicos e das doutrinas da Igreja, acumulados e registrados nos textos escritos. Ficando assim autorizada a atividade cultural dos monges em sua vida de trabalho, oração e estudo – *ora et labora*, proclamava a exemplar regra beneditina – em cada mosteiro logo passou a funcionar também uma escola, onde os mais velhos instruíam os noviços [**Fig. 4**] na leitura e na escrita, na gramática, na retórica, na filosofia e na teologia. O domínio da leitura e da escrita ensinadas pelos mestres-monges, permitindo o acesso aos textos, marcava simultaneamente o mosteiro como um lugar de prática da *lectio tacita*, a leitura silenciosa, isolada, individual dos textos da tradição cultural do mundo antigo e cristão; da *lectio divina*, a contemplação e a leitura espiritual; e da *glosa*, o comentário escrito dos textos lidos. No silêncio do seu quarto, aquecido pelas cobertas, um jovem monge podia estudar os seus textos e treinar a escrita na cera das tabuinhas, cumprindo suas obrigações de religioso e letrado [**Fig. 5**].

Sendo, no entanto, exigências originais da vida monástica a pureza e a ascese antes do que a ciência, pois eram elas que levavam à contemplação imediata de Deus, logo apareceu a oposição entre os mosteiros tradicionalistas e os de tendências culturalistas. Nestes, centros monásticos abertos à cultura antiga, os monges dispunham de bibliotecas e de um *scriptorium* com todo o instrumental necessário para ler e recopiar os manuscritos antigos, fazer traduções, escrever notas aos textos, organizar súmulas e ilustrar as passagens transcritas: ao longo dos séculos, as ilustrações recriam essas atividades, documentando também os materiais de leitura e escrita [**Figs. 6a, 6b e 6c**]. Os bibliotecários trocavam entre si ou vendiam para os leigos as obras produzidas, formando uma ampla rede de difusão e circulação do escrito. Nos mosteiros da Irlanda, praticava-se a leitura e a escrita do grego, não habitual no restante da Europa. Mas, havia também, em toda parte, muitos livros traduzidos ou compostos em língua vulgar para aqueles que não sabiam latim ou grego.

Ao tempo do Império Carolíngio (séculos VIII e IX), os culturalistas levaram ao extremo as funções educativas e escolares dos mosteiros, ao fazer deles verdadeiros celeiros de religiosos que eram, simultaneamente, funcionários do reino: a educação não era mais assunto privado da Igreja! Sob a orientação do monge Alcuíno (735-804), Carlos Magno – e depois dele, com força menor, seus sucessores, Luís, o Piedoso; Carlos, o Calvo; Luís, o Germânico; e Lotário –, empreendeu a reforma das escolas monacais, o que atingiu também as escolas paroquiais e episcopais existentes, para que se tornassem centros de formação de notários e escribas. Os estudos dos jovens monges foram ampliados para abarcar, além de ler e escrever latim, a estenografia (tomar notas), cantar os Salmos, calcular, e o conjunto do *trivium* e do *quadrivium* antigos, chamado de as "7 artes liberais". Para a gramática latina, a primeira arte do *trivium* e a mais importante para o domínio da língua, usavam-se os manuais de Donato (século IV), Marciano Capela (século V), Prisciano (século VI), Abbon de Fleury (945-1004), e de Rathier de Verona (?-952), cujo texto, pela facilidade, ficou conhecido entre os estudantes como *spara dorsum*, isto é, o "poupa-costas". A retórica era ensinada com base em obras de Cícero, Virgílio, Horácio, Terêncio, Ovídio e Juvenal, e para a dialética empregavam as *Categorias* de Aristóteles, as *Tópicas* de Cícero, os tratados de Boécio, e o *Isagoge* de Porfírio. Depois, vinham as disciplinas do *quadrivium* – aritmética, geometria, astronomia e música – a partir de textos de Boécio, Capela, do abade Abbon e de pensadores árabes. Para aqueles que culminassem os estudos com a teologia, as obras dos padres da Igreja. Como se vê dessa relação de autores, a nova cultura monástica continha sobrevivências fortes do pensamento antigo.

Uma vez que os *scriptoria* deviam também produzir e reproduzir documentos legais, ditados aos monges escribas por reis [**Figs. 7a e 7b**], autoridades eclesiásticas [**Fig. 7c**] e nobres [**Fig. 7d**], praticavam-se também as formas retóricas do *dictamen prosaicum*, que ensinavam a redigir cartas, memoriais, leis e escritos de negócios. Para a notação deles os copistas desenvolveram um novo tipo de letra minúscula, mais legível que a uncial criada pelos romanos e a gótica dos germânicos, porém mais trabalhada que a cursiva, a escrita rápida praticada entre os leigos [Figs. 8a e 8b]. Saber especializado, pois era caligráfica, isto é, desenhada, a letra carolíngia tornou-se, durante séculos, o modelo de escrita usado para o registro dos textos do poder, da Igreja e do Estado. A respeito, vale a pena citar R. Nunes, em *História da Educação na Idade Média*, que recupera uma passagem de Eginardo, biógrafo de Carlos Magno, sobre as dificuldades do soberano com a escrita: "Só não sobressaiu na habilidade caligráfica, tanto que fazia de travesseiro as tabuinhas e as folhas de pergaminho, para se exercitar na caligrafia nas noites de insônia" (p. 132). Uma espetacular ilustração de um manuscrito do século XII mostra [Fig. 9] uma aula coletiva de escrita para jovens monges, que praticam individualmente nos seus rolos, enquanto os demais esperam, sentados em círculo e conversando, a sua vez de serem chamados para o exercício com o mestre. Sugere, no entanto, que os resultados podiam depender menos dos aprendizes do que das técnicas e dos materiais de ensino empregados!

Com essa intervenção realizada pelos carolíngios – que Clausse avalia como nem popular nem leiga, e de resto nem do interesse do papado, pois implicava a politização da Igreja pelo Império –, os mosteiros foram consolidados como os grandes centros de cultura da Alta Idade Média. Os de Paris (Saint Germain-des-Prés, Saint Vitor, Saint Denis), Fleury-sur-Loire, Reichenau, Saint-Gall, Bec, Laôn, Reims, Chartres, Yarrow e Barking, entre outros, sediaram escolas famosas, que recebiam tanto os futuros monges, nas escolas internas, quanto estudantes que não se destinavam à vida monástica, nas escolas externas [Figs. 10a, 10b e 10c]. Alcuíno irradiou a sua reforma a partir do mosteiro de Tours, depois de ter dirigido a escola de York entre 767 e 796; Gerbert de Aurillac (950-1003) ensinou em Reims, entre 972-982, e seu aluno Fulberto (?-1029), em Chartres; Bec foi a casa de Lanfranco (1005-1089) e de Anselmo (1033-1109), Barking, a da culta monja Lioba (?), e Gandersheim, centro de cultura esplendorosa, a de Roswita (935-1000), monja que reinventou a composição teatral no Ocidente, segundo diz J. Lauand em *Cultura e educação na Idade Média*.[3] No claustro de Hohenbourd, já no século XIII, viveu Herrad de Landsberg, que escreveu para suas noviças o manual escolar *Hortus deliciarum*, um resumo dos saberes do seu tempo que elas deveriam aprender – conhecimentos bíblicos, artes liberais, música, jardinagem e agricultura –, ilustrado com delicadas iluminuras. A escola claustral de Yarrow formou Beda, o Venerável, leitor, comentarista e tradutor de textos clássicos e autor de tratados escolares, e Egbert, futuro diretor da escola catedral de York, onde estudou e ensinou Alcuíno. No mosteiro de Fulda, Rabano Mauro

---

[3] Lauand apresenta peças de Roswita nessa obra e em *Educação, teatro e matemática medievais*.

(776-856) compôs o *De institutione clericorum*, um livro de formação para o clero que mais uma vez retomava as orientações de Agostinho, e o *De universo*, texto que atualizava o *Etimologias* de Isidoro de Sevilha, compendiando todos os conhecimentos sacros e profanos da época. Em Reichenau viveu Walafrido Estrabão (806-849), que registrou em um *Diário* todos os pormenores da sua vida de estudante na escola externa do mosteiro, entre 815 e 825.[4]

Padres e monges também orientavam a vida dos leigos, escrevendo manuais conhecidos como *Espelhos dos príncipes* e *Espelhos dos leigos*, contendo as normas de conduta que eles deviam seguir. Foram tão difundidos que, em 843, Dhuoda, uma mulher do círculo da nobreza de Carlos, o Calvo, escreveu um deles para o filho Guilherme, sobre os deveres de piedade e estudo modelares para um jovem aristocrata.

No entanto, desde o início do século IX vinha crescendo o intenso movimento reformador do monaquismo no sentido contrário, favorecendo o culto, a liturgia e a contemplação em detrimento do estudo da cultura clássica. Bento de Aniana (750-821), colaborador de Luís, o Piedoso, não queria alunos externos nas escolas dos seus claustros, e conseguiu que o Concílio de Aix-la-Chapelle (817) validasse essa restrição. A reforma do mosteiro beneditino de Cluny foi realizada em 910, e logo cerca de 300 outras casas acompanharam a sua proposta de rejeição da síntese agostiniana e retomada da vida ascética e reclusa para os monges. Clausse relata que a escola externa de Cluny foi suprimida, e a interna limitada a sete alunos; o abade Majolus proibiu a leitura de Virgílio, e o monge Otloh de Ratisbona proclamava: "Os amigos da sabedoria terrena podem ficar com seu Cícero, nós, nós queremos seguir o Cristo, que escolheu não letrados, mas pescadores por discípulos" (p. 133). Pedro Damião (1007-1072) também foi muito claro na sua opção ao declarar: "Cristo é a minha gramática". Bernardo de Claraval (1091-1153), o autor da reforma de Cister, seguida por outros 68 mosteiros da Europa, considerava que o conhecimento de Deus era atingido pela iluminação mística e não pelo estudo, e apenas a oração e a penitência eram os procedimentos válidos para a vida monástica. Para ele, o dever do monge era orar, gemer e chorar os pecados,[5] opondo-se claramente a outros, como Berengário (?-1088), mestre de teologia em Tours, que aceitava ensinar a dialética como instrumento da razão para desenvolver o conhecimento humano, e com tanto radicalismo que sua posição acabou identificada àquela dos heréticos. A tendência culturalista cedeu então o protagonismo à tradicionalista, do mosteiro como

---

[4] Cf. texto traduzido e comentado por C. Sousa, em *Cadernos de Filosofia e História da Educação*, II, 3.

[5] Cf. o seu sermão sobre o conhecimento, em Lauand, *Cultura e educação na Idade Média*.

"escola do amor místico" como queria Bernardo, configurando a grande crise das escolas monásticas do século XI.

A questão intelectual que estava no cerne dela se resolveu pela via intermediária, representada por Lanfranco, abade de Bec e mestre de Anselmo, ao dizer que a razão dialética devia ser cultivada sim, mas para servir à fé. Essa posição abriu caminho para a atividade escolástica dos séculos XII e XIII, mas não garantiu a permanência das escolas monacais: o predomínio dos anticulturalistas acabou por levar ao fechamento ou perda de importância das escolas internas dos mosteiros, que passaram a aceitar poucos estudantes da ordem, e à decadência do estudo das 7 artes liberais e da teologia nelas realizado. Naquelas escolas abertas para alunos externos que sobreviveram, uma cerca ou um muro separava essas dependências dos demais espaços do enclave, como mostra a planta do mosteiro de Saint-Gall [Figs. 11a e 11b].

SABERES ESCOLARES NA ALTA IDADE MÉDIA

Fontes: R. Nunes, *História da Educação na Idade Média* e A. Clausse, *A Idade Média*

Escolas Paroquiais: Ler, calcular, doutrina, cânticos do coro; para alguns, escrever

Escolas Monacais e Episcopais:
7 ARTES LIBERAIS compreendendo
Trivium

Gramática	Donato (350) – *Ars minor* e *Ars maior*
	Prisciano (500) – *Institutio grammatica*
	Pseudo-Catão – *Disticha*
	Aviano – *Fábulas*
	Teódulo – *Égloga*
	Ovídio – *Metamorfoses, Arte de amar, Remédios do amor*
	Vírgílio, Horácio, Plauto, Juvenal Cassiodoro
	Beda
Retórica	Alcuíno
	Sermões de Jacques Vitry – *Thesauros*
	Composições Epistolares – *Dictamen*
Lógica e Dialética	Cícero – *Tópicas*
	Marciano Capela – *Núpcias de Filologia e Mercúrio*
	Isidoro de Sevilha – *Etimologias*
	Porfírio – *Isagoge*
	Mario Vitorino – *Definições*
	Apuleio – *Peri Hermeneias*

                    Boécio – *Lógica vetus* (correspondendo ao 1° livro do *Organon* de Aristóteles)
                    Cassiodoro

Quadrivium
Aritmética   Boécio
Astronomia e Física
Geometria e
Geografia   Euclides – *Elementos*
                                Plínio, o Antigo
                                Solino
                                Marciano Capela
                                Boécio – *Geometria*
Harmonia (Acústica e
Música)   Boécio – *De musica*

FILOSOFIA E TEOLOGIA
                    Bíblia
                    Padres da Patrística: Agostinho – *Catechizandis rudibus*
                    Gregório I – *Moralia*

Séculos XII-XV: a Baixa Idade Média, as escolas episcopais e as universidades

A decadência da vida cultural e escolar nos mosteiros provocada pelas disputas entre tradicionalistas e culturalistas repercutia uma condição mais ampla da sociedade: a crise do mundo feudal e a retomada da vida nas cidades. Em movimento desde o século XI, o renascimento urbano na Europa Ocidental explodiu no século XII, provocado pela reorganização da função comercial das cidades, tanto nas remanescentes do mundo antigo (*urbs*) quanto nos bairros que tinham crescido ao pé das muralhas dos castelos ou em torno dos próprios mosteiros (*burgos*). Acompanhando a configuração geral da sociedade ameaçada pelas invasões e a violência do mundo feudal, estas novas aglomerações foram sendo edificadas como fortalezas, com funções defensivas, atraindo para o abrigo dos seus muros os trabalhadores que fugiam dos campos devastados. O ponto de inflexão ocorreu, no entanto, segundo J. Le Goff (*O apogeu da cidade medieval*), quando seus moradores conquistaram os direitos de liberdade pessoal e de associação diante do controle econômico e jurídico dos senhores feudais, ou dos bispos e abades dos mosteiros para quem trabalhavam. H. Monteiro (*O feudalismo: economia e sociedade*) transcreve documentação da época, registrada pelos escribas e notários, mostrando como as cidades de Le Mans e Laôn conseguiram o direito de formar uma comuna, isto é, uma cidade independente, respectivamente em 1070 e 1115, a primeira por meio de uma revolta contra o senhor feudal e a segunda, por compra:

> Então, [os habitantes de Le Mans] tendo feito uma associação a que chamaram comuna, ligaram-se uns aos outros por juramentos e obrigaram os outros grandes da região a jurar fidelidade à sua comuna. Tornando-se audaciosos por esta conspiração, principiaram a cometer inumeráveis crimes, condenando indiscriminadamente e sem causa muitas pessoas, cegando algumas pelas menores razões, e, o que é horrível dizer, enforcando outras por faltas insignificantes. Queimaram mesmo os castelos da área durante a Quaresma, e, o que ainda é pior, durante o período da Paixão de Nosso Senhor. E fizeram tudo isto sem razão. [...]
>
> O clero, considerando esta situação com os arcebispos, e os próceres, pretextando motivos para exigir dinheiro ao povo, deram-lhe [ao senhorio de Laôn], através de intermediários, a oportunidade de ter licença para fazer uma comuna, se pagasse uma soma compatível. Comuna é uma nova e péssima designação de um acordo pelo qual todos os cabeças de casal pagam aos senhores, apenas uma vez no ano, o tributo usual de servidão e, se cometem um delito infringindo as leis, saldam-no por um pagamento legal; também ficam inteiramente livres das demais exações do censo usualmente impostas aos servos. O povo, agarrando esta oportunidade para se libertar, juntou grandes somas de dinheiro a fim de saciar a sofreguidão de tantos avarentos; e estes, agradados com a abundância que lhes chovia em cima, prestaram juramentos, comprometendo-se no assunto. (p.61-2)

Em contraposição ao sistema feudal dos séculos IX-XI, marcado por práticas de servidão, formas de possessão dependentes e regime social fortemente hierarquizado, enfim, caracterizado como socialmente estático, nas comunas havia uma intensa atividade de compra e venda de produtos e serviços – seus moradores se reuniam em corporações de ofícios (*universitates*), sendo os mercadores de tecidos de lã os primeiros a assumir essa forma de produção – e sua organização social era muito mais dinâmica e fluida. Reencontradas a autonomia e a mobilidade, a praça do mercado tornou-se o centro da vida urbana. É por isso que os burgueses, cuja mentalidade é a do espírito livre e empreendedor, irão compor o tipo humano exemplar dos próximos séculos. Na base dele estava a revolucionária prática comercial da separação entre a mercadoria e o mercador: graças ao desenvolvimento dos serviços bancários, às viagens mais seguras com o declínio das invasões e à liberdade de ir e vir sem ter que pagar taxas e impostos aos donos das terras, dos caminhos e das pontes, o mercador não precisava mais acompanhar a mercadoria, podendo agir apenas como organizador e administrador do seu negócio. A atividade comercial se dinamizava à medida que o mercador se estabilizava.

Explica-se, então, porque no período pós-feudal a centralidade da formação cultural e escolar tenha se deslocado das escolas monásticas – já reduzidas pelas querelas anticulturalistas às suas funções precipuamente religiosas – para as escolas que os bispos mantinham anexas às igrejas catedrais. A catedral era a igreja da cidade, uma igreja urbana, aberta aos seus moradores, e nessa ligação G. Duby (*A Europa na Idade Média*) encontra o fundamento da sua renovada função educadora no Ocidente. De um lado, o próprio edifício da catedral enunciava pela sua arquitetura, suas estátuas e pinturas, seus altos vitrais que deixavam passar a luz, a aceitação dos novos traços mentais de abertura, confiança e otimismo que os burgueses traziam: configurando uma pedagogia da imagem, a arte gótica das catedrais francesas reafirmava que Deus (e sua representante no mundo dos homens, a Igreja) era fonte de autoridade, luz e salvação. De outro, ao manter uma escola anexa à sua igreja como parte das suas obrigações pastorais, o bispo confirmava que a vida cristã do povo burguês nas novas comunidades dependia de padres pregadores, formados na pedagogia da palavra falada e escrita. Daí o verdadeiro surto das escolas catedrais no século XII, tão importante que esse autor diz que, além do mercado, o outro polo dinamizador das cidades nesse período é a catedral com sua escola: as cidades renascem pela presença do mercado, mas, além das suas bases sociais e econômicas, crescem em importância também pelas suas funções culturais, inclusive a educação escolar ministrada pela escola anexa à igreja catedral.

Nessas escolas catedrais ou episcopais, a prática dos estudos continuava a cristianizar a Antiguidade, mas elas eram escolas urbanas, dinâmicas como os mercados e as igrejas dos bispos, e suas marcas características configuravam uma cultura escolar profundamente modificada em relação às escolas dos mosteiros. Em primeiro lugar, porque a *licentia docendi* (licença docente, direito de ensinar), apanágio dos bispos e clérigos, passou a ser tratada como um serviço, sujeito às regras do mercado, e muitos homens comuns dispuseram-se a comprá-la, de modo que, além dos religiosos, havia professores leigos, inscritos na Igreja, controlados e legitimados por ela, mas que não estavam mais presos aos votos eclesiásticos nem circunscritos a atividades no interior dos mosteiros. Formou-se uma categoria nova de profissionais do ensino, os mestres-livres (*clerici vagantes*), que, seguindo a mesma prática dos demais grupos de trabalhadores, iam de cidade em cidade oferecendo seus serviços intelectuais. Requisitados pelos bispos, ou contratados temporariamente pelas próprias autoridades das comunas para ministrar as disciplinas das 7 artes liberais, abriam escolas ou cursos de ler e escrever latim, e os saberes do *trivium* e do *quadrivium*. Eram muito solicitados também para ensinar o direito romano: como estavam formalizando suas cartas de privilégios para contestar e se defender das investidas dos senhores feudais, as cidades precisavam de conhecedores dos antigos códigos do Império Romano, versando sobre assuntos públicos, e que tinham caído em desuso diante do direito germânico ou bárbaro, que legislava do ponto de vista do privado, isto é, das famílias e dos clãs. Correspondentemente a esses professores, emergia a figura do novo aluno, homens – mas também mulheres – das cidades que acorriam para ouvir e seguir os cursos [Figs. 12a e 12b].

Depois, porque os contatos com o Oriente, promovidos pelas Cruzadas (desde 1095) e pelo comércio marítimo, possibilitaram o reencontro com uma antiga produção cultural pouco conhecida no Ocidente. *O corpus* integral dos textos aristotélicos foi todo recuperado – compare-se com o que se conhecia até então, de Aristóteles: a tradução que 600 anos antes Boécio fizera de parte da *Lógica* –, bem como as obras dos seus comentadores árabes, traduzidas para o latim, e também a legislação justiniana e tratados de médicos gregos e árabes. Consultando o mapa dos centros de cultura do período [Fig. 13], vê-se que as escolas monacais e os *scriptoria* de produção de textos não desapareceram, mas o papel de protagonistas da vida cultural cabia às escolas episcopais que, constituindo o mundo urbano, podiam oferecer essas novas leituras. Os monges haviam sacralizado o uso dos livros, pois, como nota Michel Rouche em *A Alta Idade Média Ocidental*, eram estimados e valorizados como obras raras e artísticas dignas de preservação, cuidados e embelezamento, por resultarem do trabalho penoso e fidedigno dos copistas na preservação dos originais. Foi, no entanto, a vida produtiva das cidades que facilitou o seu acesso a partir do século XII, enquanto uma mercadoria produzida em série nas oficinas dos artesãos copistas. Estes não eram mais monges, mas profissionais seculares que armavam as suas tendas para a venda dos manuscritos nas praças do mercado [Fig. 14], ou junto das escolas e dos alojamentos de professores e estudantes instalados no *quartier latin* (bairro latino) das cidades. A possibilidade de alargar e inovar os conteúdos dos saberes escolares antes negligenciados ou desconhecidos levou à especialização dos lugares de ensino: à medida que percorriam as disciplinas das 7 artes liberais, os alunos tendiam a se concentrar em torno dos professores que dispunham desses novos textos. A cidade de Orléans tornou-se famosa por seus estudos de retórica epistolar, fornecendo muitos secretários para o papado; Chartres, Bec e Liège atraíam os estudantes das artes do *trivium e do quadrivium;* Reims, Laôn e Oxford, os de teologia; Bolonha, os de direito; e Montpellier e Salerno, os de medicina. Paris era o maior e mais famoso centro de estudos de filosofia e teologia, reunindo tanto mestres de linha agostiniana, que ensinavam teologia na escola do bispo instalada no antigo claustro de Notre-Dame e as 7 artes na abadia de São Vítor, quanto o grupo dos gramáticos e dialéticos da escola do monte Santa Genoveva, apoiados pelo rei [**Fig. 15**].

Destacar essa repartição dos estudos entre as escolas de Paris serve, aliás, para um outro propósito: indicar que as escolas episcopais e seus mestres-livres fizeram uma terceira inovação, ou seja, o uso de novos instrumentos intelectuais, e que ela aconteceu num contexto de disputa e polêmica. Ensinar sempre significara ler e comentar a obra de um autor: como vimos nas gravuras apresentadas, o mestre ensinava lendo – expondo e comentando – as doutrinas enunciadas por um autor nos seus textos. Neste sentido, os estudos praticados nas escolas episcopais constituíram como conteúdos nas aulas de direito os textos de Graciano (*Decreto*) e Ivo de Chartres (*Panormia*); nas de teologia, os de Pedro Lombardo (*O livro das sentenças*) e Pedro, o Comestor (*História escolástic*a); de dialética, os de Pedro Abelardo (*Dialética*) e Gilberto Porreta (*O livro dos seis princípios*); e de gramática latina, os de Everardo de Béthune (*Grecismus*) e Alexandre de Villedieu (*Doctrinale*). Ora, esse rol divergia bastante daquele que as escolas monacais tinham tornado canônico, pois não apenas a maioria dos títulos citados eram recentes, de autores do período, como tinham sido compostos segundo novos procedimentos, suscitando, por sua vez, dos mestres, novas práticas de leitura, isto é, de ensino. No caso da gramática, os textos antigos em uso nas escolas monásticas – como os de Donato e Prisciano – tinham a forma catequética, de perguntas e respostas; já o *Doctrinale e o Grecismus*, respectivamente, de 1199 e 1212, eram redigidos em versos hexâmetros rimados: ambas as modalidades exigiam a memorização, mas a partir de operações mentais diferentes. Para os demais saberes de estudo, a leitura (*lectio*) dos autores passou a ser praticada segundo as regras do debate dialético, que os mestres encontraram nos textos recém-retomados de Aristóteles e seus comentadores. Enquanto procedimento de análise, a dialética, indo além do exame gramatical ou estritamente lógico do texto, permitia examinar uma afirmação sob vários ângulos, apontar os argumentos contraditórios que a sustentavam, e concluir pelo estabelecimento de uma opinião definitiva, inserida no conjunto de doutrinas já conhecidas. Desbancando os antigos métodos de interpretação, com suas alegorias, metáforas e enigmas, e as glosas interlineares ou marginais aos textos que ainda eram empregados nas escolas dos mosteiros, a complexa análise dialética foi recuperada pelos mestres-livres das escolas episcopais e usada por eles como instrumento de "certificação da fé", diz M. T. Brocchieri.

Neste sentido, a figura emblemática da vida escolar do século XII foi Pedro Abelardo (1079-1142), não só porque ministrou cursos em vários lugares, como mestre-livre ambulante, mas porque ao passar da escola de Notre-Dame para a do monte de Santa Genoveva, se tornou um especialista no uso da análise dialética que aí era ensinada: fosse nos seus cursos, fosse nos seus escritos, ele se dispunha a examinar as doutrinas elaboradas pelos padres da igreja, e utilizando os instrumentos racionais que encontrou nos textos antigos, em especial na lógica aristotélica, discutir esses argumentos e decidir a validade deles. Ao fundamentar assim a verdade religiosa, certificava a fé pela razão humana, construindo um conhecimento teológico segundo a orientação que fora proposta por Lanfranco. A metáfora da luz da arte gótica que os medievalistas usam para explicar as obras de arte do período da Baixa Idade Média pode também ser aplicada aqui, no caso dessa atividade intelectual de estudo e ensino: o conhecimento sagrado (teologia) era alcançado e provado ou certificado pela luz da razão humana (a dialética), e não apenas pela aceitação e esclarecimento ou clarificação da palavra revelada, pelas associações de imagens, ou pela iluminação mística, ainda praticadas nos mosteiros coetâneos. Duby, sempre interessado em estudar a ligação entre as formações culturais e as sociais, percebeu que as escolas episcopais que eram centros de estudos da dialética localizavam-se nas mesmas cidades onde se ergueram as criações da arte gótica.

Não admira que Abelardo e outros dialéticos tivessem opositores dentre os anticulturalistas, como Bernardo de Claraval, que via na dialética um impedimento no caminho para Deus e chamava seus praticantes de "mercadores da palavra sagrada". A liberdade de atuação que tinham – fosse porque, tendo comprado sua *licentia docendi* dos bispos e abades, vivessem dos pagamentos que recebiam dos estudantes, fosse porque apresentassem alta mobilidade geográfica, passando de uma cidade para outra acompanhados dos alunos, indo lecionar onde tinham convite ou um contrato à sua espera, fosse porque ousadamente apresentassem novas interpretações baseadas nos autores recentemente recuperados, atraindo numerosos adeptos – foi testada também no enfrentamento com os representantes dos poderes locais, do bispo, do abade, do senhor feudal e até dos outros burgueses. As disputas que Abelardo travou ao mesmo tempo com o bispo local e o monge Bernardo terminaram em condenação das suas propostas e seu banimento de Paris. Estar fora da cidade e não poder ensinar a dialética: Abelardo é depositário também da punição exemplar de um professor e erudito do século XII.

No entanto, os mestres-livres se protegeram, organizando-se, não em uma congregação eclesiástica, e sim, como faziam os demais trabalhadores da Baixa Idade Média, em uma corporação de ofício (*universitas*), pois, como disse Le Goff no seu *Os intelectuais na Idade Média*, eram profissionais do ofício intelectual, "artesãos do espírito". A oficina deles era a escola, onde ensinavam os quatro grandes ramos do saber: as 7 artes liberais, a medicina, o direito e a teologia. Ganharam estabilidade à medida que conquistaram – em Oxford (1206), Valência (1209), Paris (1212), Pádua (1228), Orléans (1229), Angers (1229) e Montpellier (1230) – os mesmos direitos das outras corporações de ofícios dessas cidades: liberdade de trânsito, divisão do trabalho, dependência mútua, horizontal, entre os membros (e não mais vertical, como no mundo feudal) e personalidade jurídica perante os de fora, isto é, com privilégios de asilo, de não pagar taxas, de isenção do serviço militar, de conferir os seus graus e dar a própria licença para ensinar. Por volta de 1250, havia 101 corporações de ofícios somente na cidade de Paris, e 50 anos depois, cerca de 20 corporações de ensino estavam reconhecidas em toda a Europa ocidental. É por isso que Le Goff diz em sua obra que "o século XIII é o século das universidades porque é o das corporações" (p. 59). Clausse lembra bem, no entanto, que as universidades medievais não se parecem, e é preciso apontar que muitas delas tiveram sua origem em corporações de estudantes que tomaram a iniciativa de contratar os seus mestres, como aconteceu em Bolonha (1158).

O que era esse ensino universitário medieval? Como deixam entrever nossas ilustrações, que reproduzem imagens da época, um trabalho coletivo muito intenso de professores e alunos, desdobrando o modelo do ensino das escolas episcopais de dialética em duas etapas cotidianas. De manhã, acontecia a *lectio*, quando o professor lia e comentava os textos, e os alunos acompanhavam as explicações pelas suas cópias manuscritas, tomando notas (como hoje, nem todos, a julgar pela deliciosa representação de uma aula [**Fig. 16**] em um manuscrito do século XIV!). À tarde, dava-se *a disputatio*, a discussão dialética sobre temas e perguntas apresentados pelos alunos, e a *determinatio*, a síntese final formulada pelo professor. Esse é o método escolástico, o procedimento de trabalho escolar da universidade medieval, repetido nas aulas das 7 artes, de direito, medicina [**Fig. 17a**] e teologia [**Fig. 17b**]. Em todas elas, a pesquisa dialética era o centro das atividades – as ilustrações apresentadas confirmam que o estudo estava apoiado nos textos – e Aristóteles, o autor que a embasava.

É preciso notar, porém, que esta posição de fonte autorizada somente foi estabelecida ao final de um longo período de debates, de maneira que podemos dizer que a história do aparecimento das escolas episcopais e das universidades medievais é também a história da aceitação de Aristóteles como o autor (*autoritas*) daqueles quatro ramos do saber, no lugar de Agostinho e os demais autores da Patrística, que ainda eram as referências dos estudos nas escolas dos mosteiros. As figuras exemplares do professor universitário da Baixa Idade Média, Tomás de Aquino (1225-1274) e Sigério de Brabante (1235-1281?), são paradigmáticas desse processo. Seus textos, que registram por escrito as lições, mostram que eles seguiam o padrão de dividir a questão em artigos ou itens, cada qual compreendendo uma parte expositiva das doutrinas existentes sobre o tema, na forma de soluções já dadas por um autor e dos contra-argumentos apresentados por outro, e de uma parte crítica, em que aparecem as soluções que eles próprios encontravam e afirmavam. Para desenvolver essa perfeita prática dialética, ambos faziam uso de Aristóteles e seus comentadores orientais, que sugeriam a possibilidade de pensar pelo prazer de conhecer, sem remeter a conclusões teológicas, e foram condenados pela Igreja. Tomás de Aquino procurou um ajustamento de suas teses àquelas dos seus predecessores e terminou o século como o novo porta-voz do pensamento teológico oficial da Igreja, mas Sigério resistiu no uso radical do procedimento dialético e não foi reabilitado.

No século XIV, os papas e as altas autoridades civis passarão a apoiar tanto essa nova atividade intelectual da dialética quanto a instituição escolar onde ela acontecia, fundando eles próprios outras dessas escolas citadinas: isso quer dizer que as universidades serão alvos da pressão normalizadora do governo local, da Igreja e do imperador. Todos reconhecem o poder desses intelectuais e professores universitários treinados nos novos saberes e querem integrá-los ao seu serviço, para organizar, administrar e validar a vida nos burgos, nos seus reinos ou na própria Igreja, como os carolíngios já haviam feito com seus funcionários-monges em relação às instituições do mundo feudal. A autonomia, que era a marca da atividade das primeiras universidades foi, desde então, substituída pelas atitudes de segurança, dependência e estabilidade: o que tinha aparecido como movimento da sociedade, diz J. Verger em *As universidades medievais*, passa a ser tratado como questão de política educacional.

SABERES ESCOLARES NAS UNIVERSIDADES MEDIEVAIS

Fonte: J. Le Goff, *Os intelectuais na Idade Média*

	Em Paris	Em Bolonha
7 ARTES LIBERAIS		
Lógica e Dialética	Todo o Aristóteles	Excertos de Aristóteles
Retórica	Cícero – *De inventione*	*Rhetorica ad herenium*
Astronomia	Ptolomeu	
Geometria	Euclides	

TEOLOGIA	Bíblia	
	Pedro Lombardo – *O livro das sentenças*	
	Pedro, o Comestor – *Historia escolástica*	
MEDICINA	*Ars medicinae* – Hipócrates e Galeno	
	Avicena – *Canon*	
	Rhazès – *Almansor*	
	Averróis – *Colliget ou Correctorum*	
DIREITO	Graciano – *Decretum*	Graciano – *Decretum*
		Gregório IX – *Decretalis*
		Clementinas
		Extravagantes
	Digestum vetus	*Digestum vetus*
	Infortiatum	*Infortiatum*
	Digestum novum	*Digestum novum*
	Volumen parvum (Justianiano)	
		Volumen parvum
		Líber feudorum (leis lombardas)

Séculos XIV e XV:
o Renascimento e as demandas da burguesia

Os séculos XI-XIV foram de "contínuos renascimentos", diz Duby (*Advertência*, p. 13), ao apresentar o importante estudo que organizou sobre a história da vida privada na Europa, do feudalismo até a Renascença. Concordamos com ele: sua avaliação serve também à história da educação, pois, se as universidades vão se tornando conservadoras – já que, completado o processo de sua institucionalização, são controladas pela Igreja ou pelos nascentes estados nacionais –, podemos reencontrar a inovação, mais uma vez, ao final do período, em outro conjunto de iniciativas vindas da burguesia das cidades.

Para dimensionar este movimento de mudança, vamos retomá-lo a partir da análise que Ph. Wolff faz em *Outono da Idade Média ou primavera dos Tempos Modernos?*, imaginando duas figuras em contraponto – o "João que chora" e o "João que ri" – para apresentar a cultura medieval e a nova cultura burguesa das cidades coexistindo na Europa dos séculos XIV e XV.[6]

---

[6] Wolff polemiza com a tese do fim da Idade Média nos séculos XIV e XV, construída por J. Huizinga em *O declínio da Idade Média* a partir da produção artística francesa do período.

O "João que chora" simboliza o homem francês que vivia a dissolução do mundo feudal, convulsionando-se em crises econômicas e sociais. Sua vida mental decorria nos marcos da teologia escolástica, da cavalaria, do ascetismo, da cortesia, mas também da fome, da morte, da guerra e das doenças, enfim, da melancolia profunda, emblematicamente representada na estatuária funerária das "figuras veladas" que sustentam o esquife de Phelipe Pot [**Fig. 18**]. O "João que ri" é o burguês italiano, também afetado pelos sofrimentos do terrível século XIV – a Peste Negra, que entre 1348 e 1350 atingiu toda a Europa, matou metade da população entre a Crimeia e a Escócia –, mas com uma mentalidade irreversivelmente nova, isto é, moderna, por causa das profundas transformações provocadas pelo renascimento das atividades artesanal e mercantil nas suas cidades [**Fig. 19**].

Wolff mostra que, nas comunas do centro-norte da Itália, os burgueses mercadores eram a categoria social mais espetacular, embora não passassem de 10% da população. Já estavam subdivididos em três estratos: a pequena burguesia, correspondente ao grupo que comercializava e produzia para a sua sobrevivência; a alta burguesia, que exibia uma mentalidade verdadeiramente empresarial, pois, preocupando-se com o aumento do seu capital, reinvestia o lucro do comércio, local e internacional, nos próprios negócios; e a média, a categoria mais interessante do ponto de vista da história da educação, porque era ela que dispersava o lucro comprando terras, financiando obras de arte, fazendo obras de benemerência (para aplacar sua má consciência, diz G. Duby), e investindo em formação e instrução.

Precisavam de instrução tanto quanto aqueles que orbitavam na esfera das escolas catedrais e das universidades, embora por razões diferentes. De um lado, porque a nova organização do comércio – na qual a mercadoria se separa do mercador – dependia da correspondência comercial, que precisava ser conhecida e praticada. De outro, porque esses burgueses tinham consciência de si, de que viviam segundo um novo estilo de vida e precisavam registrá-lo, prática que irá constituir os séculos XIV e XV justamente como "a época das biografias e autobiografias": logo estarão utilizando a escrita para o registro, em diários e memórias, de sentimentos íntimos, familiares e pessoais, atividade que possibilitaria, segundo as conhecidas teses de R. Chartier (*As práticas da escrita*), a característica esfera de privacidade que constituiu a vida burguesa dos tempos modernos. À luz da ideia de Duby de relacionar formações culturais e sociais, vale a pena lembrar que foi na casa toscana desses séculos que começou a aparecer a divisão dos espaços segundo as suas diferentes funções: havia uma sala comum para a convivência familiar, mas os quartos de dormir foram separados, assim como os cômodos reservados para os negócios (*scriptorio*) e para os estudos e as brincadeiras das crianças (*studio*), recortando lugares de intimidade e isolamento para onde o burguês podia se retirar para organizar as contas ou encontrar-se consigo mesmo e fazer o "inventário de si". É notável perceber que também nos mosteiros surgiram nesse período os quartos individuais – as celas – em contraposição ao quarto coletivo do período medieval.

Face complementar da privacidade e da introspecção, a sociabilidade burguesa era praticada nos negócios, no comando, nas amizades e na vida familiar. Tendo estabelecido uma base material de vida confortável, assegurada pelo lucro do comércio, eles se dedicavam tanto ao trabalho quanto ao ócio: o objetivo era obter riquezas e usufruí-las ao longo de uma existência – terrena – inteiramente ordenada e harmoniosa. Os Montefeltro, de Urbino, representaram exemplarmente esse estilo de vida, a ponto de a história da arte ter criado o conceito "caráter Urbino" para explicá-lo, partindo da sua expressão visual, a casa que levantaram nessa cidade. É o que faz R. M. Letts, em *O Renascimento*. Esta autora avalia que o edifício mostrava luminosa serenidade e equilíbrio realista nas proporções das salas que se interligavam, permitindo que – diferentemente dos espaços fechados dos castelos medievais – a luz circulasse por todas as dependências. Harmonia e proporção eram visíveis também nos retratos dos seus proprietários, Frederico de Montefeltro e Batista Sforza, pintados por Piero della Francesca (c. 1472), no sentido de que as figuras foram representadas com equilíbrio, sem embelezamento, mas também sem deformações: "com fidelidade, ainda que não com beleza" [**Fig. 20**]. O artista sabia que sua pintura seria apreciada, pois tanto ele quanto seus clientes compartilhavam um olhar que buscava a medida e a proporção, já que, como mercadores, os burgueses italianos estavam acostumados a empregar na sua atividade comercial medidas e recipientes que eram figuras e expressões da geometria. Ambos gostavam de representações exatas do espaço e do tempo. Por isso, ainda que os artistas expressassem nos seus quadros um sentimento religioso – pois os burgueses do período são homens religiosos –, a pintura usava formas geométricas, segundo um novo olhar que é, como diz M. Baxandall no seu livro *O olhar renascente*, "convenção da medida, da proporção e da geometria". Os Montefeltro pertenciam bem ao seu meio e ao seu tempo: as produções artísticas que lhes são associadas situavam-se entre duas outras obras exemplares desse "olhar renascente", o afresco da Santíssima Trindade (1428), na igreja de Santa Maria Novella, de Florença, onde Masaccio conseguiu um efeito de profundidade criando um "nicho" na parede, e a pintura do Cristo morto, de Mantegna (c.1480), que usou as regras da geometria euclidiana para pôr em perspectiva a figura e construir um sentimento humano de morte e dor [**Figs. 21a e 21b**].

O equilíbrio entre isolamento e privacidade, de um lado, e convivência e vida pública, de outro, era valorizado porque esse burguês partilhava o governo das suas comunas. Eles encontravam nos autores medievais que conheciam a inspiração e a fonte de conhecimento para a solução dos seus problemas políticos, mas a homologia foi estabelecida, sobretudo, em relação aos exemplos retirados de autores clássicos, gregos e romanos, que tiveram a experiência de vida independente nas suas cidades-república. Recorrer aos antigos para promover o bem de suas cidades e dos seus negócios particulares era possível porque, desde a criação dos tipos móveis em 1439, e do prelo de Gutenberg, em 1450, o uso do impresso vinha sendo disseminado. Todas as grandes cidades tiveram o seu livreiro-editor, que se responsabilizava pela localização e reprodução dos textos antigos e medievais. Em 1470, o conjunto das obras de Quintiliano, e ao longo da década de 1490, todos os textos de Platão (em latim) e Aristóteles (em grego) foram postos em circulação em exemplares impressos. Ao longo da segunda metade do século XV, as obras de Boécio foram reimpressas mais de 70 vezes. Entre as reedições de obras clássicas e medievais e a produção de novos escritos circulavam na Europa, ao redor de 1500, 20 milhões de impressos, sendo três quartos deles em latim, e o restante, em língua vulgar.

O mais famoso editor-livreiro do período foi Aldo Manuccio (1452-1515). Em sua tipografia de Rialto, bairro de Veneza, ele foi o responsável pela criação de duas das marcas culturais do período: o *enchiridion*, isto é, o livro portátil (1501), suporte material da escrita que possibilitou a leitura privada [**Fig. 22a**], em contraste com os livros manuscritos do período medieval, aqueles grandes *in-folio* ilustrados, que exigiam estantes e mesas para serem apoiados durante a leitura [**Figs. 22b e 22c**]; e a letra de imprensa de formas limpas e arredondadas, ao mesmo tempo muito legível e elegante, conhecida como "itálico". Na Alemanha, no entanto, os textos continuaram sendo impressos em gótico, chamada de "letra negra", pois, muito juntas e trabalhadas, as letras formavam uma mancha escura nas páginas.

Como foi possível ler e compreender os autores antigos, considerando que o latim e o grego falado, escrito e ensinado nas escolas religiosas estavam bem modificados em relação àqueles dos tempos clássicos? Um caminho foi aberto com a disseminação das novas gramáticas do século XII, que, concebidas com enfoque filosófico, operavam como um verdadeiro manual de sintaxe da língua latina: a de Alexandre de Villedieu, de 1199, teve cerca de 300 edições entre 1450 e 1500. Outro, pelos professores de língua grega que, vindos do Oriente por volta da tomada de Constantinopla pelos turcos, em 1453, refugiaram-se nas cidades italianas que faziam o grande comércio marítimo e se dedicaram ao ensino, lendo, traduzindo e comentando as obras dos poetas, prosadores, filósofos e moralistas antigos. A relação dos nomes mais conhecidos abrange Manuel Chrysolóras (1350-1413), o primeiro a ser chamado por Coluccio Salutati, chanceler da comuna de Florença que queria aprender o grego, e que esteve ensinando nessa cidade entre 1396-1400, quando também escreveu uma gramática grega que foi muito utilizada; João de Ravena (1343-1405), professor de grego em Ravena e Pádua; Gemistos Plethon (1356-1450), professor de filosofia platônica em Florença; Gasparino Barzizza (1370-1431), professor de retórica grega e latina em Bérgamo, Ravena, Veneza, Pádua e Milão; Jorge de Trebizonda (1395-1484), um aluno de Barzizza que se tornou professor em Veneza e Mântua; Aurispa, que trouxe muitos códices do Oriente, professor de grego em Bolonha em 1424; Theodorus Gaza (1400-1475), que ensinou em Ferrara e editou outra famosa gramática da língua grega; João Argiropolos (1416-1486), professor em Pádua, Roma e Florença, onde ensinou grego e traduziu Aristóteles para Lorenzo de Médici; e Demétrio Chalcondyles (1424-1511), tradutor de Homero e Isócrates e professor em Perúgia, Pádua, Roma, Milão e Florença, onde manteve uma escola entre 1471 e 1491.

Assim, quer fossem movidos pelas necessidades pragmáticas da vida comercial, quer fossem levados pelo desejo de registrar os "sentimentos do eu", quer fossem conformados pelo "olhar matematizado", ou ainda impulsionados pela exigência de refletir sobre o viver em comunas, os burgueses italianos produziram um conjunto de modelos e instituições de educação e ensino que, pelas suas marcas características, deram início à cultura escolar moderna no interior mesmo da cultura escolar medieval. Podemos dizer que também para a história da educação dos séculos XIV e XV vale a interpretação de Wolff: é o período do outono da Idade Média e da primavera dos Tempos Modernos.

Uma das tendências educativas configuradas nesses dois séculos é aquela que M. A. Manacorda, em *História da Educação: da Antigüidade aos nossos dias*, chama de "Minerva mais crassa", por lhe parecer diretamente associada à cultura do lucro. Podemos reconhecer o saber produtivo do lucro tanto na origem das escolas elementares de ler, escrever o vernáculo e contar, ou de contabilidade e escrita comerciais – que na Itália eram conhecidas como "escolas do ábaco" –, e tratavam das necessidades dos homens comuns de negócios no seu dia a dia; quanto na base das descobertas teóricas, científicas e técnicas alcançadas por homens excepcionais como L.B. Alberti (1404-1476) e Leonardo da Vinci (1452-1519), na medida em que estes produziram teorizações que visavam resolver os problemas materiais que impediam o lucro.

A outra tendência formativa ligada aos burgueses italianos veio das elaborações daqueles intelectuais – filósofos, religiosos, literatos, moralistas, professores, secretários papais, funcionários das *comune*, editores, tradutores ou simples leitores –, que reconheceram nos textos antigos não apenas a via para a cultura cristã, enquanto propedêuticos da teologia e da filosofia dialética escolásticas, ou uma base para o êxito mercantil, como também o testemunho e a fonte de saberes humanos, que interessassem a todos os aspectos da vida humana. Como sintetizou muito bem Clausse, no seu texto já citado, a escolástica havia tido a ambição de fixar o campo cultural de uma sociedade cuja economia rural, no entanto, já apresentava largas brechas. Ela não funcionava mais como uma ideologia para burgueses livres, que há muito tinham evoluído da organização corporativa de produção para o comércio internacional e governavam de modo oligárquico as cidades independentes. Daí o desejo instituinte desse grupo de um outro quadro cultural, que, sem ser leigo, pusesse em relevo todas as condições de sua existência humana: sociais, econômicas, políticas, espirituais, estéticas, religiosas, corporais e morais. E. Garin, no seu clássico *L'umanesimo italiano*, sintetiza muito bem essa mentalidade humanista, ao dizer que os textos antigos eram um paradigma para eles, uma vez que permitiam o contacto com homens que tinham vivido uma vida completa no passado, mas também uma forma de educação, pois ensinavam a viver de modo completo na presente sociedade dos homens.

Na base desse movimento estava, de um lado, o descolamento, dessas figuras, do intelectual dos séculos XII e XIII – aquele "aventureiro do espírito", como diz Duby –, sempre em movimento entre as escolas catedrais e as universidades. Pelo contrário: pelos seus traços mentais de privacidade e isolamento, esses humanistas vão se aproximar dos pensadores dos séculos VIII-XI, aceitando serem figurados como o novo monge, como vemos nas pinturas de Antonello da Messina (1430?-1479) e Sandro Botticelli (1444-1510), que representam autores da Patrística (São Jerônimo, Santo Agostinho) como eruditos (humanistas) recolhidos (monges) em seus quartos de trabalho (*studio* burguês) [**Figs. 23a e 23b**]. Evidentemente, essas imagens não descreviam uma realidade. Eram composições que construíam para os seus coetâneos o diferencial dos humanistas em relação aos dialéticos e escolásticos, pois o teve como seu lugar de produção um espaço muito ativo e coletivo de estudo e convivência, inspirado no modelo platônico da escola acadêmica. Academia Platônica era justamente como os humanistas de Florença, liderados por Marsílio Ficino (1433-1499), se autodesignavam, referindo-se às atividades que realizavam numa propriedade dos Médici na vizinha Careggi, onde se reuniam para ler e discutir os textos antigos, principalmente o *corpus* platônico, do qual publicaram, em 1491, a tradução integral para o latim.

De outro, a crítica – nem sempre a negação – da produção escolástica e dialética. Ela começou na literatura com Petrarca (1304-1374) e Bocaccio

(1313-1375),⁷ que confrontaram a cultura medieval como confusa e intolerante, após terem localizado e estudado textos de Cícero, Tácito, Ovídio e Ausônio, entre outros autores antigos. Depois, com aquele Coluccio Saluttati (1330-1406), que trouxe os primeiros professores de grego para Florença, e, inspirado na sentença de Catão *vir bonus et dicendi peritus* definiu o programa dos humanistas: serem homens bons e destros nas palavras, aptos para o governo das suas cidades e dos seus negócios. Pier Paolo Vergerio (1349-1420) foi o primeiro a delimitar-lhes os estudos no texto escrito entre 1400-1402, *De ingenuis moribus et liberalibus adolescentiae studiis* [*Os estudos liberais e os nobres costumes da juventude*], dizendo que a educação devia ser assunto da família e do Estado, nunca das escolas religiosas, e que o conjunto das 7 artes liberais medievais, tradicionalmente ensinado nas faculdades de artes das universidades, devia ser revisto em dois sentidos: pondo ênfase, dentre os saberes do *trivium*, na retórica, e não mais na gramática ou na dialética, como era feito respectivamente nas escolas monacais e episcopais, e sendo ampliado para incorporar a literatura, a história, a moral e toda a filosofia. Leonardo Bruni (1369-1449) traduziu textos de Platão, Aristóteles, Xenofonte, Demóstenes e Plutarco, o que lhe permitiu denunciar o uso ambíguo que a escolástica fazia dos autores antigos no seu *De studiis et litteris liber* [*Os estudos liberais*].⁸ Poggio Bracciolini (1380-1459) descobriu em 1415 o texto completo de Quintiliano sobre a formação do orador (*Institutio oratoria*) no mosteiro de Saint-Gall, e mais outros de Cícero, Ausônio e Lucrécio, e adotou a filosofia epicurista. Lorenzo Valla (1407-1457) recuperou o latim clássico em *Elegantiae linguae latinae*, de 1444, e também estudou os epicuristas, concluindo pela impossibilidade de amalgamar Cristianismo e Antiguidade – pois, quem quisesse seguir os antigos com seu sensualismo teria de abandonar as doutrinas do cristianismo – posição que lhe valeu ser expulso da sua cátedra de retórica em Pavia, ainda que considerasse esse último como a escolha para uma vida superior. Maffeo Végio (1406-1458) defendeu a posição tradicional, procurando reunir humanismo e cristianismo ao dizer em *De educatione liberorum et claris moribus* que as letras humanas avivavam a caridade, a comunicação e outros vínculos humanos. E Pico della Mirandola (1463-1494) enfeixou todos esses discursos no seu *De dignitatis*

---

⁷ Não é o caso de Dante (1265-1321), porque, embora recorresse aos *topoi* antigos na literatura, seus temas e referências eram medievais, e seu texto de política, *Da monarchia*, foi construído com raciocínios silogístico-escolásticos.

⁸ Abbagnano e Visalberghi (*História da Pedagogia*, II, p. 274, 272) informam que as obras de Vergerio e Bruni foram escritas como propostas de planos de estudo, respectivamente, para Ubertino, filho de Francesco da Carrara, senhor de Pádua, e Isabella Malatesta, filha de Frederico de Montefeltro, de Urbino.

uominis [*Da dignidade humana*], proclamando o homem como *copula mundi*, posto por Deus no centro da criação "para daí mais facilmente observar tudo o que está no mundo", pois era dotado de todos os germens (sementes) que cada um cultivaria, podendo ser (e ter) o que quisesse.

Em *Educazione umanistica in Italia*, outro de seus importantes textos sobre o humanismo, Garin apresenta uma análise bem detalhada das marcas dessa produção cultural[9] ao dizer que os humanistas italianos dos séculos XIV e XV faziam o estudo dos autores antigos à luz do princípio da "verdade como filha do tempo", ou seja, procurando localizá-los nas suas diferentes realidades históricas. Daí que quisessem recuperar aquele tempo passado que estava na origem da produção dos textos clássicos, mediante estudos gramaticais, filológicos, históricos, geográficos e filosóficos, e, simultaneamente, rejeitassem as concepções que não se baseavam neste procedimento filológico-histórico, como era o caso das elaborações teológicas construídas pela dialética escolástica. Esse ponto ajuda ainda a entender porque os humanistas refizeram o gênero biográfico, dando destaque nas suas produções às qualidades humanas (*virtù*) das figuras biografadas, mostrando que as condições sociais e econômicas eram determinantes nos eventos das suas vidas, tanto quanto as religiosas. Como uma das expressões mais radicais dessa tendência, Maquiavel (1469-1527) dizia que, nos acontecimentos históricos, metade era obra do acaso (Fortuna) e metade obra do querer humano, do trabalho do homem, deixando de fora a ação divina (Graça) enfatizada nos textos medievais.

Além das referências literárias, também as pinturas da época fixaram esses traços mentais: veja-se a serena e confiante expressão do jovem (diz-se que é um autorretrato) pintado por Antonello da Messina (c. 1475), que ecoa o homem-centro do mundo dos humanistas [Fig. 24]. Já o emblemático retrato de Frederico de Montefeltro e seu filho, realizado por Juste de Gand em 1477 [Fig. 25], introduz a criança nesse mesmo quadro sociocultural de privacidade, intimidade, vida familiar, estudo isolado, leitura individual, e veneração do texto antigo. Os historiadores da arte generalizam para o século XV o aparecimento dos retratos de crianças ricas em cenas familiares, bem diferentes da "criança sem originalidade", própria das representações pictóricas do século XIII, mas ao colocar assim lado a lado, na cena, pai e filho, o artista parece querer aludir especialmente a um dos temas caros aos intelectuais humanistas – a infância como uma das idades do homem – e pode ser trazido também para a história da educação do período.

No entanto, para essa camada burguesa, não se trata ainda de educação em instituições escolares. No seu *Della vita civile*, de 1435, no qual fez

---
[9] Essa obra traz textos de Salutati, Bruni, Maffeo Vegio, Vergério e outros humanistas.

uma ampla reflexão sobre o significado do viver burguês numa cidade livre, Matteo Palmieri (1406-1475) dizia[10] que os homens eram por natureza aptos a aprender, requerendo apenas cuidados e atenção da família e de mestres preceptores. A formação do homem livre, tal como ele a entendia, não viria de nenhuma das escolas existentes: era assunto da família e de mestres privados, como registrou o pintor D. Ghirlandaio [Fig. 26a]. Na primeira idade, quando as crianças precisavam de ajuda para sobreviver, bastava o aleitamento, materno ou de uma ama bem escolhida. Depois, quando começassem a andar e a falar, seriam dadas algumas informações essenciais, pois pelas pequenas coisas aprenderiam as maiores, como "as letras pelas formas das frutas e outros alimentos". O mais importante, porém, era o exemplo da família, de quem os pequenos deviam sempre ouvir e ver coisas boas e honestas: Ghirlandaio também soube ecoar essas recomendações em outra obra (c. 1490), o comovente retrato de um avô com seu neto [Fig. 26b], onde registrou um momento de intensa afetividade e confiança nas funções educativas da família burguesa e humanista! Quando estivessem na idade razoável para isso, que podia variar em cada criança, uma formação ampla, com exercícios corporais, música, geometria, gramática, filosofia da natureza e ética, seria ministrada por mestres virtuosos, nem muito severos nem muito rígidos, que pudessem lhe fornecer preceitos de bons costumes: o professor é, para ele, o "pai do ânimo e dos costumes". E o procedimento? Seria o de ensinar muitas coisas ao mesmo tempo, para evitar o tédio das crianças!

Guarino de Verona e Vittorino de Feltre foram exemplos desses mestres humanistas contratados para ensinar os estudos humanísticos às crianças da burguesia italiana segundo os programas de Palmieri e Vergerio. Ambos realizaram ao longo de suas vidas a trajetória de mestres-livres que se estabilizaram, sendo contratados pelos governos municipais ou pelas famílias burguesas. Nesse sentido, foram figuras exemplares – mas certamente não de exceção – do processo em curso de constituição de uma educação escolar de orientação humanista que, no entanto, eles não institucionalizaram, preferindo a forma dos pensionatos domésticos (*contubernia*) que viram funcionando em Pádua, quando Gasparino Barzizza abriu em sua casa uma aula para instruir nobres venezianos, entre 1408 e 1421, depois removida para Milão, segundo conta Garin em *L'educazione in Europa, 1400/1600*.

Guarino (1370-1460) esteve no Oriente para aprender o grego, de onde voltou em 1408 com mais de 50 códices antigos na bagagem: reunindo manuscritos e estudando grego com Chrysolóras e João de Ravena, pôde traduzir e divulgar textos antigos, entre eles os de Isócrates e o *Sobre a educação*, de

---

[10] Cf. o texto em Garin, *Educazione umanistica in Italia*.

Plutarco. Deu aulas de retórica em várias cidades, principalmente no norte da Itália: Florença (1412), Veneza (1415), Verona (1422) e Ferrara (1429-1436), para onde foi chamado pela família Este, e depois, contratado pela própria comuna para ensinar em uma aula pública aberta a alunos de outras cidades. Reproduzindo o ensino doméstico de Barzizza, no qual o alojamento, a alimentação e o estudo eram feitos em comum, dos cursos de Guarino participavam a família e outros colaboradores, muitos deles seus antigos alunos. Seu filho Battista Guarino ajudou-o a redigir manuais didáticos de línguas que foram adotados em várias cidades, possibilitando preparar outros mestres humanistas.

Vittorino (1378-1446), nascido em Feltre, localidade perto de Veneza, foi aluno de Vergerio, Barzizza, João de Ravena e do próprio Guarino, acompanhando a perambulação desses professores por diferentes cidades. Deu aulas em Pádua e Veneza (1414-1418), sempre na forma de uma escola-pensionato, e foi contratado para trabalhar em Mântua, onde entre 1422 e 1446 manteve uma escola em uma das propriedades dos Gonzaga: deu-lhe o nome de *Casa Giocosa* (Casa Alegre) pela pedagogia serena e afetuosa que nela praticava, como diz Manacorda. Dentre os alunos estavam Ludovico, Carlo, Gianlucido, Margherita, Cecília e Alessandro, filhos de Gianfrancesco Gonzaga e Paola Malatesta; Ludovico foi mais tarde retratado, com a mulher, Barbara de Brandeburgo, e outros familiares, nos afrescos do "Quarto dos Esposos" do palácio, pintados por Mantegna entre 1465 e 1474 [**Figs. 27**]. Teve ainda muitos alunos bolsistas e chamou outros professores de grego, música, desenho e canto para colaborarem com ele: para os cursos de grego vieram Jorge de Trebizonda e Theodorus Gaza.

Como era o magistério de Guarino e Vittorino? Eles ensinavam os novos conteúdos que a cultura humanística, segundo a formulação de Vergerio, preconizava para formar integralmente as crianças – os estudos liberais humanísticos (*studia humanitatis*), compreendendo: latim, cálculo, o *trivium* e o *quadrivium* (gramática, dialética, retórica, aritmética, geometria, harmonia e astronomia), desenho, música, filosofia, ética, formação religiosa, exercícios físicos, e formas mundanas de comportamento – sem atrelá-los à teologia. Também os procedimentos de ensino de Guarino e Vittorino foram inovadores. Em comum com as escolas medievais monacais que permaneciam ativas à época, ainda utilizavam o antigo método do diálogo catequético em perguntas e respostas e a decoração de sentenças rimadas para ensinar as regras gramaticais, mas nos seus *contubernia*, o ensino do latim e do grego era feito, sobretudo, pela interpretação, tradução oral, exercícios de composição escrita sobre temas, e a repetição constante, diária e mensal dos conteúdos aprendidos, sempre a partir dos textos dos autores antigos inseridos nas respectivas temporalidades: era a perspectiva filológica e histórica da sua produção que eles perseguiam, e não o debate dialético dos séculos XII e XIII. Ainda mais: introduziram a prática dos cadernos como auxiliares de estudo. Numa carta que escreveu para o aluno Leonello d'Este, em 1434, Guarino recomendou como de muita utilidade que, toda vez que se pusesse a ler, tivesse à mão um caderno, "fiel depositário" das anotações de leitura, de modo a compor uma espécie de catálogo das passagens escolhidas nos textos.

Enfim, eles fizeram, sob a inspiração de Quintiliano, a estruturação dos conteúdos, na dupla acepção de separar e ordenar as artes, que nas escolas medievais podiam ser estudadas ao mesmo tempo, e dedicar a cada uma delas uma determinada hora do dia. Sabemos que Guarino distribuía seu magistério em três cursos: o elementar, o gramatical e o retórico, que abrangia também os textos dos filósofos. Vittorino começava pela gramática latina, depois ensinava a dialética e a retórica, em seguida as artes do *quadrivium* e, finalmente, a filosofia moral.[11] Em contraste, a prática das instituições medievais pode ser entrevista na descrição de uma escola ideal feita por Hugo de São Vitor, um autor do século XII, e aqui reproduzida de Pinsky (*O modo de produção feudal*):

> Eu vejo uma reunião de estudantes; seu número é grande, há de todas as idades; há crianças, adolescentes, moços e velhos. Seus estudos são diferentes; uns exercitam sua língua inculta a pronunciar novas palavras e a produzir sons que lhes são insólitos. Outros aprendem, em seguida, ouvindo, as inflexões dos termos, sua composição e sua derivação; depois eles os pronunciam entre si e, repetindo-os, gravam-nos em sua memória. Outros trabalham com um estilete em tábuas revestidas de cera. Outros traçam com mão sábia, sobre membranas, diversas figuras de cores diferentes. Outros, inflamados por um zelo mais ardente, parecem ocupados com assuntos mais sérios; discutem entre si, e se esforçam para com suas razões e artifícios colocarem em xeque uns aos outros. Vejo alguns que estão mergulhados nos cálculos. Outros, a tanger uma corda esticada sobre um pedaço de madeira, tirando dela melodias variadas. Outros, explicando certas figuras de geometria. Outros, com auxílio de certos instrumentos, o curso e a posição dos astros e a revolução dos céus. Outros tratando da natureza das plantas, da constituição dos homens, das propriedades e virtudes de todas as coisas. (p. 125)

No texto *L'educazione in Europa*, Garin precisa a marca do *contubernium* guariniano replicado por Vittorino, ao dizer que ele unia uma clara ordem de estudo e um método a uma colaboração cordial entre mestres e alunos, de tal modo que "o encontro humano sobre o terreno das letras parecia realizar-se plenamente" (p. 132). Podemos tomar o quadro "Menino lendo

---

[11] Cf. passagens de Guarino e Vittorino em Garin, *Educazione umanistica in Italia* e *L'educazione in Europa*.

Cícero" (c. 1462-1464), de Vicenzo Foppa [**Fig. 28**], como a imagem idealizada da infância educada por esses mestres humanistas no século XV: pela citação de Cícero, autor do *De oratore* [*O Orador*], um dos textos básicos da formação oratória; mas, sobretudo, pela sua encantadora representação de uma atividade de leitura silenciosa e privada, realizada em uma atmosfera de intimidade, serenidade e familiaridade com o texto antigo, que a metodologia praticada nos pensionatos domésticos podia propiciar. Nesse sentido, a visão de Foppa de uma educação pouco escolar pôde ser prolongada por Ghirlandaio, que pintou, uma geração depois, aquelas cenas de educação doméstica que apresentamos acima. Parece, pois, que M. Debesse tem razão quando diz, em *A Renascença*, que essa atividade fazia renascer uma forma de vida estudiosa, séria e digna, e não uma educação escolar. Se lembrarmos que entre tantos dos discípulos de Vittorino esteve Frederico de Montefeltro, podemos fechar o círculo, retomando o seu outro nome: o "carácter Urbino".

SABERES HUMANÍSTICOS EM GUARINO e VITTORINO
Fonte: M. Debesse, *A Renascença*

Primeiros Estudos: ler, escrever, contar	Donato – *Ars minor*
	Prisciano
Gramática Metódica e Histórica	Alexandre de Villadei – *Dottrinale*
	Balbi – *Catholicon*
	E. Chrysóloras – *Erotemata*
	Guarino – *Regulae*
	Cícero, Virgílio, Demóstenes, Homero, Sêneca, Juvenal, Terêncio, Plauto, Ovídio
Retórica	*Rhetorica ad herenium*
	Quintiliano
	Cícero
Aritmética	
Geometria	
Harmonia e Música	
Astronomia	
Filosofia moral	Platão
	Aristóteles
Desenho	
Cultura Física	
Dança	
Armas	

[Fig. 1] O *retor* Euménius, da Gália. Ele tem na mão esquerda uma férula, insígnia de suas funções, e na direita, uma cesta de maçãs, presente de seus alunos. (Desenho de uma estátua antiga de Clèves.)

[Fig. 2] Cena escolar em Roma: o mestre, sentado entre dois alunos, ouve explicações de um terceiro, que chega atrasado. (Baixo-relevo, c. 150 D.C. Museu de Trèves.)

[Fig. 3] Monge lendo: recolhimento e solidão. (Mármore, século IX. Montpellier.)

[Fig. 4] Abade recebendo um jovem noviço. (São Bento e São Mauro. Legendas dos santos. Manuscrito francês, século XIII.)

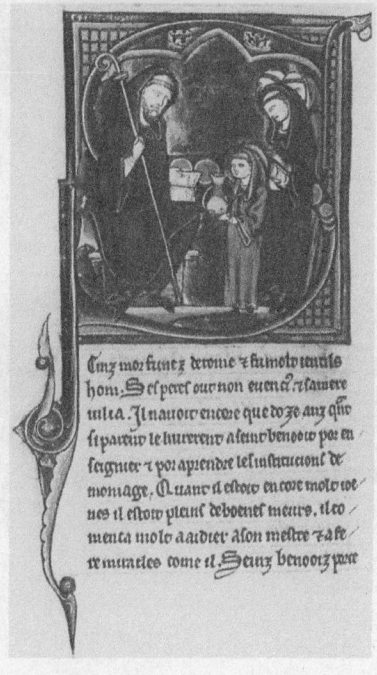

[Fig. 5] Lendo e escrevendo no recolhimento do quarto. (Manuscrito, século XII.)

[Fig. 6a] O trabalho isolado do monge escriba. (O evangelista Lucas. Evangelhos. Manuscrito *Les Préaux*. Normandia, século XI.)

[Fig. 6b] Monge e seu instrumental de trabalho.
(O evangelista Lucas. Evangelhos. Constantinopla, século XII.)

[Fig. 6c] O trabalho coletivo no *scriptorium*. (Escola de Segóvia, século XVI. Museu Lazaro Galdiano. Madrid.)

[Fig. 7a] Carlos Magno e seu filho Pepino ditam um texto legal para um escriba. (Manuscrito, século IX.)

[Fig. 7b] Luís, o Piedoso, dita a lei para um escriba. (*Cava dei Tirreni*. Itália.)

[Fig. 7c] O monge escriba registra na tabuinha o ditado do papa Gregório. (Miniatura do mosteiro de Reichenau, século IX.)

[Fig. 7d] O monge, escrevente dos nobres. (*Codex Sophilogium*, entre os séculos XIV e XV. Arquivo da Torre do Tombo. Lisboa.)

[DOS PRIMÓRDIOS DO CRISTIANISMO AO FINAL DA IDADE MÉDIA]

> cruce·Tamquam nouellus uitulus;p
> peccatis ppti uoluntarię mactatus in
> passione·Et sicut aquila uehemens·re-
> cepto corpore de tumulo surgens·stri-
> cto secans aerem·omnium lapsu calca-
> uit·et super cherubin ascendit·et uola-
> uit·qui ambulat super pennas uento-
> rum·Ascendit in cęlum·cui est honor
> et gloria in secula seculorum·amen·

[Fig. 8a] A escrita carolíngia: redonda, aberta e minúscula, que deu o atual romano. (Manuscrito, início do século XII.)

[Fig. 8b] A escrita gótica: estreita, com ângulos fechados. (Bíblia Gigante de Mainz.)

[Fig. 9] Jovens monges aprendendo a escrever. (Saltério, século XII.)

[Fig. 10a] Na escola do mosteiro: mestre, alunos e livros. (Bíblia, século XII.)

[Fig. 10b] Monge ensina seus irmãos de ordem e alunos de fora: o mestre lê e corrige a escrita, com a ajuda do cálamo e do raspador de pergaminho. (S/i.)

[Fig. 10c] Hugo, professor em São Vitor: mestre exemplar das escolas monacais. (Da sua obra *De arca Morali*. Manuscrito, séc XIII. Biblioteca Bodleiana.)

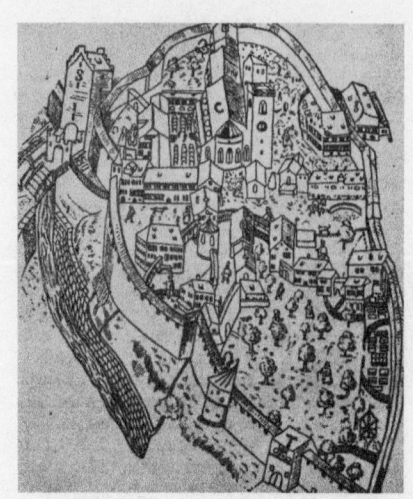

[Fig. 11a] O mosteiro de Saint-Gall, na Suíça. (S/i.)

[Fig. 11b] Planta baixa do mosteiro, indicando o prédio da escola externa, separado por muros. (Século IX.)

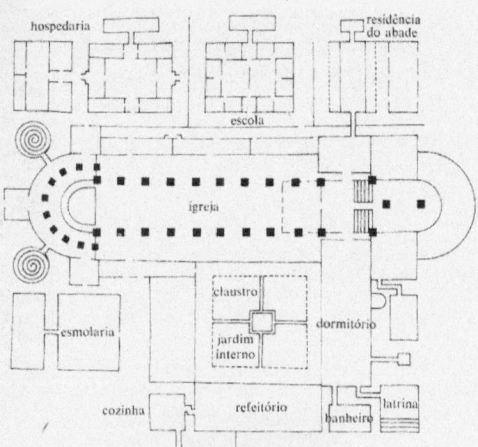

[Fig. 12a] Escola episcopal: mestre-livre atuando em Paris. (Pintura medieval.)

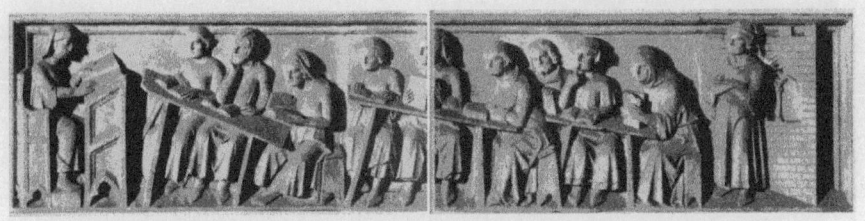

[Fig. 12b] Escola de direito. O professor é Cino de Pistoia (1270-1335), mestre-livre que lecionou em diversas cidades italianas. (Relevo da sua tumba no *Duomo* de Pistoia.)

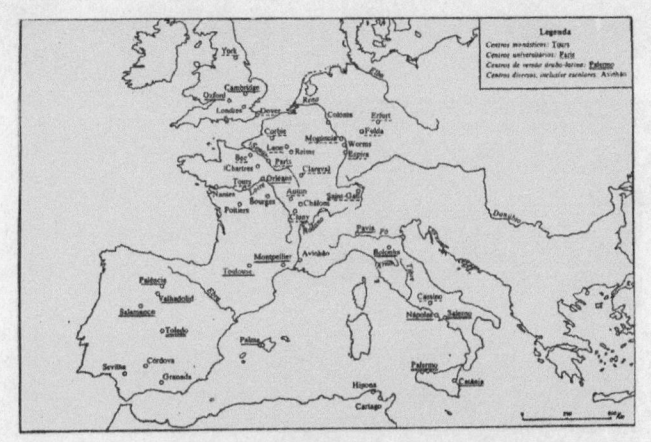

[Fig. 13] Os principais centros medievais de cultura.

[Fig. 14] A venda de textos em pergaminho para estudantes, na loja de Villoba, em Bolonha. (Manuscrito, século XIV.)

[Fig. 15] Paris: reconstituição da *Îlle de la Cité* com a igreja de *Notre Dame* e da *Rive Gauche*, na qual aparecem à direita, fora da muralha de Felipe Augusto, a abadia de *Saint-Germain-des-Prés* (em primeiro plano) e a abadia de *Saint Victor* (em último plano). (Desenho e litogravura de Benoist.)

[Fig. 16] Estudantes de uma universidade medieval durante uma aula. (Manuscrito, século XIV.)

[Fig. 17a] Ensino universitário de medicina. (Manuscrito, c. séculos XIV-XV.)

[Fig. 17b] Ensino universitário de teologia. (Santo Agostinho ensina em sua cátedra. Escola dos Sansereninos, século XV.)

[Fig. 18] A melancolia das estátuas funerárias francesas. (Esquife de Phelipe Pot, século XIV.)

[Fig. 19] Na cidade italiana: nobres e negociantes ocupam o primeiro plano; ao fundo, os trabalhadores do campo. ("Os Efeitos do Bom e do Mau Governo sobre a cidade e o campo", de A. Lorenzetti, c. 1337-40. Palácio Público de Siena.)

[Fig. 20] O "caráter Urbino": equilíbrio e harmonia no edifício do Palácio Ducal (pátio, salão principal e gabinete de trabalho). Realismo e proporção no retrato dos proprietários ("Battista Sforza e Frederico de Montefeltro", de Piero della Francesca, c. 1472.)

[Fig. 21a] O "olhar renascente" na pintura. ("A Santíssima Trindade, a Virgem, São João e os doadores", de Masaccio, 1428.)

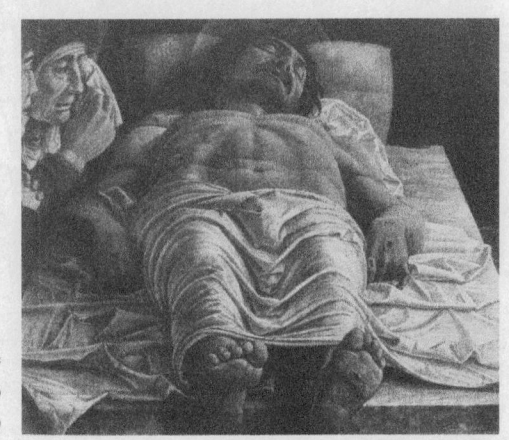

[Fig. 21b] Perspectiva e sentimento humano. ("Cristo Morto", de Mantegna, c. 1480.)

[Fig. 22a] O *enchiridion* renascentista: livros "portáteis" ou "de mão". ("Santo Antonio lendo", de A. Dürer, 1519.)

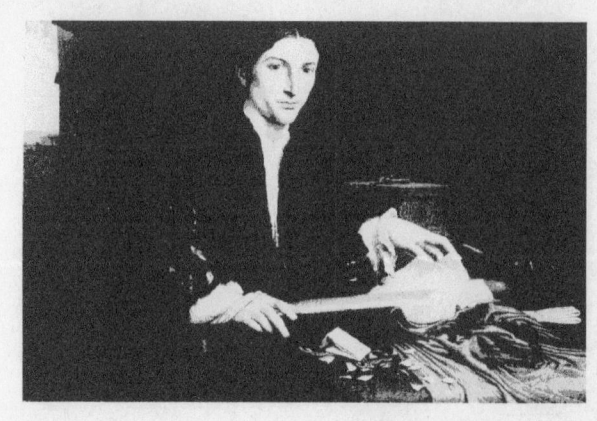

[Fig. 22b] O *in-folio* medieval. ("Autorretrato", de L. Lotto, c. 1530.)

[Fig. 22c] Uma biblioteca renascentista com os *in-folio*.

[Fig. 23a] No *studio*, o intelectual renascentista. ("São Jerônimo no seu gabinete de trabalho", de A. da Messina, 1460.)

[Fig. 23b] Recolhido como os monges. ("Santo Agostinho em sua cela", de Botticelli, c.1495.)

[Fig. 24] O homem-centro do mundo: equilíbrio e autoconfiança. ("Autorretrato", de A. da Messina, c. 1475.)

[Fig. 25] Frederico de Montefeltro, burguês e humanista, com seu filho. ("Frederico de Montefeltro e seu filho", de Juste de Gand, c. 1477. Palácio Ducal de Urbino.)

[Dos primórdios do Cristianismo ao final da Idade Média]

[Fig. 26a] O humanista Ângelo Poliziano, preceptor dos filhos de Lorenzo de Médici. ("Cenas da Vida de São Francisco", c. 1483-86, de D. Ghirlandaio. Igreja *Santa Trinità* em Florença.)

[Fig. 26b] Valores familiares na educação humanista. ("Francesco Sassetti e seu neto", de D. Ghirlandaio, c. 1490.)

[Fig. 27] Ludovico Gonzaga, aluno de Vittorino, retratado com a esposa e familiares. (Afresco do "Quarto dos esposos", de Mantegna, c. 1471-74. Palácio dos Gonzaga, em Mantua.)

[Fig. 28] A infância humanista: educação doméstica, harmonia e intimidade com os textos antigos. ("O Menino lendo Cícero", de V. Foppa, c. 1462-64.)

Capítulo II

A *escola secundária erudita*

Século XVI: a criação do colégio de humanidades

Como vimos no capítulo anterior, a tendência humanista dos séculos XIV e XV não alcançou de imediato as instituições escolares. Quase um século separa os mestres humanistas italianos dos meados do *Quattrocento* e a floração das instituições escolares que nos fins do *Cinquecento* tomavam os *studia humanitatis* como a base da sua cultura: concordamos com M. Debesse, quando diz, no seu texto *A Renascença*, que, embora integrada na unidade do grande movimento do período, a Renascença pedagógica pelas suas características próprias – riqueza das publicações sobre doutrinas e métodos pedagógicos e abundância dos estabelecimentos de ensino –, tem sua época central no século XVI ascendente.

Pensamos que essa condição pode ser explicada, primeiramente, porque, nas instituições escolares da cultura medieval, fossem as universidades, fossem as escolas dos mestres-livres, fossem as antigas escolas eclesiásticas, todos os ramos de estudo permaneciam ainda no final do século XV atrelados à teologia e rejeitavam os programas de humanistas como Vergerio, Palmieri, Guarino e Vittorino, radicalmente antimedievais, ainda que atravessados pelas sobrevivências cristãs. Havia ainda os cientistas, críticos ao mesmo tempo dos saberes eclesiásticos e dos estudos humanísticos, como Da Vinci, que gostava de se proclamar "um homem sem letras". À oposição erudita e institucional somou-se a condenação de apelo moralista e popular, expressada por figuras da igreja como o dominicano Savonarola e o cardeal

Dominici, que, influentes em Florença, o grande centro irradiador do movimento humanista no século XV, esbravejavam, como diz M. A. Manacorda em *História da Educação: da Antiguidade aos nossos dias*, contra as "insídias diabólicas escondidas nos versos dos poetas pagãos". Cabe bem a citação que este autor traz de um excerto do prelado: "Assim crescem as crianças modernas – ensinando-lhes todos aqueles ignominiosos males, a que levam o estudo de Ovídio Maior, das epístolas, da *de arte amandi*, e todos esses escritos carnais e meretrizes" (p. 178).[1]

Apontar essas dificuldades nos ajuda a entender as forças impeditivas que agiram sobre os humanistas, levando-os a uma demora na constituição de um lugar próprio de atuação no meio escolar; e pode também nos colocar na pista das suas práticas educativas, pois as resistências indicam, pelo avesso, as inovações de que eles eram portadores, as quais foram alvo de contestação. Contudo, esse caminho não explica por que o humanismo, ao ser escolarizado nos meados do século XVI, assumiu a forma de colégios de estudos humanísticos, um modelo de escola que, ao se interpor entre as escolas elementares e as universidades, irá constituir o ensino secundário moderno. Em outras palavras, considerando que os educadores humanistas do início do século XVI educavam preferencialmente no privado, por meio de mestres particulares convivendo com seus alunos em pensionatos domésticos – tão bem simbolizados pelos *contubernia* de Guarino de Verona e Vittorino de Feltre –, algo deve ter acontecido no plano das próprias instituições escolares. O exame dessa questão dá, então, a partida deste capítulo.

Podemos começar lembrando que o processo de nobilização das cidades-estado italianas – as *comune*, que se transformaram em *signorie* – foi constante desde o final do século XIII, mesmo quando guardavam a forma republicana de governo, como lemos em D. Waley (*Las ciudades-república italianas*). Todas as grandes famílias burguesas do século XV, como os Visconti e os Sforza, de Milão, os Gonzaga, de Mântua, os Este, de Ferrara, os Médici, de Florença, os Malatesta, de Rimini, os Carrara, de Pádua, e os Montefeltro, de Urbino, já haviam conquistado ou comprado seus títulos de nobreza e formado a sua corte com "palaciano esplendor", como diz R. M. Letts, em *O Renascimento*. Para o historiador Peter Burke (*O cortesão*), a corte era o lugar onde estava o senhor, o soberano, mas designava também o conjunto das pessoas que o cercavam. Ela deve ser compreendida, portanto, como uma verdadeira instituição social, com funções bastante

---

[1] Cf. outras passagens em E. Garin, *L'educazione in Europa, 1400/1600*, autor que acentua essa perspectiva de oposição entre cultura pagã e cristianismo.

diversificadas: era a "família do príncipe" e ao mesmo tempo o seu "instrumento de governo", pois os cortesãos agiam para aumentar o prestígio pessoal do soberano, cumprindo as tarefas do serviço público pelas quais ele era responsável; era a representação do poder político e cultural que ele encarnava; e como dava o exemplo de vida a ser seguido, a corte era também uma instituição educativa.

Como "escolas de comportamento", as cortes disseminaram seu estilo de vida mediante a representação cotidiana que davam de si na arquitetura das casas, nas obras de arte que patrocinavam, no trato mútuo aristocrático e refinado e na visada cheia de proporção e medida de seus integrantes, representação que já nomeamos no capítulo anterior como "carácter Urbino". Com a multiplicação dos impressos, a forma de vida cortesã foi veiculada também pelos textos, como o *De educatione* (1505), de Antonio de Ferraris (1444-1517), dedicado ao humanista Crisostomo Colonna, mestre de um príncipe espanhol, e o *Libro del cortegiano* (1528), publicado em Veneza por Baldassare Castiglione (1478-1529) para a educação das cidades do norte da Itália, e inspirado justamente nos Montefeltro, em cuja corte ele viveu. As sucessivas edições desse texto no decorrer do período, antes de 1600 – 16 em italiano, 6 em francês e uma em inglês – atestam que ele respondia a uma ampla demanda por guias escritos e codificados de comportamento para essa nova forma sociocultural de vida. Por sua vez, o *Galateo*, de monsenhor Giovanni della Casa (?), composto na década de 1550, foi referido como o livro que educou os príncipes e poliu os costumes dos membros das cortes europeias do final do século XVI, pela definição dos saberes que o cortesão devia possuir para servir bem ao seu príncipe: escrever e falar o latim e o italiano, praticar a pintura, a música, a dança e a caça, exercitar o corpo na natação, equitação, corridas, saltos, lutas e jogos, ser destro na arte da conversação para entreter o soberano, ter boas maneiras e higiene, ser destro nas artes da guerra, amar a beleza, a mulher, e cultivar a vida conjugal e familiar. Vemos que Della Casa, ao fazer essa ampla catalogação, abandonava os estudos liberais com ênfase no domínio da linguagem dos primeiríssimos humanistas e dava protagonismo – recolhendo inspiração nas práticas educativas de Guarino e Vittorino – às formas mundanas de conduta, assinalando o deslocamento do modelo humanístico para o modelo cortesão. Modelando as práticas definidoras do perfeito cortesão, os textos prescritivos de etiqueta, cortesia e moral do século XVI indicavam também ao burguês enobrecido o lugar dessa formação – na própria vida da corte, fora das escolas conhecidas – e os procedimentos adequados, tradicionalmente associados às formações sociais aristocráticas: práticas sociais de transmissão da cultura e aprendizagem dos saberes especializados com mestres privados [Figs. 29a, 29b, e 29c]. Se acrescentarmos a esta análise uma outra observação de Burke sobre a mobilidade das cortes, que se deslocavam acompanhando as frequentes deambulações dos senhores pelas suas propriedades, agindo no sentido contrário ao da estabilidade institucional, podemos compreender por que a cultura humanista-cortesã não desenvolveu de imediato a educação escolar.[2]

É importante notar que a cultura humanística foi posta em circulação, para fora do seu centro de origem florentino, enquanto cultura cortesã. A despeito das controvérsias, a Igreja se abriu para o humanismo por ocasião do Concílio de Constança (1414-1417) – o mesmo que condenou as opiniões de J. Huss como heréticas –, ao reunir dignitários e seus auxiliares letrados que eram humanistas. Contudo, o lugar dessa nova orientação dentro da igreja foi firmado pelas cortes papais do século XV e XVI, de que foram exemplos os pontificados de Nicolau V (1447-1455), que chamou Lorenzo Valla e Gianozzo Manetti para Roma com a finalidade de preparar versões latinas de textos gregos, e de Sílvio Picollomini, humanista que foi Papa como o nome de Pio II (1458-1464). Nicolau V também foi o responsável pela nomeação do cardeal Bessarião (1400?-1472), tradutor de Aristóteles e Xenofonte, para reitor da Universidade de Bolonha (1450-55), onde promoveu a reforma dos estatutos e fortaleceu o ensino dos *studia humanitatis*, segundo R. Nunes (*História da Educação no Renascimento*). No contexto do papado como sociedade de corte cabe ainda a figura de um dignitário da Igreja como o cardeal Sadoleto (1477-1547), que se manifestou favoravelmente a que essa assumisse em suas instituições escolares a orientação afetuosa e alegre praticada por Guarino e Vittorino e, no lugar da lógica silogística dos escolásticos, ensinasse a filosofia moral dos antigos, como queriam os humanistas. Nunes também desenvolveu a ideia de que as universidades italianas foram viveiros do humanismo escolarizado, oferecendo como argumento a contratação de Theodorus Gaza, Barzizza, Aurispa, Chrysolóras e outros professores de grego, retórica e filosofia para dar aulas nas cidades italianas, mas não podemos esquecer que estas eram matérias das faculdades de artes, que introduziam à vida universitária, e não das faculdades especializadas de direito, medicina e teologia. De qualquer modo, pela ornamentação do túmulo de um professor de direito em Bolonha, dos meados do século XVI [Fig. 30], que não apenas nomeia o morto como leitor dos *Decretali*[3]

---

[2] É preciso apontar, no entanto, que esse autor considera a atividade de Vittorino uma exceção, isto é, como uma escola, posicionamento que matizamos.

[3] Os *Decretali* eram as leis que foram acrescentadas em Bolonha, nos inícios do século XIII, por Raimundo de Penaforte, ao *Decretum* de Graciano, composto em 1140. Mas aqui podem ter o significado genérico de textos legais.

como representa a sua aula como réplica das cenas do século XIII, eram os usos medievais, e não os humanísticos, que continuavam em pauta nas faculdades de leis, se não de fato, pelo menos no imaginário da época.

Quando o humanismo "passou os Alpes" e se propagou pelas cortes europeias, o movimento foi posto em circulação pelos estudantes e professores que iam e vinham entre as instituições de ensino, pelos impressos humanistas, pelos manuais de formação cortesã, e pelos eclesiásticos praticantes ou simpatizantes dos humanistas, e também pelos casamentos entre as famílias cortesãs, que se deslocavam fazendo-se acompanhar de letrados humanistas empregados como escrivães, secretários, notários e historiógrafos, encarregados de redigir as genealogias das casas reinantes. Beatriz de Aragão e Bona de Milão casaram-se respectivamente com reis da Hungria e da Polônia, promovendo uma importante difusão das práticas humanistas nesses países. O caso de Leonor de Lancastre é duplamente exemplar: quando se tornou, pelo casamento, rainha de Portugal, ela mandou imprimir em 1518 o *Espelho de Cristina*, tradução da obra de Cristina de Pisan, *Le Livre des Trois Vertus* [*O livro das três virtudes*], versando sobre as responsabilidades e as condutas das mulheres dos diversos segmentos da sociedade; escrito em chave humanista no início do século XV, esse texto aparece também como a primeira obra no contexto português sobre a educação feminina.

Na Inglaterra, a cultura humanista esteve relacionada à corte dos Tudors, sendo bem recebida pelos seus *gentlemen*, animados de preocupações políticas e leitores de Castiglione, como mostrou Burke em outro de seus livros (*As fortunas d'*O Cortesão). Thomas Morus (1478-1535), um de seus membros mais influentes enquanto chanceler de Henrique VIII, foi opositor da universidade medieval e adepto da educação nos moldes do *contubernium* humanista, inclusive para as mulheres, tendo assim educado suas filhas, com o objetivo de assegurar-lhes uma "vida elegante, doce e feliz" **[Fig. 31]**. A outra grande referência do humanismo na Inglaterra foi Vives (1492-1540), um espanhol que viveu na corte como preceptor da futura rainha Maria I e escreveu textos defendendo um programa de educação que repercutia o de Vittorino de Feltre, ao abranger do estudo do latim e da língua materna aos cuidados com o corpo, da atenção às coisas à formação da reta razão, das formas de comportamento social à doutrina cristã. Nesse mesmo período, o humanista Erasmo de Roterdã (1466-1536) esteve por várias vezes na Inglaterra, participando do *contubernium* de Morus em Londres e ensinando grego em Cambridge. Ele representou a tradição do clérigo letrado ligado à Igreja, mas crítico violento das instituições e das doutrinas medievais, que produziu importantes elaborações sobre o papel da educação estética e literária no cultivo da civilidade, a forma de vida social cortesã e cristã que considerava a mais digna dos homens do seu tempo. Nessa ótica redigiu, dentre outros textos, as obras pedagógicas: *O Método de Estudos* (1512), *A Educação do Príncipe Cristão* (1516) e *Tratado de Civilidade* (1530). Mas, ao adotar os procedimentos da prazerosa imitação dos antigos (*imitatio et delectatio*), fez, correspondentemente, a crítica dos "ciceronianos", isto é, dos humanistas pedantes e corrompidos que, nos seus cursos das artes da palavra, apenas copiavam as formas clássicas da língua latina sem se assenhorarem do espírito do humanismo cívico de que eram portadoras. Somada à cultura bíblica, era desta posse – e não do traquejo linguístico – que viria a independência de juízo ao homem, ou seja, a sua humanidade, traduzida por Erasmo numa ética de conduta tolerante, ecumênica e *irênica*, isto é, pacifista. Por essas posições, se ele vem sendo tratado pelos historiadores da educação como uma das maiores vozes da educação humanista do século XVI, pode ser apontado também como desinteressado da prática da educação em estabelecimentos escolares, pois preferiu recomendar, no seu lugar, as formas sociais de aprendizado que vinham dos humanistas do século XV: a convivência, a correspondência, a conversação, e a leitura e escrita de textos clássicos.[4] A citação de uma passagem do seu *O Método de Estudos*, reproduzida de Manacorda, é oportuna pelo seu caráter de exemplar aplicação à educação das crianças:

> Ensinados logo os primeiros elementos, gostaria que imediatamente fosse criado na criança o hábito da conversação. E que aproveitasse também os jogos. O mestre elogie os alunos quando dizem alguma coisa corretamente e os corrija quando erram. Assim se habituarão a conversar com todo cuidado e diligência e darão toda atenção ao preceptor quando este fala. Será também útil que, com pequenos prêmios ou castigos, sejam habituados a corrigir-se reciprocamente. O mestre até poderá escolher os mais capazes para que sirvam de árbitros nas discussões. E será oportuno propor às crianças certas fórmulas, para que se sirvam de uns assuntos no jogo, de outros conversando entre elas e de outros à mesa. É conveniente que sejam expressões doutas, mais fáceis e agradáveis. Além disso, o mestre diligente e preparado escolherá os mais simples e breves dentre todos os preceitos dos gramáticos, dispondo-os na ordem mais conveniente. Em seguida, logo após tê-los ensinado, orientará seus alunos para o autor mais apto, treinando-os a falar e a escrever. (p. 186)

---

[4] No entanto, mesmo como pedagogista Erasmo vem sendo revisto: de um lado porque, ao indicar nos seus textos como o homem devia ser, não tratava do homem na sua existência histórica concreta, real, e, de outro, porque o tratamento que dava nas suas obras à criança é puramente baseado no senso comum. A respeito de Erasmo como "pedagogista inacabado", cf. o texto de Debesse, citado.

Podemos perceber que, embora pedagogicamente ativo no sentido de recomendar a união entre religião (*pietas*) e conhecimento antigo (*eruditio*), o humanismo como movimento cultural apropriado pelos mestres dos burgueses aristocratizados não se encaminhou para a realização escolar naquela forma identificada como a marca do século XVI: os colégios de estudos literários. De onde vieram, então, estas escolas humanísticas? Temos de procurar as pistas em outro lugar.

Relendo os historiadores da educação, evidencia-se o fechamento das escolas universitárias de medicina, direito e teologia às interpretações humanísticas. Quando ocorreu, a penetração se fez entre os mestres e estudantes universitários dos ramos de estudo mais distantes da teologia, ou seja, dos que liam o *trivium* e o *quadrivium* nas faculdades de artes, e, em particular, daqueles que cumpriam a primeira etapa de aprendizado na gramática e na retórica do *trivium*, e não no *quadrivium*, ou na dialética e na filosofia: é importante notar que, nas escolas monacais e episcopais e nas faculdades de artes onde elas eram estudadas, não havia uma hierarquia dos saberes do *trivium* e do *quadrivium* formalizada num curso sequencial, mas a gramática sempre foi considerada a chave e a porta de entrada para as outras artes eruditas [Fig. 32]. Além dos fatos da Itália citados por Nunes, podemos encontrar no norte europeu bons exemplos desses mestres das artes do *trivium* que aderiram aos estudos humanísticos: o holandês Rodolfo Agrícola (1445-1485) e o alemão Jacob Wimpheling (1450-1528) criticaram o ensino escolástico do seu tempo e abriram-se para as novas tendências, escrevendo obras didáticas para o estudo da gramática e da retórica. Agrícola era filósofo, músico, poeta e pintor, tendo domínio, portanto, das 7 artes liberais medievais, mas estudou na Itália com Lorenzo Valla, Jorge Trebizonda e Battista Guarino e foi reconhecido como professor de uma escola de língua grega. Wimpheling considerou, como Erasmo, a aproximação ao humanismo como condição para a Igreja garantir sua influência na sociedade, ameaçada pelos movimentos da Reforma e, nessa linha, reivindicou, na sua obra *Adolescentia*, de 1498, a educação dos jovens burgueses e nobres cristãos mediante o estudo do latim e do grego, reatualizando o milenar programa de Agostinho nos termos de um amplo programa de estudos humanísticos inspirado em Vergerio. Ambos, no entanto, conservaram as práticas de mestres-livres andarilhos da Baixa Idade Média, ensinando os novos saberes em cursos avulsos de grego, gramática latina, retórica e poética em várias instituições universitárias da Europa. Outro desses professores itinerantes que se dedicou ao ensino das línguas antigas foi o alemão Reuchlin (1455-1552), autor de uma gramática da língua hebraica que foi um êxito editorial, sucessivamente reeditada. A observação de J. Delumeau, em *A civilização do Renascimento*, de que as faculdades de teologia de Louvain, Colônia e Erfurt "tomaram posição contra Reuchlin, que defendia a língua hebraica e a literatura rabínica" (p. 70), confirma nosso argumento das ações pioneiras e, ao mesmo tempo, um tanto isoladas, na tradição dos mestres-livres, dos professores de estudos humanísticos das faculdades de artes.

O aspecto verdadeiramente inovador nesse movimento de abertura, porém, é que ele se iniciou também de fora para dentro da instituição universitária: mais do que os próprios mestres universitários do *trivium* das faculdades de artes, foram os professores-repetidores desses cursos nos pensionatos de estudantes que introduziram a cultura humanística. Esta colocação remete a um dos importantes temas da atual historiografia da educação: a questão dos colégios medievais de artes liberais. Desde os tempos da atuação dos mestres-livres e das escolas episcopais existiam hospedarias gratuitas para bolsistas e alunos pobres, que não podiam pagar alojamento ou instalar um local permanente de residência pois isto implicava pesadas despesas com a criadagem para cuidar da montaria, comida e lavagem de roupa, além de mobiliário e materiais de ensino. Como muitas dessas casas acolhiam também os professores, que em troca repassavam as lições ou preparavam os alunos para seguir os cursos das universidades, logo passaram a funcionar como pensionatos que eram também lugares de ensino bem completos: neles, todos os autores podiam ser estudados (lidos) por todos os alunos (*co-legere* = ler em conjunto, ler ao mesmo tempo), como se vê exemplarmente no colégio parisiense de Navarra, instalado nas colinas de Santa Genoveva para receber 20 estudantes de teologia, 20 de artes e, posteriormente, 20 de gramática, como informa A. Clausse em *A Idade Média*. Pela atividade desses professores e repetidores, os pensionatos colegiais acabaram por retirar o conteúdo das 7 artes liberais do âmbito das faculdades universitárias, organizando-se, ao longo do século XV, como uma instituição específica e reconhecida – o colégio das 7 artes liberais –, onde os jovens realizavam todos esses estudos preparatórios para as universidades. Estas, por sua vez, encarregavam-se, preferencialmente, desde então, do ensino especializado da medicina, do direito e da teologia.

R. Nunes refere no seu *História da Educação na Idade Média*, que o mais antigo desses estabelecimentos parece ter sido o colégio dos *Dix-huit*, fundado em Paris em 1180, por um burguês da Inglaterra, quando do seu regresso de Jerusalém. Junto à Universidade de Paris foram fundados também os colégios de *Saint-Honoré* (1209), *Sorbonne (*1257) **[Figs. 33a]**, *Harcourt* (1280) e *Sainte-Barbe* (1460), dentre outros; em Oxford, o *Merton College* (1264); em Cambridge, o *King's College* (1440) **[Fig. 33b]**. A bibliografia aponta que, antes do início do século XV, já havia cerca de 30 desses colégios-pensionatos somente na cidade de Paris. Muitos deles resultaram de doações piedosas; outros, exclusivos de alunos provenientes de determinadas regiões da Europa, foram sustentados pelos seus reis e príncipes. Para submeter esses enclaves privados à sua autoridade e evitar os conflitos entre os turbulentos grupos de estudantes que agitavam a vida urbana, o rei de França ordenou em 1463 que os estudantes da Universidade de Paris que não tinham família na cidade residissem neles obrigatoriamente.

Recuperar a origem e a posição dos colégios no conjunto das escolas medievais nos ajuda, portanto, a entender porque eles se abriram para a inovação humanista. Não pertencendo às universidades, os colégios das 7 artes liberais tendiam a escapar ao controle das práticas universitárias estritamente escolásticas. A respeito da sua forma de organização pode-se dizer que, atuando ao longo dos séculos XIV e XV como casas de pensão e de ensino, nas quais professores e estudantes conviviam e realizavam estudos no regime de internatos, eles funcionavam também como espelhos dos *contubernia* humanistas, se é que não foram modelos destes pela sua constituição mais antiga, pois o pensionato-escola paduano de Barzizza datava da primeira década do século XV.[5] De qualquer modo, nesse ponto, colégios de artes e pensionatos domésticos já se assemelhavam ao recortarem espaços privados de educação, e realizarem, ambos, esse traço característico do momento histórico do início dos tempos modernos. Em outros aspectos, porém, eles se diferenciavam: se nas iniciativas dos humanistas italianos, desde Guarino e Vittorino, o ensino era sistematizado em níveis, segundo um plano ordenado de estudos, as aulas dos colégios de artes podiam ser frequentadas todas ao mesmo tempo, por alunos das mais variadas idades, e nos termos dos conteúdos e procedimentos escolásticos, à maneira da escola medieval de Hugo de São Vitor, a que nos referimos no capítulo anterior.

Uma terceira modalidade – na qual reconhecemos práticas dos colégios das 7 artes medievais e dos *contubernia* humanistas – veio das cidades ricas e independentes da região do Reno (compreendendo os Países Baixos, a Suíça, a Flandres, e parte da Alemanha e da França). Aí, desde meados do século XIV, a tradição desses pensionatos-repetidores para os estudantes

---

[5] Entre as interpretações da historiografia francesa, que acompanha a evolução dos seus colégios de artes, e da italiana, que acentua a contribuição dos humanistas, talvez seja possível lançar outra hipótese explicativa: a influência dos padrões orientais sobre o Ocidente, desde as Cruzadas até os primeiros mestres de língua grega na Itália. O próprio Barzizza abriu seu *contubernium* para os venezianos, não por acaso homens do comércio marítimo com o Oriente. Mas essa é uma sugestão ainda a ser explorada.

de artes era muito forte, uma vez que possibilitavam aos grupos religiosos que os mantinham, adeptos da *Devotio moderna*, a prática de uma devoção mais íntima, pessoal. O elo de ligação com o humanismo foi estabelecido exemplarmente por Hégius (1433-1498), diretor do colégio das 7 artes liberais instalado em Deventer por uma dessas associações, os Irmãos da Vida Comum, o qual, em 1483, aderiu aos *studia humanitatis* dizendo: "Todos devemos ser gregos". Ao que parece, a aceitação desse novo saber foi facilitada pela atividade de copistas que eles exerciam, reproduzindo em seus *scriptoria* os textos manuscritos religiosos que usavam nas suas casas-pensionatos, e depois, abrindo oficinas de impressão que acolheram os novos textos humanistas. Muitos dos livros que imprimiram, lembra Nunes (*História da Educação no século XVII*), eram organizados como uma espécie de antologia, ou seja, no formato de cadernos com seleções de textos espirituais (*rapiaria*), que lembram os usos humanistas dos "catálogos de citações".

Entretanto, do ponto de vista escolar, a abertura dos Irmãos ao novo movimento não levou à superação da tradição medieval, pois seus colégios de artes – se eram organizados como internatos, e também ordenavam os conteúdos em etapas de estudo como os humanistas italianos, agrupando os alunos em 8 grupos ou classes segundo a ordem dos conteúdos –, permaneceram presos aos métodos e saberes escolásticos: ensinavam humanidades, da gramática (8ª classe) até a filosofia (2ª classe), mas culminando com a dialética e a teologia (1ª classe), que não pertenciam ao programa humanístico. O argumento se completa quando reconhecemos em Erasmo e Agrícola, cuja ação pedagógica tampouco se apoiava nos colégios de humanidades, dois dos alunos de Hégius em Deventer. Os estabelecimentos dos Irmãos da Vida Comum acabaram por desaparecer no decorrer do século XVI,[6] suplantados por aqueles colégios de artes liberais que, além de manter a organização do pensionato-internato privado e a ordenação dos conteúdos em classes, abandonaram os saberes e os métodos escolásticos e passaram a adotar apenas o conjunto dos saberes e dos métodos humanísticos: a gramática, a retórica, a poesia, a história e a filosofia moral, estudadas pelo método filológico-histórico, e completadas pelos textos da Igreja, as artes do *quadrivium*, a música, a dança, os exercícios físicos e as formas de convivência social. Assim, as instituições escolares realizaram as inovações, transformando os antigos colégios de arte liberais em "colégios de artes humanísticas", ou colégios de humanidades. Aqui cabe confirmar a observação de R. Nunes de que os novos colégios foram veículos do humanismo – e não o contrário –,

---

[6] Do ponto de vista religioso, eles foram questionados pela religiosidade protestante; o elo entre os dois movimentos continuou na devoção pessoal e no uso do impresso, marcas da Reforma.

formulando-a nos termos de que as escolas humanísticas foram produzidas pela própria escola: o aparecimento dos colégios dependeu de transformações na própria realidade escolar histórica do período.

Nesse processo, coube aos príncipes e reis dos emergentes estados nacionais apoiar a nova forma escolar de educação colegial humanística, bem diferente das agitadas e internacionalizadas instituições medievais, vendo nela a possibilidade de contribuir para a estabilização das suas cortes e manter a formação de seus cortesãos – a burguesia aristocratizada – ainda no âmbito do privado, que era o que esta camada social queria: o poder público oferecia a escola, mas não os obrigava a frequentá-la. Além de refundar como humanistas os antigos colégios das artes medievais, muito monarcas criaram diretamente outras instituições nos novos moldes. É nesse contexto que se pode apreciar, por exemplo, a atuação de Francisco I, rei da França que invadiu em 1494 o norte da Itália, cujas cidades estavam inteiramente tomadas pelo humanismo: em 1515, ele apoiou a reorganização do antigo colégio de artes liberais *De Guyenne*, em Bordéus, empreendida pelo humanista Mathurin Cordier para conformá-lo à nova tendência escolar; ação renovada em 1529, quando aplicou os recursos da coroa para fundar um colégio humanista em Paris, proposto pelo seu bibliotecário, Guillaume Budé, para fazer concorrência ao colégio de artes sorbônico e à Universidade, que permaneciam medievais, isto é, não humanistas, na sua organização e nos seus conteúdos e procedimentos. O novo colégio real – depois chamado *Collège de France* – oferecia cursos de latim, grego, hebraico e matemáticas, os quais, para atrair os alunos, eram anunciados em latim no *quartier* dos estudantes, o antigo reduto das instituições escolares de cultura escolástica, como lembra R. Nunes no seu texto sobre a educação renascentista. Este historiador – um dos poucos a trazer informações sobre a educação escolar na península ibérica – aponta também que foi no grupo de humanistas de Bordéus que o rei português D. João III contratou mestres para abrir o colégio de humanidades de Coimbra, em 1548.

Além dos reis, muitas cidades incentivaram a reforma dos antigos colégios de artes e a fundação de novas instituições para atender no privado a burguesia aristocratizada que as dominava. Na primeira metade do século XVI apareceram na França, dentre outros, os colégios municipais de humanidades de Angoulême (1516), Lyon (1527) e Dijon (1531). No entanto, como a realidade sempre escapa à norma, o reitor do colégio de Toulouse, Jean Bodin (1530-1596), reivindicou no seu *Discurso ao senado e ao povo*, de 1559, que as autoridades da cidade abrissem a instituição para todos os jovens bem dotados, e não apenas para os membros das camadas mais altas, ao dizer: "Desejaria que os filhos de todos os cidadãos seja qual for a categoria social à qual pertençam, se parecessem dotados para as letras, recebessem, doravante, educação e instrução dadas segundo método oficial, num colégio público", segundo citação reproduzida por Debesse (p. 253). Mas apenas reivindicou, lembra bem este autor, pois esta concepção de colégio somente viria a se realizar nos fatos do século XIX.

Debesse, aliás, alerta sobre a grande diversidade do processo de constituição institucional dos colégios de humanidades: ele, que estudou a renascença pedagógica a partir de seus focos de irradiação na Europa ocidental, conclui que ela foi "a um tempo mais complexa, mais lenta e, ao cabo, mais rica do que se poderia supor" (p. 265). A Inglaterra, por exemplo, compõe um caminho diferente, pois o seu primeiro estabelecimento humanístico não veio de um colégio de artes, mas de uma antiga escola medieval de dialética que funcionava junto à catedral londrina de São Paulo, portanto como igreja da corte: a *St. Paul's School*, transformada por John Colet (1467-1519), desde 1509, em centro de ensino de línguas e literaturas clássicas. Na década seguinte, o movimento alcançou as Universidades de Oxford e de Cambridge, que abriram em 1516, respectivamente, o *Chorpus Christi College* e o *Saint John's College*, já na linha humanística.

Colet fora aluno dos primeiros mestres de grego em Oxford, W. Grocyn (1449-1519) e T. Linacre (1460-1524), que tinham estudado em Florença com o humanista Ângelo Poliziano, mas ele próprio frequentara nessa cidade os cursos de Marsílio Ficino. Foi Colet quem chamou W. Lilly (1468-1522) – outro dos integrantes do *contubernium* reunido por Thomas Morus – para dirigir a antiga escola episcopal londrina convertida ao humanismo. Lilly escreveu, para uso dos estudantes, uma gramática latina, a *Lilly's Grammar*, que até os meados do século XIX teve mais de 200 edições, concorrendo para difundir e uniformizar o ensino clássico nas escolas inglesas. Sabemos por Delumeau, com informação colhida em Erasmo, que na escola de Colet os alunos trabalhavam todos juntos numa mesma sala redonda, de piso em degraus, que continha, além de uma capela, três grupos ou classes de alunos, divididos por meio de cortinas móveis.

Em muitos desses novos colégios, os programas de estudo se articulavam somente em torno das línguas e literaturas grega, latina e hebraica, sem a inclusão da filosofia, do *quadrivium*, e de outros saberes que eram parte integrante dos programas propostos pelos humanistas dos séculos XIV e XV. Instituições trilíngues exemplares foram, além do próprio colégio real de Paris, os de Louvain, fundado em 1517, na Flandres, e de Alcalá de Henares, em 1528, na Espanha. Em outros colégios, os estudos se reduziram às línguas clássicas, ou ainda, mais restritivamente, apenas ao latim.

As realizações humanísticas do século XVI francês englobaram até aquelas que faziam a crítica do próprio humanismo escolarizado nos colégios de humanidades no momento mesmo de sua constituição histórica, fazendo ecoar outros desejos instituintes do mundo cultural. Rabelais (1494-1553) não gostava de colégios, nem dos medievais nem dos humanísticos. Nos textos que compôs no início da década de 1530 em torno das aventuras de dois personagens – pai e filho, Gargantua e Pantangruel –, que, educados pelos clérigos, experimentaram também as novidades da proposta humanista, ele criticou ambas as tendências e retomou a imagem do homem completo, dotado de saber universal, para cuja formação delineou um amplo programa de estudos, mas realizado por preceptores particulares, fora dos colégios e dos pensionatos domésticos. Montaigne (1533-1592) foi aluno do colégio *De Guyenne* [Fig. 34], mas sua vida e sua obra repercutem tanto o amplo programa dos primeiros humanistas quanto a proposta erasmiana do *contubernium*. Por isso ele não fala da educação colegial, mas focaliza o homem livre dos cuidados materiais, temperado, respeitoso da individualidade e da privacidade, que aprende pela alegria, pelo prazer, pelo equilíbrio das práticas e dos conteúdos: da leitura dos antigos à observação direta das coisas, do convívio erudito às viagens, do estudo do latim e do grego à língua materna e à história. Ao apossar-se de todos esses conhecimentos, seu educando não deveria visar atulhar a memória, mas viver bem, ter bom caráter, isto é, juízo crítico pessoal bem formado e bem instruído. Essas concepções foram apresentadas por Montaigne nos seus *Ensaios* (1580-1588), que escreveu no seu *studio* no alto da torre do castelo da família, decorado com inscrições latinas e gregas nas vigas do forro [Figs. 35a e 35b], retomando com essa prática o aparente movimento de recolhimento dos antigos humanistas, mas, de fato, como estes, refletindo intensamente sobre a vida social do seu tempo.

Enfim, quanto à organização do ensino em etapas, agrupando alunos que estudavam os mesmo conteúdos, podemos acompanhar essa marca da constituição dos colégios humanísticos a partir do que aconteceu com os colégios franceses, sobre os quais temos muitas informações.[7] Nunes, na

---

[7] Na França, como explica Debesse, a produção historiográfica girou, durante um largo período, em torno dos eventos das guerras de religião entre protestantes e católicos, que se prolongaram até 1598, oferecendo uma representação desse período como o "brilhante e atormentado século XVI" que deixava pouca abertura para o exame da história da educação escolar. Nos últimos decênios, no entanto, os historiadores se voltaram para o estudo das instituições medievais – do qual resultaram, entre outros, os textos já clássicos de J. Verger (*As universidades medievais*) e J. Le Goff (*Os intelectuais na Idade Média*) sobre as escolas episcopais e as universidades –, e mais recentemente, para a questão do humanismo escolarizado, quando puseram em circulação as ligações entre os colégios das "7 artes liberais" e os "colégios de artes humanísticas".

obra que estamos citando, *História da Educação no Renascimento*, lembra – a partir da autobiografia de Inácio de Loyola, estudante de artes entre 1528 e 1535 nos colégios parisienses de *Montaigu* e *Sainte-Barbe* – que o modelo de ensino praticado nestes colégios compreendia quatro pontos: a convivência de professores e estudantes como recurso de educação moral; os exercícios sistemáticos de revisão dos estudos e os debates públicos semanais como indicadores do aproveitamento nos estudos; a proibição de frequentar arbitrariamente as aulas dos professores; e a divisão dos alunos de latim e grego em grupos ou classes, segundo o nível de instrução e idade. Em *Du collège au lycée, 1500-1850*, M.-M. Compère precisa que, em *Montaigu*, a prática de agrupar os estudantes de latim do mesmo nível (não da mesma idade) em 7 divisões ou classes crescentes seguia a ordem dos capítulos do *Doctrinale* – a multissecular gramática latina de Alexandre de Villedieu, organizada segundo o aumento das dificuldades –, e já constava do Regulamento do colégio de 1509. De qualquer modo, ambas as versões de Nunes e Compère indicam que o *modus parisiensis* (modo parisiense) de educação escolar combinava, então, nesse começo do século XVI, práticas reconhecidas, na sua diversidade, como específicas das instituições colegiais.

Ora, sabemos que o colégio *Montaigu* era dirigido desde fins do século anterior por Jean Standonck, um ex-pensionista dos Irmãos da Vida Comum, e o *Sainte-Barbe* teve como reitor André de Gouveia, depois diretor do colégio *De Guyenne*, de onde sairia o grupo que organizou o colégio de humanidades de Coimbra. Este seria entregue, em 1555, à Companhia de Jesus, criada por Loyola logo depois de completar seus estudos no colégio de Paris. No ano seguinte, 1556, a ordem abriria seu primeiro colégio na França, em Billom, na região do Auvergne. Ao realizar esse percurso, os jesuítas, porém, não reproduziram simplesmente o modelo de seus mestres. Combinando por seu turno as sobrevivências e inovações que circulavam no período, Loyola introduziu nos seus colégios (inclusive naqueles que seriam instalados nas colônias portuguesas) duas importantes medidas, modificando as práticas que vinham tanto dos colégios de artes e dos pensionatos dos Irmãos quanto dos próprios *contubernia* humanistas. Em confronto com o programa de estudos precipuamente latino dos bordaleses, ele acrescentou outros saberes, recuperados das tradições culturais humanísticas – o grego e o hebraico – e das tradições culturais medievais – a filosofia e a teologia –, como apontou J. F. Carrato em *O ensino do latim no Colégio do Caraça*. E, em relação aos antigos colégios parisienses de artes onde estudara, reduziu de 7 para 5 o número das classes de letras humanas e tornou anuais e coletivas as verificações do aprendizado por meio de exames que levavam a uma mudança de classe, para "poder assegurar a progressão mais regular" nos estudos, segundo assinalou P. Mesnard em *A pedagogia dos jesuítas*. Vemos, então, que o modo parisiense de ensino foi ajustado nos colégios de humanidades da Companhia de Jesus aos seus próprios usos: para Mesnard, esse movimento significa que já estava sendo construído o modelo ou modo romano de ensino, que acentuou a ligação da cultura escolar com a cultura religiosa da época, marcada pelo confronto entre a Contrarreforma romana e a Reforma Calvinista ginebrina.

De fato, o exame do circuito colégio de artes liberais/colégios de artes humanísticas/colégios de jesuítas nos introduz à consideração, simultaneamente, um outro fator, que pertence de modo constitutivo ao período do Renascimento pedagógico, como ressalta Debesse: o movimento das duas reformas religiosas, que deu origem aos respectivos colégios de humanidades de confissão protestante ou católica, ou seja, organizados enquanto instrumentos de propaganda e controle da ortodoxia doutrinária das suas respectivas igrejas. Tanto os colégios fundados por Melanchthon, Calvino, Theodoro de Bèze dentre outros líderes protestantes, quanto os católicos impulsionados pelo Concílio de Trento (1545-1563) – cujo principal braço de atuação foi a companhia de Loyola –, propuseram-se a formar o crente que devia dar testemunho de sua fé. Esta, na linha da milenar posição agostiniana, tinha o conhecimento dos autores clássicos na sua base, mas não no seu alvo. Isso quer dizer que em ambas as reformas religiosas ficava mantida a importância do estudo dos saberes da Antiguidade pagã para a compreensão e a prática do cristianismo, e com ela, para as duas igrejas, a possibilidade de colocarem em circulação a cultura humanística pelas instituições escolares colegiais; mas estas seriam, desde então, como diz o autor acima, vergadas, pela perspectiva da religião, como armas de combate à doutrina inimiga. Evidentemente, essa divisão do mundo escolar entre protestantes e católicos punha fim também à ideia de Erasmo e de outros autores do período, da cultura humanista como fator de uma Europa una e pacificada.

Foi no contexto das estratégias acionadas pelo Concílio de Trento para garantir as antigas prerrogativas dos eclesiásticos sobre o ensino formador do cristão e reconquistador dos seus fiéis extraviados[8] – nas quais figuravam a censura de livros,[9] a reorganização das antigas escolas religiosas em escolas

---

[8] Além dos hereges e infiéis, a conquista foi aplicada também aos pagãos do Novo Mundo.

[9] A respeito, vale a pena reproduzir uma manifestação de Beccatelli, bispo de Ragusa, durante os trabalhos conciliares, reportada por Manacorda: "Não há nenhuma necessidade de livros; o mundo, especialmente depois da invenção da imprensa, tem livros demais; é melhor proibir mil livros sem razão, do que permitir um merecedor de punição" (p. 201).

mais populares, a criação de pensionatos para a formação dos padres, e a fundação de colégios de artes humanísticas para leigos cujos estudos clássicos fossem propedêuticos à doutrina conciliar – que a Companhia de Jesus desenvolveu uma apropriação colegial do humanismo, marcada por dois aspectos. Um foi a subordinação dos *studia humanitatis* ao estudo da filosofia e da teologia aristotélico-tomista, tão rejeitadas entre os humanistas quanto entre os luteranos e calvinistas. O outro foi a ênfase nas artes da linguagem (*trivium*), principalmente nos procedimentos retóricos da palavra falada (eloquência) modelados por Cícero e Quintiliano, os quais, segundo J. A. Hansen, em *A civilização pela palavra*, sempre tiveram por ideal "o governo das almas". J.-C. Margolin também considera, em *A educação no tempo da Contra-Reforma*, que o ato pedagógico por excelência do mestre jesuíta é a preleção, a explicação dos autores, e o do seu aluno, ouvir atentamente, a fim de "compreender as palavras do mestre e, pela sua mediação, as de um texto" (p. 201).

No caso da pedagogia humanista protestante, Hansen destaca a ênfase na palavra escrita e impressa, que lhe veio da doutrina luterana, "materialmente condicionada pela imprensa, que tornava acessíveis os originais dos textos bíblicos" (p. 20).[10] De fato, podemos encontrá-la no *Ginásio Latino* da cidade de Nüremberg, fundado por Ph. Melanchthon (1497-1560) em 1526, cujos estudos de gramática, retórica e literatura latina eram praticados, desde o seu início, e de forma inovadora segundo apontam vários historiadores da educação, mediante os procedimentos de leitura e exercícios escritos de análise e redação sobre textos de Catão, Esopo, Terêncio, Plauto, Ovídio, Cícero, Virgílio, Donato e do contemporâneo Erasmo. Melanchthon, sobrinho do humanista Reuchlin, foi um professor de grego na Universidade de Wittemberg, conhecido como o "preceptor da Alemanha" em virtude da sua atividade de organizador e inspetor desses colégios de humanidades mantidos pela Igreja reformada, à qual aderiu depois de um encontro com Lutero, em 1518. A bibliografia aponta que sua iniciativa reformadora, consubstanciada nos regulamentos que redigiu para as autoridades do Eleitorado da Saxônia, em 1528, alcançou 56 escolas somente nos estados alemães. Outro colégio de humanidades protestante foi o *Ginásio Romano* de Strasbourg, fundado em 1538 por Stürm (1507-1589), no qual foi reitor e professor por mais de 40 anos. Nele, Stürm desenvolveu a prática colegial-humanística do ensino graduado que vinha do colégio-pensionato dos Irmãos da Vida Comum em

---

[10] Referidas às respectivas teologias, Hansen salienta que a Igreja da Contrarreforma tinha as Escrituras e a tradição oral (*traditio*) como fontes, ao passo que os Reformados viam somente nas Escrituras a base para o contato entre o homem e o divino.

Liège, onde fora educado: dividiu os alunos em 9 classes diferenciadas de aprendizado segundo a sua progressão metódica nos estudos, combinando essa organização com conteúdos humanísticos e um ideal de "piedade sábia e eloquente", como destaca Debesse. Enfim, para a Igreja Calvinista, podem ser lembrados os colégios de Lausanne e de Genebra. Nesta cidade – a "Roma protestante" –, o estabelecimento conhecido como *Collège de la Rive* foi aberto por Calvino e dirigido por Theodoro de Bèze (1519-1605) desde 1559. Um dos seus professores foi Mathurin Cordier, o criador do colégio de latinidades de Bordéus, convertido ao calvinismo. O fator religioso pode explicar porque suas 7 classes abrangiam das humanidades até a teologia calvinista-agostiniana, exemplificando como os programas dos colégios se ajustavam aos usos dos seus instituidores. Dois anos depois, com a abertura de uma casa em Nîmes, os mestres calvinistas estavam entre os franceses, disputando os seus alunos (e fiéis) com os jesuítas.

Não é uma questão de menor importância observar, no entanto, que, entre outros historiadores, Fr. Eby destacou em seu *História da Educação Moderna*, a oralidade como procedimento e a eloquência como alvo do ensino no colégio de Stürm. Mais do que uma contradição entre as suas colocações e as de Hansen e Margolin, pode-se ver aqui, talvez, o indício de duas coisas: de que as práticas que constituíram os colégios devem ter sido inicialmente bastante diversificadas, e de que elas circularam intensamente entre as instituições. Assim, a respeito da questão apontada acima, foi provavelmente Melanchthon quem adotou em meados da década de 1520 as propostas humanistas de lições orais e escritas que lhe tinham chegado por intermédio de Reuchlin e outros mestres que aprenderam com os primeiros educadores italianos, acabando por influenciar não apenas o colégio de Stürm e de outros educadores reformados, como, ainda, as próprias instituições dos jesuítas, que foram organizadas posteriormente e também passaram a adotar as práticas humanistas dos cadernos de *loci comunnes* (expressões comuns). Se consideramos o que diz Nunes, esta prática de recolher de outros textos uma seleção ordenada de palavras, frases, ou excertos dos seus autores, circulava também nos pensionatos-repetidores que os Irmãos da Vida Comum sustentavam no norte da Europa, se é que não se originou deles, podendo ter chegado até os alemães por esta via. Outra constatação que podemos apontar é a predominância de três classes de alunos no começo do século XVI, comum aos pensionatos humanistas italianos, à escola de Colet e aos colégios reformados por Melanchthon, e o seu desdobramento em cinco ou mais delas, como aparece nas instituições da segunda metade do século, de Stürm, dos calvinistas e dos jesuítas: Melanchthon parece afim dos pequenos *contubernia*, ao passo que, na geração seguinte de educadores humanistas, já temos um encaminhamento do modelo das grandes escolas com diversas classes de alunos.

SABERES ESCOLARES NOS COLÉGIOS PROTESTANTES E CATÓLICOS
Fonte: J.-C. Margolin, *A educação no tempo da Contra-Reforma*

CATÓLICOS (Jesuítas)

– **Gramática Latina** (3 a 5 classes): Cícero – *Epistolae* (Cartas Familiares), *De amicitia, De senectude*; Ovídio – *Tristes*; Catulo; Tibulo; Propércio; César; Salústio; Tito-Lívio; Quinto-Cúrcio; Horácio – "Arte Poética", *Odes*; Virgílio – "Eneida", "Geórgias", "Écoglas"

– **Grego**: Esopo; Luciano; Isócrates; São Basílio; Platão; Sinésio; Teógnis; Aristófanes –*Plutus*; Gregório Naziazeno

– **Humanidades** (1 classe): literatura, verso e prosa, história, geografia

– **Retórica** (1 classe): Cícero – *Rhetorica ad herenium*; Quintiliano – *Institutio oratoria*

– **Filosofia** (2 ou 3 classes): Aristóteles

PROTESTANTES

– Classes **elementares**: alfabeto latino, leitura e escrita, contas, doutrina e cânticos

– **Gramática**: classe dos "donatistas" – regras da gramática latina, sentenças em versos das formas da linguagem
classe dos "gramáticos" – toda a gramática, trechos literários clássicos (Virgílio, Cícero, Erasmo, Vives)

– **Ginásio**: classe dos *metrici* – exercícios de retórica e poética usando o metro grego
classe dos *historici* – grego, dialética, ciência aristotélica, filosofia

Séculos XVI-XVIII:
o protagonismo dos colégios de humanidades

Constituídos a partir dos modelos dos pensionatos-colégios de artes medievais e dos *contubernia* humanistas, os colégios de artes humanísticas espalharam-se desde os meados do século XVI por toda a Europa e as zonas de colonização como a instituição escolar dos tempos modernos de maior apelo junto às famílias, aos estados e às igrejas. Suplantando em prestígio as universidades e provocando o desaparecimento das formas institucionais de educação e ensino de origem medieval – embora muitas de suas práticas lhes sobrevivessem, ativas –, tornaram-se os protagonistas da cena escolar nos dois séculos vindouros. Neste sentido, é possível dizer que a história da educação escolar ocidental entre os séculos XVI e XVIII é a história dos colégios de humanidades. É importante, então, neste momento do capítulo, recorrer às contribuições da historiografia que nos ajudam a entender as razões do êxito do modelo colegial.

O primeiro argumento relaciona os colégios de humanidades à existência de uma clientela. Considerando que neles o conhecimento vem da palavra (*verba*) – pois não se trabalha diretamente com as coisas (*res*), mas com as mediações dos textos dos autores sobre as realidades do mundo, lidos segundo o método humanístico da análise gramatical e literária –, os estudos realizados nos colégios secundários serviam para adestrar seus alunos nas atividades que dependem da palavra escrita e falada, como as de pastores, pregadores, juristas, historiadores, secretários, burocratas, militares, artistas e educadores. Podemos dizer então, contrariamente ao que se propaga, que a educação neles ministrada não era desinteressada; ao contrário, interessava à grande parcela da sociedade que era atraída para os serviços das cortes, para o comércio e para as carreiras da Igreja e do Estado. Assim, a nobreza e a burguesia, mas também as camadas populares apadrinhadas ou beneficiadas com bolsas de estudo, na tradição dos colégios de artes medievais, formaram a clientela dos colégios de humanidades. Na Inglaterra, segundo relata J. Delumeau em *A civilização do Renascimento*, comprovou-se que, no final do século XVI, os alunos que pediam matrícula em Oxford provinham das escolas humanísticas (*grammar schools*) na seguinte proporção: 50% de filhos de nobres, 41% de filhos de plebeus "desafogados", e 9% de filhos de membros do clero. Para os colégios franceses, em torno de 1660, J. de Viguerie (*Os colégios em Franç*a) fala em 50% de filhos de nobres, altos advogados e conselheiros das cortes, 25% de boticários, notários, médicos e comerciantes, e o restante, de artesãos e trabalhadores. Nos meados do século XVIII, os nobres voltarão a completar seus estudos nas universidades, mas os colégios continuavam cheios de burgueses e artesãos que procuram esses estabelecimentos para fazer carreira e subir na vida: E. Le Roy Ladurie (*O Estado monárquico. França, 1460-1610*) encontrou que, dos 80 mil alunos matriculados em cerca de 200 colégios existentes na França de Luís XIII – na maioria católicos, porque seu reinado foi antiprotestante –, mais de 50 mil deles se tornaram funcionários da monarquia por volta de 1650.[11] Essa

---

[1] Le Roy Ladurie completa a apresentação desses dados com uma atilada observação sobre a burguesia francesa: "Os cargos, que se compram, e os colégios, nos quais se paga pensão, representam dois investimentos correlativos, sólidos, de bom grado consentidos pela burguesia francesa e pela nobreza de dignidade que sai de suas fileiras ou de seus flancos. Essa paixão de investir na toga funcional e na palmatória colegial contrasta com o medíocre interesse que essa mesma classe média tem pelas empresas propriamente industriais, bancárias, capitalistas, nas quais toda uma historiografia verá erradamente talvez, o fino da vocação burguesa". (p. 299-300)

ampla base social explica o crescimento da Companhia de Jesus em toda a Europa, onde possuía 8 colégios em 1565, 125 em 1574, 144 em 1579, 245 em 1600, e 521 em 1640, com cerca de 150 mil alunos, sendo 40 mil deles somente na França.

Uma segunda razão diz respeito às práticas de leitura e escrita. Desde os trabalhos de R. Chartier, como em *As práticas da escrita*, sobre as condutas culturais relacionadas com a disseminação do manuscrito e do impresso entre os séculos XVI e XVIII, identificamos a ocorrência de novas modalidades de leitura – ler em silêncio, ler solitariamente, ler em qualquer lugar, ler intensivamente, isto é, ler sempre os mesmos textos –, as quais, subtraindo o indivíduo do controle do grupo, possibilitaram a criação dos hábitos de privacidade e de intimidade que estão na base do mundo moderno. Nossas ilustrações flagram cenas nas quais essas condutas de isolamento individual, intimidade familiar e doméstica, e mesmo de uma peculiar sociabilidade, estão associadas a atos de leitura privada e silenciosa [**Fig. 36**]. Já o domínio da escrita parece ter sido menos comum: a educação das meninas incluía geralmente a leitura, mas não a escrita, considerada perigosa e inútil; os habitantes do campo liam e escreviam menos que os da cidade ou dos que tinham ofícios inseridos num mercado menos localístico, como os clérigos, proprietários, comerciantes e as gentes das cortes; e depois do movimento pietista do final do século XVII – que colocou a Bíblia nas mãos dos fiéis e não apenas dos pastores, como ocorrera na Reforma Luterana –, também as zonas de influência protestante mais do que as católicas. De qualquer modo, é possível que muitos grupos sociais não tivessem domínio da escrita, mas pudessem ler. Essas inovadoras práticas, como diz Chartier, alimentavam certamente um desejo de saber, o qual podia ser concretizado com a ida às instituições colegiais, lugares de leitura e escrita. Sabemos, porém, que essas novas condutas não estavam circunscritas apenas àqueles que podiam adquirir os textos impressos e sabiam decifrá-los, pois foram encontradas também entre populares que ouviam as leituras e se apropriavam, assim, do escrito, por um processo de repetição e memorização [**Fig. 37**]. Então, o êxito dos colégios pode subentender também o movimento inverso, de hostilidade à disseminação da leitura e da escrita, de modo a garantir aos letrados formados nos colégios a posse exclusiva do conhecimento erudito autorizado.

O terceiro motivo é o uso do colégio como signo religioso. Desde que nos meados do século XVI os conteúdos das artes humanísticas foram atravessados pelos movimentos das duas Reformas, os colégios de humanidades funcionavam como uma "Igreja paralela", como diz J. Garrisson (*Les protestants au XVIe. siècle*), ou segundo Compère (*Du collège au lycèe*), um "microcosmo da Igreja". Por um lado, o colégio dava visibilidade ao domínio que a igreja exercia sobre a cidade ou região onde estava instalado, operando como arma de luta político-religiosa. Os mapas da França escolar católica e da França escolar protestante que Garrisson apresenta [Fig. 38] são bastante elucidativos a esse respeito, permitindo confirmar a observação anterior de Debesse: que os territórios escolares ocupados por ambas as igrejas organizavam-se como "frentes de batalha" das duas religiões, pois são muito próximos e algumas vezes até se sobrepõem, situando-se em cidades vizinhas ou em bairros fronteiriços de uma mesma localidade. Também no texto de Garrisson lemos que os calvinistas franceses (*huguenots*), embora constituíssem uma minoria religiosa (correspondendo a 8,75% da população, enquanto os católicos eram 85%), conseguiram instalar 30 colégios de humanidades entre 1560 e 1685, compreendidos aí os anos de perseguição até a proclamação do Édito de Nantes, pois tinham apoio de várias famílias da nobreza. Por seu turno, Compère chega a dizer que, quando um grupo religioso dominava uma região, uma das providências tomadas era a fundação de um colégio, o que explica a grandiosidade das instalações desses estabelecimentos escolares: o amplo espaço ocupado pelos prédios das aulas, pátios, campos, muralhas, fossos, fontes de abastecimento de água, cocheiras, alojamentos dos alunos e dos criados, capelas e outras edificações, se proporcional à categoria social e ao número dos seus estudantes, era erigido, sobretudo, como "símbolo institucional de uma conquista religiosa". Este uso é visível nas gravuras dos monumentais colégios jesuítas *De La Flèche*, fundado em 1562, no qual Descartes estudou entre 1607-1615, e Clermont-Paris, aberto ao público em 1564, onde foram alunos Molière e Voltaire [Figs. 39a e 39b].

Por outro lado, os colégios são "pequenas igrejas" também no sentido de exibirem a sensibilidade religiosa dos seus alunos e professores. O século XVII foi um tempo de grandes disputas e polarizações, e a exigência de provar a fé pelo comportamento, pela conduta, resultou no aparecimento de figuras que deram dela demonstrações excepcionais nas duas igrejas: podemos dizer que a ação dos seus colégios foi um dos fatores que transformaram o Seiscentos no "século das batalhas" e simultaneamente no "século dos santos", como o chamou R. Mandrou em *Dagli umanisti agli scienziati: sécoli XVI-XVII*. A religiosidade também devia ser demonstrada pelo viver cristão em sociedade, e a expressão *honnête homme* designa o tipo humano que demonstrava cotidianamente as suas crenças, pois fora formado para isso, nas qualidades cristãs (espirituais) e sociais (cortesãs), valorizadas pelos colégios. Neles, a formação religiosa não vinha apenas do conhecimento da doutrina e dos atos de piedade: Compère destaca que o próprio tempo escolar era organizado segundo critérios religiosos. Isso quer dizer que não somente as tarefas de estudo entremeadas de práticas piedosas eram distribuídas ao longo do dia, sendo o ritmo marcado pelo badalar dos sinos, como todo exercício escolar tinha uma finalidade religiosa, e, ao mesmo tempo, que as práticas religiosas eram objeto de exercícios escolares. As artes da palavra do *trivium*, importantes já pelo aporte humanista, recobriam-se ainda de um significado religioso: a retórica – gestual, falada e escrita – possibilitava a eloquência dos pregadores e a escrita das memórias das famílias e das congregações. Essas características eram menos acentuadas nos colégios católicos, inclusive os de meninas – educadas pelas Ursulinas (1535) e as Visitandinas (1610) –, pois, tendo os seus próprios lugares de culto em vista do regime de internato, isolando e retendo a criança durante longos períodos de tempo, operavam uma separação entre a vida no colégio e a vida religiosa que se desenrolava fora deles, nas paróquias. Contudo, foram preponderantes entre os Reformados, que frequentavam tanto a igreja quanto o colégio, pois suas escolas eram na maioria externatos, com os professores acompanhando semanalmente os alunos, meninos e meninas, aos ofícios religiosos realizados nas paróquias e capelas.

O quarto motivo tem a ver com as concepções antropológicas da época. Educar crianças e jovens em colégios se tornou atraente para as famílias envolvidas com a necessidade de cuidar do futuro terreno dos seus filhos, olhados agora como alvos de investimento econômico, mas também afetivo. Além de antecipar-lhes a formação profissional no confronto com a universidade, a escolarização da criança no colégio permitia a proteção desse ser, visto, desde os humanistas, como frágil e precioso, preservando-a das lutas econômicas, sociais e político-religiosas do período, da elevada mortalidade, da vigência do direito de progenitura, dos casamentos negociados e da curta esperança de vida. Nos internatos, o aluno somente ia para casa no período das grandes férias, ou até mesmo ao final do curso de estudos, que podia reter os alunos dos 7 aos 17 anos. Assim, a vida colegial sedentarizava os alunos, evitando as peregrinações em busca dos professores mais reconhecidos e eliminando a figura do estudante andarilho, tão característica do final do período medieval, mas rejeitada pela parcela da sociedade que, desde o final do século XVI, aspirava à ordem e temia a desordem. J. S. Amelang já mostrou no seu texto *O burguês*, que o universo mental e moral – sobretudo o da burguesia – do século XVII terá a marca do desejo da certeza, da segurança e da ordem, em meio a uma realidade incerta, insegura e desordenada. A esse quadro mental deve ser acrescentada ainda a visão antropológica que o protestantismo e o catolicismo desenvolveram, do homem concebido em pecado, mau de nascença, que precisava, portanto, ser salvo por uma formação adequada. Cuidar da criança passou a significar retirá-la do seio da família e da sociedade e devolvê-la ao mundo depois de doutrinada e socializada, isto é, obediente às leis divinas e humanas e, formada nas artes da palavra, apta a comunicar o seu pensamento. O melhor ambiente para tanto era o do colégio, onde crianças e jovens estavam o tempo todo na companhia e sob a vigilância dos adultos ou colegas mais velhos. Como diz Compère, não há sentimento familiar ou infantil que impeça, agora, a prática social de ir ao colégio.

Enfim, havia uma razão pedagógica. Como vimos, a prática das "classes", se não foi criação dos colégios de humanidades, estava associada às suas origens. Para o início do século XVI, além da escola londrina de Colet, Delumeau dá como exemplo de divisão dos alunos em grupos a escola de gramática de Breslau, frequentada por Thomas Platter,[12] onde nove licenciados davam aula ao mesmo tempo, dividindo a mesma sala, mas cada qual com seu grupo de alunos. Mais antiga ainda é a escola de Faulceté, de 1466, onde "doze regentes de curso ensinam numa grande sala, cada um deles junto a um pilar rodeado de pequenos bancos" (p. 76). No colégio de humanidades *De Guyenne*, em Bordéus, os grupos de alunos eram dispostos em escabelos alinhados em anfiteatro, em volta do mestre, como refere Carrato, no texto já citado (e nos reportando imediatamente à fantástica gravura da lição de escrita do século XII que apresentamos no capítulo anterior). Vimos ainda que os colégios alemães reformados por Melanchthon no final da década de 1520 também tinham essa organização de classes, sendo divididos em três grupos, cada qual com seu professor, abrangendo, respectivamente, o vocabulário, a gramática e o estudo dos autores mais avançados, sempre em latim, sem grego, hebraico e alemão, como lembra Fr. Eby (*História da Educação Moderna*).

Com a divisão dos alunos em grupos segundo o nível de aprendizagem de conteúdos específicos, progressivamente ordenados e entregues a professores especializados, o modelo colegial racionalizava a atuação dos diretores e mestres, garantindo-lhes a presença de alunos durante vários anos e a concentração das suas atividades de ensino em um mesmo espaço. No início, embora os conteúdos fossem graduados e repartidos, cada aluno avançava segundo seu próprio ritmo, de maneira que a progressão era individual. Foi apenas em algum momento dos meados do século XVI que o trabalho do mestre com a classe passou a ser apoiado na prática de progressão coletiva, com avaliações anuais comuns, possibilitando também o controle de todas

---

[112] Sobre a importante figura de Platter, exemplar para o período, cf. o livro de E. Le Roy Ladurie, *O mendigo e o professor: a saga da família Platter no século XVI*.

as etapas de formação para o conjunto dos alunos. Embora unânime em apontar a importância dessa prática coletiva da classe, a historiografia da educação divide-se quanto aos responsáveis por sua criação, referindo-se ora a Stürm, com seu *Ginásio Romano*, como fazem os autores protestantes; ora aos jesuítas, como Mesnard; ora aos colégios de artes medievais, por inspiração dos Irmãos da Vida Comum, como querem os historiadores franceses. Confirmar este ponto talvez não seja de fato imprescindível para a história da constituição dos colégios, mas podemos dizer, a respeito, duas coisas: primeiro, ninguém sintetizou melhor do que os jesuítas o sentido do uso da classe coletiva para o funcionamento do modelo colegial, pois no *Ratio studiorum* de 1599, lê-se nas regras números 21 e 13, respectivamente, as seguintes passagens, citadas aqui de Mesnard:

> Não deve haver mais de cinco classes num colégio secundário: uma de Retórica, uma de Humanidades, três de Gramática. São cinco degraus de tal modo articulados um no outro que não devem, de modo alguma, ser invertidos, ou multiplicados, a fim de que não seja preciso aumentar inutilmente o número de professores ordinários, a fim, também, de que o número de classes e de programas não exija tempo demasiado longo para percorrer o ciclo dos estudos secundários. [...]
>
> Uma promoção geral e solene para a classe superior realizar-se-á cada ano, depois das grandes férias. (p. 76-7)

Em segundo lugar, qualquer que seja a sua origem, o estudo escolar colegial já estava associado, nos meados do século XVII, a uma única sala de aula para cada uma das classes, com um único professor, permitindo o ensino coletivo para os respectivos alunos, pois é essa representação que vemos na famosa gravura **[Fig. 40]** que abre a edição do *Didática Magna* de Comenius, de 1657. É essa escola que ele e outros autores coetâneos terão no horizonte enquanto escrevem as suas obras pedagógicas. Ou seja, eram as classes que realizavam coletivamente os procedimentos de ensino colegial, combinando as antigas práticas medievais de leitura e comentários ao texto e de declamações das lições decoradas, com exercícios humanísticos de imitação dos modelos clássicos pela tradução em língua materna e reescrita em latim nos cadernos, e de disputas públicas para verificar a aprendizagem de todos os alunos, que percorrem ao mesmo tempo os mesmos conteúdos graduados.

Para que o ensino coletivo fosse nelas possível, os alunos tinham o seu material escolar próprio: ao invés dos grandes livros das bibliotecas medievais, tão raros e custosos que muitas vezes permaneciam acorrentados às estantes durante as consultas, edições portáteis de Virgílio, Cícero,

Tito-Lívio, Salústio, César, Ovídio, Hesíodo, Sócrates, Xenofontes, Plutarco, Erasmo, Vives, Mathurin Cordier e outros [**Figs. 41a e 41 b**]; e cadernos de exercícios escritos, embora os alunos também costumassem – como hoje em dia, e recriando as glosas dos copistas medievais – anotar os comentários dos mestres nas partes em branco dos livros! [**Fig. 41c**]. Segundo diz Garrisson, a "anorexia estudantil" era resolvida mediante um recorrente sistema de verificação dos estudos que abrangia exames, prêmios, disputas, honrarias e castigos (como o "chapéu de burro"), assim como havia o controle intensivo da conduta cotidiana dos escolares, sendo proibidas – ao menos nos colégios protestantes – as manifestações consideradas excessivas: gritos, jogos, vestes desalinhadas, risadas, sexo. Aqui, entra em cena o chicote (*fouet*).

De qualquer ponto de vista, portanto, o colégio de artes humanísticas aparece como a grande criação escolar do início dos tempos modernos. É o modelo de educação que atende aos questionamentos e às necessidades políticas, religiosas, culturais e pedagógicas da época. Evidentemente, isso não significou o desaparecimento do ensino estritamente privado: sabe-se que, além dos preceptores, os professores particulares continuaram a ensinar as suas especialidades a pequenos grupos de alunos, em suas casas, segundo os modelos dos primeiros humanistas, e até junto aos colégios de humanidades instalaram-se novamente as pensões e os professores repetidores, como foi o caso de Montaigne, que levou os seus quando foi para o colégio *De Guyenne*! Há também gravuras do final do século XVI que representam atividades de estudo ainda organizadas segundo os moldes das escolas medievais, onde os alunos, todos misturados, eram atendidos individual e sucessivamente por um professor, cada qual segundo o autor – isto é, a arte – que estivesse lendo [**Fig. 42**]. É bem possível que elas descrevam uma das realidades educacionais da época, pois as mudanças não têm uma temporalidade uniforme.

Contudo, fórmula de sucesso largamente reproduzida, é o colégio que firma entre os séculos XVI e XVIII a educação escolar como o principal meio educativo. Neste sentido, ele promoveu a escolarização da sociedade. Como é igualitário, sem distinção de fortuna ou de classe, e mantém a tradição medieval dos alunos-bolsistas, o colégio admite todas as categorias sociais. Isso significa dizer que a forma que a organização escolar colegial estabeleceu tem pouco a ver com a classe social. Delumeau sugere, então, relacioná-la com um outro recorte, o da nova psique das crianças. Podemos dar-lhe razão, considerando que, se havia diferenças entre a infância protestante e a católica, ou entre a infância abonada e a desfavorecida, nas suas convergências do viver em sociedade todas se definem pela frequência, ou não, à escola. À medida que estudam em colégios, durante um período de tempo razoavelmente longo (cerca de 10 anos), os meninos são percebidos como separados dos adultos, ao passo que os não escolares, os que vão ao colégio mais raramente – ou seja, as meninas de qualquer condição social e os meninos pobres – têm uma infância bem curta, cujo término é dado pelo casamento prematuro ou o ingresso no mundo do trabalho. Podemos dizer que o êxito dos colégios do final do século XVI aos meados do século XVIII teria, então, propiciado a constituição da infância nesse período: criança é aquela que vai às classes dos colégios, isto é, que vive o tempo do não trabalho (em grego, *skolé*), portanto, tempo de formação, de educação escolar colegial. A ilustração que reproduzimos [**Fig. 43**], tirada de um caderno de notas francês do século XVIII, remete exemplarmente a esse entendimento ao apresentar, sob o título de "Noção do gênero humano", um berço, uma mesa de estudos, um tear e um túmulo como signos das diferentes idades do homem. Nessa representação tão sugestiva, ler, escrever e estudar são atributos do tempo de formação e constituem a infância colegial como o período vivido antes da maturidade, que é – para a formação social capitalista do período – o tempo do trabalho.

Séculos XVII e XVIII:
alternativas aos colégios de humanidades

O êxito dos colégios foi também acompanhado de críticas, que vão se adensando à medida que eles se espalham e se tornam a instituição escolar educativa característica dos tempos modernos. É preciso lembrar que a História da Educação que destaca esse tipo de análise vem de autores como E. Durkheim (*A evolução pedagógica*) e G. Snyders (*Os séculos XVII e XVIII*), que fazem a denúncia do colégio como "convento", isto é, como lugar de reclusão e de vigilância constante, aspectos que eles, dotados de um olhar sociológico, preocupados com a inserção da escola na sociedade, com a função social da escola, não podem aceitar. É também o caso do clássico *História social da criança e da família*, de Ph. Ariès, que, ao examinar a evolução da posição da família na sociedade francesa do Antigo Regime, constrói a imagem da "criança prisioneira dos colégios".

Tomando Snyders como interlocutor, vemos que, a partir do caso exemplar dos jesuítas, ele apresenta como marca característica do modelo colegial o esforço para fazer viver de maneira metódica uma mocidade turbulenta, objetivo alcançado pela instauração de um universo pedagógico definido por dois traços fundamentais: separação do mundo e vigilância constante dos adultos. A esplêndida gravura do colégio *De La Flèche*, que reproduzimos, é exemplar a esse respeito, pois não só revela a sua instalação no campo, fora da cidade – diferentemente dos colégios medievais, exemplares da vida urbana –, mas ainda a separação dos espaços segundo os seus diferentes usos: a existência de pátios e jardins internos, e a estratégica destinação central do edifício das "classes", isto é, das atividades escolares das aulas em grupo [**Fig. 44**]. Nesse sentido é que Snyders vai dizer que o colégio circunscrevia materialmente o espaço de vida da criança, conservando-a presa em seus muros, permanentemente vigiada: dessa forma, tornava-se possível erradicar a espontaneidade infantil, vista como má pela doutrina religiosa do pecado original, compartilhada pelas Igrejas católica e reformada. Obediência e submissão eram as atitudes esperadas dos alunos dos internatos, assim como dos seus professores e regentes de aula, que deviam prestar contas de suas atividades aos reitores; estes, por sua vez, controlavam os estudos segundo os programas decididos pelos instituidores que os sustentam: as Igrejas, o Rei e os conselhos municipais. De outra parte, diz aquele autor, a vida colegial separava simbolicamente a criança do seu ambiente pela adoção do currículo antigo, que fazia com que o mundo passado fosse vivido como presente, ao passo que a vida hodierna era recusada: "é precisamente porque a vida corrente se desenrola em francês, que o colégio tem por tarefa viver em latim" (p. 272). Tais alvos eram alcançados pela operação de seleção dos conteúdos estudados. No estudo do latim, por exemplo, eram escolhidos textos que traziam personagens do passado – como os antigos reis, heróis e deuses da mitologia – oferecidos às crianças como modelos de vida. Também usava-se o procedimento de "escolher trechos" dos autores, não só para garantir a moralidade pela supressão de passagens maliciosas, mas para recriar intencionalmente um ambiente pedagógico extraordinário, que nada tinha do tempo presente, ordinário. A retórica era outra disciplina que favorecia esse isolamento, porque dava as regras da narração a partir dos lugares comuns da fala, não favorecendo uma visão nova, e porque os temas ou assuntos eram tirados da cultura clássica, de símbolos latinos, portanto, fora da experiência pessoal do aluno. Simultaneamente, os saberes concernentes ao mundo ou à espontaneidade da criança eram esquecidos. A língua materna, a história e a geografia pátrias, as ciências e o cálculo ocupavam um tempo mínimo no calendário diário, ou eram assuntos do lazer dos dias feriados, isto é, faziam parte do tempo não escolar.

    Snyders reforça essa visão negativa da educação escolar ao contrastar as práticas dos colégios com as condições socioculturais históricas dos séculos

XVII e XVIII. Para ele, enquanto o universo pedagógico dos colégios fazia seu aluno viver no mundo fictício e imutável da Antiguidade Clássica, a realidade contemporânea estava sendo profundamente modificada. Ele lembra, primeiramente, o aumento de casamentos por escolha, no lugar dos casamentos arranjados; a limitação do direito de progenitura e dos direitos paternos sobre os rapazes; a prática comum na família burguesa de casais trabalhando juntos nos seus negócios; enfim, a maior intimidade familiar e conjugal. Depois, a nova imagem da infância a que essas alterações deram base: para os pintores, as crianças já eram, desde o século XVII, sozinhas ou em cenas familiares, o centro de composições pictóricas – e de fato, podemos vê-las, por exemplo, nos quadros dos irmãos Le Nain **[Figs. 45a e 45b]** –; para os filósofos e pedagogos, embora incapazes do raciocínio abstrato dos adultos elas eram dotadas de intuição e sensibilidade, e nesse sentido, naturais e boas, de modo que as famílias gostavam de tê-las por perto, de se ocuparem delas no cotidiano.[13] Daí, segundo as formulações que Snyders traz para reforçar seu ponto de vista, os colégios internos terem sido alvos do olhar crítico da sociedade já no seu período de instalação, como instituições que enclausuravam e formavam expatriados.

Hoje em dia, a História da Educação é mais tributária de aspectos psicológicos e antropológicos, e não põe essa ênfase na função preventiva e repressiva dos colégios. Graças à contribuição de autores que, na perspectiva da história da vida privada e da constituição dos sujeitos, passaram a salientar a convivialidade e a sociabilidade que esses estabelecimentos proporcionavam, é possível dizer da preparação que seus alunos recebiam para viver em sociedade. M. Aymard, em *Amizade e convivialidade*, destaca justamente que, durante sua vida colegial, as crianças estabeleciam relacionamentos e amizades que, além de serem importantes na definição da sua identidade pessoal, contribuíam – pelo fato de se prolongarem depois do período de estudos – para alargar e melhorar o horizonte da vida social delas para além do espaço das redes familiares originárias.

Compère, por sua vez, mostra que a forma conventual – do isolamento – não foi tão dominante assim nos colégios, havendo muitas escolas só para externos ou que atendiam nos dois regimes: o internato implicava despesas com a pensão, tornando-se um investimento oneroso tanto para as famílias quanto para os instituidores. Concordando com Snyders, ela considera que um dos aspectos negativos da vida colegial está associado à separação da

---

[13] Nessa linha de raciocínio, Rousseau, com o *Emílio*, não inauguraria, mas culminaria um movimento que se agitava na sociedade.

família: ir ao colégio representa o fim da vida no seio familiar. A existência humana das crianças escolarizáveis está, desde então, cindida entre o universo da família e o universo escolar que se organizam de formas bem diferentes [**Figs. 46a e 46b**]. Mas, matizando a posição de Snyders, ela vê no distanciamento da cultura popular – e não do ambiente contemporâneo *tout court* – o outro ponto de ruptura provocado pelos colégios. Nestes estabelecimentos reina o mundo das palavras latinas impressas; a cultura popular está presente apenas fora da vida colegial, isto é, nos recreios e nas festas, quando se usa a língua materna que dá conta do cotidiano e da oralidade, ou quando o saber popular é mediatizado pela cultura erudita, ao ser tratado como tema, por exemplo, do teatro colegial. Vida colegial é, portanto, vida erudita do estudioso da gramática, da literatura e da retórica latinas: seu objetivo é a formação do *savant*, o erudito julgado bem formado pelo domínio que tem das palavras, figura socialmente significativa e por isso bem representado nas pinturas do século XVII [**Fig. 47**].

Aplicando essas categorias de separação da família e ruptura cultural ao exame da história da educação escolar do século XVII, vemos que elas foram abrandadas nos colégios dos Oratorianos e Jansenistas, de maneira que podemos apresentar a atuação destes educadores como alternativas eruditas históricas aos colégios de humanidades dos jesuítas, estes sim, exemplarmente identificados por aquelas marcas. Contudo, é importante destacar, desde já, que os questionamentos realizados por aquelas congregações religiosas não incidiram completamente sobre a organização dos colégios, e, sim, sobre os conteúdos que deveriam ser ensinados neles, retirando do *mare magnum* da cultura erudita aquilo que tem utilidade para a vida. Nesse sentido, Oratorianos e Jansenistas instituíram uma nova cultura escolar para a infância, mas não redefiniram o modelo colegial. Como essas alternativas apareceram no interior da própria Igreja Católica – respondendo a uma nova sensibilidade religiosa de purificação da instituição e moralidade mais rigorosa –, dizem muito também sobre o lado obscuro da história pedagógica da Companhia de Jesus, ou seja, que esta não impôs inconteste sua ortodoxia e seus métodos.

A Congregação do Oratório foi criada na França em 1613, pelo cardeal Pierre de Bérulle (1575-1629). Inspirada nos trabalhos do italiano Felipe Neri, que tinha organizado em 1575 os Oratórios – onde os fiéis se reuniam para rezar, cantar e praticar o culto sem a mediação dos padres e sem os rituais da liturgia oficial, para enfrentar os protestantes que tinham os mesmos procedimentos nos seus encontros (*radunanzze*) – a congregação de Bérulle não fazia votos religiosos e se dedicava originariamente ao trabalho com doentes e órfãos. Foi reorientada para o ensino pelos dignitários da Igreja de linha antijesuítica, com apoio do Parlamento francês. Em 1690, os oratorianos tinham, somente na França, 34 colégios, sendo o mais famoso deles o internato de Juilly, fundado em 1638 [Fig. 48].

Que fizeram os oratorianos nos seus colégios? O ponto inicial da sua prática pedagógica inovadora era a disciplina branda, com mais prêmios que castigos: recuperando a pedagogia afetuosa dos humanistas e atento aos desejos das famílias contemporâneas, o professor oratoriano era considerado não um corretor, mas guardião e anjo tutelar das crianças durante a sua vida colegial. Depois, a renovação dos saberes que deveriam integrar a cultura erudita. O latim, inscrito na sua historicidade, era tratado como língua morta, não devendo, portanto, ser falado no cotidiano nem usado como língua escolar. Pelo contrário: os oratorianos lidavam com os textos dos autores clássicos sempre associando-os a traduções interlineares na língua materna, para fazer o corte passado/presente que os jesuítas insistiam em negar, de conformidade com a sua visão a-histórica da língua latina. A respeito, R. Nunes, no seu *História da Educação no século XVII*, informa que o método do oratoriano De Condren, publicado em 1640, no qual ensinava o latim em língua francesa, apresentava "em caracteres de cores diferentes as declinações, os gêneros, as conjugações, os pretéritos, os supinos, a sintaxe e a quantidade das sílabas" (p. 68). Complementarmente, a língua materna – também veículo da cultura popular[14] – era adotada nas classes iniciais de estudo e também utilizada para o ensino das demais disciplinas. História e geografia eram ensinadas com uso de gravuras e mapas, inclusive a história da França, desde 1634. Já a música, a dança, o desenho, a equitação e a esgrima – com exceção do teatro – eram praticadas como artes sociais e recreativas.

Outro ponto curricular importante era a influência do pensamento cartesiano. Contrariamente aos jesuítas, que continuavam aristotélico-tomistas, os oratorianos adotaram as concepções de Descartes (1596-1650), trazendo para a programação dos seus colégios a filosofia racionalista, as línguas vivas, e a física e a matemática – ciências cartesianas por excelência –, e, simultaneamente, a metodologia de estudos baseada nas regras expostas por esse autor no seu *Discurso do método*, de 1637. Assim, as etapas de

---

[14] A introdução do ensino da língua materna é uma das grandes questões da história da educação nos séculos XVII e XVIII e está ligada às estratégias de consolidação dos Estados Nacionais por meio da definição de uma língua nacional. Sabemos que foi por influência dos oratorianos que Pombal, nas suas reformas educacionais da década de 1750, proibiu o uso da "língua geral" nas escolas da colônia brasileira e introduziu o estudo da gramática portuguesa nas aulas de gramática latina.

dividir em partes o problema a ser analisado, passar do conhecido para o desconhecido, fazer sínteses de tempos em tempos, proceder sempre com ordem e garantir raciocínios corretos e conceitos claros e distintos eram consideradas pelos oratorianos como critérios de organização dos grupos de alunos e da estruturação metódica dos conteúdos. Nunes transcreve as justificativas do oratoriano Bernardo Lamy (1640-1715) sobre a adesão da sua congregação ao cartesianismo:

> Não se pode contestar ao nosso século e à França, a glória de Descartes ter aberto o caminho da verdadeira Física [...]. Por isso, é preciso aderir ao seu Método em Física [...]. Descartes foi o maior filósofo que já existiu e eu lhe devoto grande estima, pois ninguém como ele falou tão bem sobre o espírito e soube distinguir-lhe as funções das que são próprias da máquina do corpo, como também ninguém viu de modo tão claro a relação do Homem com Deus. (p. 69)

O mesmo autor, no entanto, alerta que, como ocorria na maioria das escolas desse tempo, os oratorianos punham o peso decisivo do ensino nas letras, com o que concordamos: o regulamento de estudos do padre Morin, de 1645, que ele apresenta, e reproduzimos abaixo, mostra essa orientação.

SABERES ESCOLARES NOS COLÉGIOS ORATORIANOS
Fonte: R.Nunes, *História da Educação no século XVII*

- 6ª classe: – Língua materna – leitura, escrita, ortografia, cálculo, geografia, história sagrada
    - Rudimentos de gramática latina – "Cartas" de Cícero, *Dísticos* de Catão
    - Rudimentos de grego – "Gramática" de Clenardo, Compêndio de Port-Royal, Evangelho de S. João
- 5ª classe: – Gramática latina e métrica – "Cartas" de Cícero, "Fábulas" de Fedro, *Tristes* e *Fastos* de Ovídio
    - Gramática grega – Atos dos Apóstolos, "Diálogos" de Luciano
- 4ª classe: – Gramática latina e versificação – "Cartas" de Cícero, *Tristes* e *Pônticas* de Ovídio, *Écoglas* de Virgílio
    - Gramática grega – Atos dos Apóstolos, textos de Tíbulo, Esopo, Isócrates, S. Basílio
- 3ª classe: – Literatura e versos latinos – Textos de Cícero, César, Justino, Floro, Virgílio, Terêncio, Marcial, Luciano, Isócrates, S. João Crisóstomo, Diodoro da Sicília
    - História romana – de Augusto a Constantino

- 2ª classe: – Literatura – *Leis* e *Tusculanas* de Cícero, obras de Cornélio Nepote, Valério Máximo, Salústio, Floro, Virgílio, Estácio, Xenofonte, Hesíodo
  - História da França – da fundação da monarquia até Francisco I
- 1ª classe: – Retórica – *Particiones* e *De oratore* de Cícero, *Sátiras* de Horácio, *Eneida* de Virgílio, *Augustae historiae scriptores*, a "Oração da Coroa" de Demóstenes, a *Ilíada* e a *Odisseia* de Homero, textos de Suetônio, Tácito, Veleio Petérculo, Juvenal, Pérsio, Sêneca, Píndaro, Teócrito, Sófocles, Eurípides e Ésquines
  - História da França – desde Francisco I até a atualidade

Conhecidos como os "solitários de Port-Royal" em virtude da sua sede instalada na antiga abadia de *Port-Royal des Champs* [**Figs. 49a e 49b**], os jansenistas – seguidores de Jansenius, bispo de Ypres (1640), leitor de Agostinho – desenvolveram uma interpretação fatalista do dogma católico da Graça, como diz Nunes em *História da Educação no século XVII*, apoiada numa apropriação exacerbada da doutrina agostiniana do pecado original, da liberdade humana e do papel da graça divina. O ponto principal do jansenismo incidia sobre a desesperança do homem quanto à sua salvação, considerando que a Queda no paraíso constituíra a humanidade como intrinsecamente má e pecadora, e a graça suficiente, não sendo dada para todos os homens, predestinava uns para a danação e outros para a salvação eternas. Se Deus não morreu na cruz por todos os homens – o crucifixo jansenista indiciava o restrito número dos eleitos [**Fig. 50**] –, como os jansenistas seriam justificados, uma vez que, diferentemente dos calvinistas, não viam na prosperidade material um sinal de salvação? A rigor, eles não tinham nenhuma garantia de que estariam entre os escolhidos. A luz divina estava oculta e apenas lhes restava praticar uma fé e uma conduta moral exemplares, concretizada como afastamento do mundo, abandono de toda atividade social, desenvolvimento de práticas ascéticas – que consideravam mais próximas do modo de vida da igreja cristã primitiva do que a frequência constante aos sacramentos incentivada pelos jesuítas – e uso do bom senso e da razão esclarecida. Os jansenistas adotaram essas práticas em meio a um grande sentimento de culpa e dilaceração, pois se elas implicavam a crítica à organização da Igreja Católica contemporânea e ao Estado monárquico cortesão, seu aliado, elas significavam, ao mesmo tempo, a negação do modo de vida da burguesia nobilitada, a camada social da qual provinham e que era sustentáculo dessas instituições à época. Por isso, os autores que se ocupam do período têm destacado que os temas do "Deus escondido" e da procura por uma nova fonte de luz compunham parte da mentalidade da época e foram partilhados tanto pelos burgueses comuns que compravam os maravilhosos quadros de Georges de La Tour (sempre cheios de simbólicas velas e lamparinas) quanto por outros intelectuais como Descartes, que encontrou a iluminação no conhecimento da sua própria mente.

Compreende-se assim, de uma parte, por que os jansenistas conceberam a educação como a atividade de preservar a inocência das crianças do pecado e da corrupção e, simultaneamente, de lhes formar a razão para fazer as "escolhas que salvam", isto é, escolhas morais corretas: o julgamento devia ser treinado não para formar eruditos, mas personalidades imbuídas de juízo moral. De outra parte, por que eles criaram as suas próprias escolas para fazer frente aos colégios de humanidades, em particular aos dos jesuítas, identificados com a formação para a vida em sociedade que repudiavam. Liderados por Du Vergier de Hauranne, herdeiro do pensamento de Jansenius, eles reuniram desde 1635 nos seus três colégios-conventos de Des-Champs, Chesnay (Versailles) e Trous, aos quais chamavam modestamente de *petites écoles* (pequenas escolas), algumas crianças (quatro ou cinco por professor), vigiadas dia e noite, submetidas a práticas ascéticas e disciplinares severas e estudos rigorosos.[15]

O corpo de saberes jansenista era formado por ciências literárias e não literárias: leitura e escrita do francês, doutrina cristã, gramáticas francesa e latina, espanhol, italiano, cálculo, história, geografia, retórica e lógica. Ensinavam também as regras da conduta civil e cristã, como em toda educação colegial, mas no caso jansenista elas eram parte da formação do juízo moral e da piedade, e não da preparação para a vida política e social coetânea, que desprezavam. A questão do ensino das línguas merece um detalhamento: o latim – tratado do mesmo modo que nos colégios oratorianos, como língua morta – era ensinado pelo uso, isto é, por meio de repetição de exemplos e de traduções de textos, com regras bastante simplificadas. A língua materna, por sua vez, implicava duas inovações entre os jansenistas: era ensinada com o argumento de que o domínio da própria estrutura do francês servia para formar o juízo, o pensamento correto, não havendo necessidade de alcançá--lo – como se fazia habitualmente – mediante a leitura dos autores clássicos desde o início da instrução; e ainda, seguia o procedimento cartesiano de partir do mais simples para o mais complexo, ou seja, o aluno aprendia a ler da mesma maneira que aprendia a falar no cotidiano: pelo método fonético.

---

[15] Ao tratar dos jansenistas, Nunes recolheu em Sainte-Beuve, apropriadamente ao que parece, a apreciação de que esta educação "tem algo de terrível"! (p. 78)

Diferentemente do tradicional método da soletração – pelo qual os meninos falavam o nome das letras antes de ler as sílabas, que eram assim soletradas, letra por letra, inclusive as consoantes –, no método fônico desenvolvido por Pascal, simpatizante e frequentador dos círculos jansenistas, nomeavam-se apenas as vogais e os ditongos, com as consoantes (como o termo indica) soando juntas.[16] Todos os conteúdos eram aprendidos em francês, em textos que autores ligados ao movimento escreveram para o uso escolar.

Os jansenistas receberam ordem do rei para abandonar seus conventos em 1656; no ano seguinte, o papa Alexandre VII condenou expressamente as posições de Jansenius. Quando se dispersaram, o número dos seus alunos não chegara a 50 crianças. No entanto, as novas fundamentações e novos procedimentos que desenvolveram, e os livros para o ensino de lógica, retórica e gramática que escreveram foram incorporados às práticas pedagógicas da época, reforçando um novo padrão de escola erudita. É o caso, dentre tantos outros exemplos, da influência que exerceram sobre Rollin (1661-1741), um antigo bolsista do colégio parisiense dos *Dix-huit*, professor do *Collège de France* e ex-reitor da Universidade de Paris, e de mentalidade jansenisante. Ele assentou no seu *Traité des études* [*Tratado dos Estudos*], de 1726-1728, o modelo do colégio de humanidades apoiado no tripé das línguas e literaturas latina, grega e francesa, acrescido da educação moral cristã rigorosa, da história e da geografia pátrias, das matemáticas e da filosofia moderna de Descartes e Pascal. Em outras palavras, Rollin manteve o estudo das línguas como a atividade escolar colegial por excelência, mas confirmou a língua materna como saber erudito, ou como diz P. Mesnard em *Rollin forja o espírito do ensino secundário*, introduziu o francês, isto é, a língua popular, do cotidiano, "no próprio corpo das disciplinas humanistas" (p. 162).[17]

Ao mostrar que o objetivo do domínio da linguagem para expressar com clareza o correto pensamento podia ser alcançado também pela língua

---

[16] Para um exemplo retirado da bibliografia: *bon* (bom) lê-se na soletração *bé-o-ene* e no método fonético *be-o-ne*.

[17] Completa Mesnard: "Com seu seguro conhecimento dos valores da civilização, Rollin sente, com efeito, chegada a hora da promoção do francês ao nível de língua de cultura. Cumpre, por consequência, aperfeiçoar esse instrumento novo, alinhando-lhe o estudo pelo das línguas clássicas. Meia hora de francês por dia, completada por leituras dirigidas, permitirá explicar pequeno número de textos excelentes, entre os quais brilham naturalmente as tragédias sagradas de Racine e bom número de vidas edificantes, que Fléchier e Marsollier tinham posto em primeiro plano nessa época. [...] tratados sobre instituições modernas [...]. Bossuet e Pascal abrirão o grupo dos moralistas, cuja influência se tornará preponderante na filosofia com a *Logique de Port Royal*. [...] os mestres mais notáveis da teoria galicana". (p. 162)

materna, oratorianos e jansenistas, e seus discípulos, contribuíram, sobretudo, para pôr em circulação a ideia de que a razão reta e flexível, base do bem agir, era formada pelos clássicos, mas não apenas por eles, e assim, sem modificar o modelo colegial, para reconfigurar-lhes os conteúdos. A longo prazo, porém, ajudaram a promover uma nova cultura escolar, pois, segundo E. Garin (*L'educazione in Europa, 1400-1600*), o resultado da ação deles foi o "processo" ao latim e à instituição que o ensinava, isto é, o colégio de humanidades tradicional. O século XVIII, como mostra esse autor, foi marcado pelas "polêmicas escandalosas" entre os partidários das duas correntes. Delas pode nos dizer algo a posição do padre Bandiera, um membro da congregação dos Servos de Maria que, em 1755, afirmou a *folle condotta* (louca conduta) de quem ensinava – como os jesuítas – somente latim, e pela decoração das regras gramaticais. Citamos de Garin a fala do religioso: "por esta via os estudantes não aprendem os preceitos gramaticais; e ainda que bem aprendessem os preceitos, não aprendem a língua; de modo que com estes exercícios gramaticais aprendem aquilo que precisam depois desaprender para bem aprender" (p. 271).

Essas alternativas aos colégios latinizados desenvolveram-se na cultura francesa. Uma contestação mais radical dos colégios humanísticos veio da Holanda, a nação mais rica da Europa no século XVII, cuja base social era constituída de uma ampla camada de burgueses comerciantes. Os jovens holandeses frequentavam colégios e academias e iam à universidade, como mostra Peter Burke (*Veneza e Amsterdã: um estudo das elites do século XVII*), mas a educação dada em família era mais importante. Nesse sentido, os holandeses não realizaram aquelas rupturas que já identificamos na cultura francesa dessa centúria: eles não parecem ter limites demarcados entre o mundo infantil e o mundo adulto, e entre a cultura erudita e a cultura popular. Acompanhando as brilhantes análises de S. Schama em *O Desconforto da Riqueza*, vamos desenvolver essa hipótese, argumentando a partir das pinturas que os artistas holandeses desse século produziram, saturadas de crianças, mostrando a posição central que elas tinham dentro da casa e seu partilhamento de todos os momentos da vida das famílias. É muito interessante observar que, para representá-las, os pintores holandeses não precisaram recorrer à mediação da Sagrada Família e dos anjinhos. Como observa esse autor, enquanto os italianos ainda pintam, nesse período, cenas domésticas e o amor maternal e filial em composições com personagens e temas religiosos, vemos na Holanda serem retratadas cenas domésticas e familiares profanas, e absolutamente banais, como a amamentação, a higiene infantil e os cuidados com a criança doente. Uma outra característica comparativa entre as duas produções artísticas também é esclarecedora para a história da educação. A arte italiana é narrativa, conta uma história, um acontecimento, ao passo que as pinturas holandesas são simbólicas, mas ao mesmo tempo inovadoramente descritivas: seus artistas descrevem o que os seus clientes estão vendo. E o que a Holanda burguesa que forma o público consumidor dessas produções pictóricas está vendo no século XVII? A família e o ambiente doméstico, a privacidade e a intimidade, e no interior desses espaços, a atenção e o afeto que dedicam aos filhos! [Figs. 51a, 51b e 51c].

Uma situação recorrentemente descrita nas pinturas refere-se às cenas de berço e de aleitamento materno. Sabe-se que, na Holanda, as mães praticavam a amamentação de seus filhos [Figs. 52a e 52b] e havia uma rejeição quanto ao uso de amas de leite, diferentemente do que acontecia em outros países, como mostra Peter Burke para Veneza. "É como expressão de amor e dedicação à família", diz Schama, "que mães com filhos ao peito figuram em inumeráveis pinturas, desenhos e gravuras holandesas" (p. 530). Correspondentemente, a Holanda também tinha, nessa época, a mais baixa taxa de abandono de crianças da Europa. Evidentemente, essa atitude reflete tanto as condições econômicas das sociedades, como indica um critério cultural: a atenção que as crianças têm da família e da sociedade.

É por isso que Schama diz que não só há uma "ubiquidade de crianças" na arte holandesa, pois elas estão em toda parte, como esta mostra uma "verdadeira fixação" dos pais pelos seus filhos, sempre representados tratando as crianças com brandura e afeto, sem que isso significasse camaradagem e promiscuidade. Para o autor, o tema predominante na abordagem das crianças é "a polaridade entre o lúdico e o didático, o brinquedo e o estudo, a liberdade e a obediência, a independência e a segurança" (p. 487). Assim, os pintores holandeses mostravam como era a criança e como ela deveria ser: lúdica na infância e grave na vida adulta, pois, tão inevitável é a leviandade, a traquinagem, na infância, como é desejável nos adultos a dedicação aos negócios e à religião calvinista. Nas cenas com pinturas de crianças, os atributos remetem aos "signos dessa infância amada" e também ao "que elas deveriam se tornar", como nos quadros que as apresentam brincando, fazendo bolhas de sabão, praticando seus jogos (há pintores que registram cerca de 80 brincadeiras diferentes num mesmo quadro, que funcionam para os historiadores como verdadeiros "catálogos de brinquedos") ou acompanhadas de um animal de estimação. No famoso retrato pintado por Jacob Cuyp [Fig. 53] se condensam, exemplarmente, todas essas representações da proteção e da instrução que são devidas às crianças: o artista pintou a menina com seu colar de coral – um talismã para a sua proteção –, segurando um cachorrinho – lembrando que, assim como o animal precisava ser amestrado, cabia aos pais o dever de educá-la para se tornar uma boa cristã –, e um grande *pretzel* – o biscoito friável que simboliza a fragilidade e os perigos que rodeavam a infância.

É notável que ambos os pais apareçam cuidando e educando os filhos. Evidentemente, há diferenças entre as famílias, como podemos perceber nas obras dos pintores Nouts e Hals [**Figs. 54a e 54b**]. No quadro de Nouts, evidenciam-se mais claramente as influências do calvinismo e do humanismo, com suas expectativas diferentes para ambos os sexos: o artista pintou em um lado da cena o pai educando o filho na leitura e na escrita, pelo uso da pena e do livro, ao passo que, no canto oposto, ele agrupou as meninas (e até a boneca que uma delas segura), que são verdadeiras miniaturas da mãe. Já no quadro de Hals, a composição circular e dinâmica configura uma ciranda dos gestos de cuidados e afetos, sem maiores distinções entre os papéis masculinos e femininos. Quer entre as famílias mais rígidas e severas, quer entre as mais flexíveis e folgazãs, há, porém, sempre um elemento comum nessas representações: são os dois progenitores, pai e mãe, que realizam no interior da vida familiar a educação que deve levar a criança a distinguir entre o bom e o mau caminho. À pergunta fundamental sobre como adquirir a experiência do mundo sem perder a inocência, os holandeses respondem: mantendo a criança em casa, com ambos os pais participando da educação pelo brinquedo e a instrução [**Figs. 55a e 55b**].

Por essa razão, a escola que aparece nos quadros é, segundo Schama, sempre uma paródia, exibindo uma confusão e uma desordem que nada têm a ver com o ambiente familiar. Aliás, nem com o escolar do período. A ideia é desqualificar a educação nos estabelecimentos escolares – colégios ou escolas elementares –, pois o que é valorizado é a educação no lar. Burke também observou que o menino de Amsterdã que vai para o colégio deve retornar o mais depressa possível para casa: essa prática podia ser realizada nos colégios protestantes, pois eram organizados preferencialmente, como vimos, segundo o modelo do externato. Na verdade, o lar era a escola ideal para esse modelo de educação [**Fig. 56a**], o que, evidentemente, nos traz de volta ao mundo pré-colegial, no qual a educação erudita – dada nas escolas episcopais, nas universidades medievais e nos *contubernia* humanistas – também não estava encerrada nos colégios, nem separada da cultura popular e familiar. Por isso, quando pintou num pequeno quadro uma cena puramente doméstica e infantil de um rapazinho cuidando do seu cachorro, G. Ter Broch (1617-1681) não hesitou em trazer para a composição tanto o chapéu que ele usava nas suas brincadeiras ao ar livre quanto o caderno, a pena e o tinteiro, à espera de que ele começasse a lição de casa [Fig. 56b].

Podemos dizer então que, no mesmo período de sua instalação na sociedade ocidental, a escolarização da infância (e da sociedade) não foi unanimemente aceita, ou melhor, não foi aceita com o mesmo sentido nos diferentes lugares. Comparando-se franceses e italianos, de um lado, e holandeses, de outro, como duas polaridades culturais contemporâneas exemplares, podemos dizer que estes relutavam mais do que aqueles em entregar o controle das crianças (e da sociedade) à escola.

[Fig. 29a] Educação cortesã com mestres particulares: aprendendo a dançar. (G. Ebreo, *Trattato del balo*. Manuscrito, c. 1470.)

[Fig. 29b] Aprendendo equitação. (Suposto retrato de Maximiliano Sforza em Milão. Gramática de Donato. Manuscrito, século XV.)

[Fig. 29c] Aprendendo gramática: representação sintética da nova educação cortesã do *contubernium* humanista. (Suposto retrato de Maximiliano Sforza em Milão. Gramática de Donato. Manuscrito, século XV.)

[Fig. 30] Permanências medievais no ensino do direito. L. Pini (?-1542), professor em Bolonha. (Baixo-relevo da sua tumba. Itália.)

[Fig. 31] Thomas Morus e a educação humanista doméstica. ("Thomas More e sua família". Quadro baseado em desenho de H. Holbein.)

[Fig. 32] A gramática: porta de entrada para a aquisição das 7 artes liberais. (*Margaritha philosophica*, de G. Rusch, Basileia, 1508.)

[Fig. 33a] O colégio de Sorbonne, de Paris, em 1550.
(Litogravura de Nousveaux, de um desenho de Pernot.)

[Fig. 33b] O *King's College*, de Cambridge, em 1819.
Desenho e gravura de W. Westall.)

[Fig. 34] Inscrições num dintel de pedra em uma das portas do colégio *De Guyénne*:
último vestígio desse estabelecimento, frequentado por Montaigne.
(Conservado na Universidade de Bordéus.)

[Fig. 35a] A torre do castelo de Montaigne, com seu *studio*. (Fotografia, início do século XX.)

[Fig. 35b] As inscrições em grego e latim nas vigas do teto. (Fotografia, início do século XX.)

[Fig. 36] Leitura privada. ("Moça lendo", de P. J. Elinga, segunda metade do século XVII.)

[Fig. 37] Ouvindo a leitura.
(Quadro de G. Dou.
Museu do Louvre, Paris.)

[Fig. 38] Localização dos colégios jesuítas (à esquerda) e dos colégios
protestantes (à direita) na França, séculos XVI e XVII.

[Fig. 39a] O colégio jesuíta
De La Flèche em 1695.
(Fragmento de um desenho
colorido, desse ano.)

[Fig. 39b] O colégio jesuíta de Clermont-Paris, c. 1860. (Litogravura de Benoist.)

[Fig. 40] A sala de aula do colégio: ensino coletivo e simultâneo de um único saber para cada classe. (Frontispício da *Didatica magna* de Comenius, 1657. Gravura atribuída a Crispin de Passe, 1612.)

[Fig. 41a] Os grandes *in-folio* presos às estantes em uma biblioteca holandesa medieval. (S/i.)

[Fig. 41b] Bolsa para carregar "livros de mão", do século XVI. (S/i.)

[Fig. 41c] Caderno de notas de aula de Beatus Rhenanus, aluno de uma escola de latim em Sélestat (Alsácia-Lorena), entre 1477-1501, com comentários interlineares e marginais. (Biblioteca Humanista de Sélestat.)

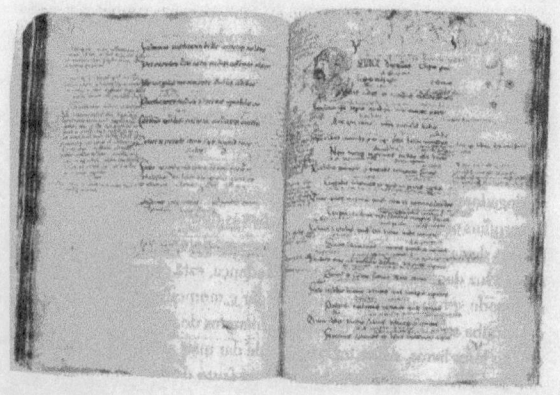

[Fig. 42] Ensino individual de vários saberes ou em vários níveis: sobrevivência medieval no século XVI. (*Educatio liberorum*, gravura de Ph. Gall, fim do século XVI.)

[Fig. 43] Infância: tempo de formação, tempo de colégio. (Ilustração de um caderno de notas francês do século XVIII.)

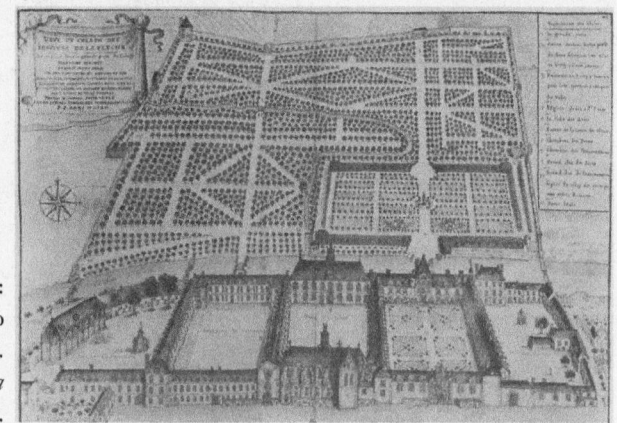

[Fig. 44] O colégio: separação do mundo e vigilância constante. (Colégio jesuíta *De La Flèche* em 1655).

[Fig. 45a] A presença da criança. (*Le Repas de Famille*, de M. Le Nain, século XVII.)

100 [O APARECIMENTO DA ESCOLA MODERNA - UMA HISTÓRIA ILUSTRADA]

[Fig. 45b] Crianças bem cuidadas. (*Deux petites filles*, de L. Le Nain, século XVII.)

[Fig. 46a] Educação em família: afeto e atenção. (*La Bonne Education*, Quadro de J.-B. Chardin.)

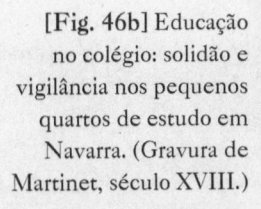

[Fig. 46b] Educação no colégio: solidão e vigilância nos pequenos quartos de estudo em Navarra. (Gravura de Martinet, século XVIII.)

[A ESCOLA SECUNDÁRIA ERUDITA]

[Fig. 47] O *savant*: estudante erudito. (Escola Flamenga, século XVII.)

[Fig. 48] O colégio-internato oratoriano de Juilly. (Cartão-postal. Ed. Sauvage, Juilly. Coleção particular.)

[Fig. 49a] A abadia de *Port-Royal-des-Champs*. À direita, no alto, a granja *Les Granges*, onde foi instalada uma das "pequenas escolas". (Desenho colorido de 1709.)

[Fig. 49b] Jansenistas de *Port-Royal-des-Champs* dando assistência aos pobres. (Coleta de esmolas. Museu de Versalhes. Paris.)

[Fig. 50] Crucifixo jansenista (1764): os braços do Cristo, muito próximos, simbolizam o número restrito dos eleitos.

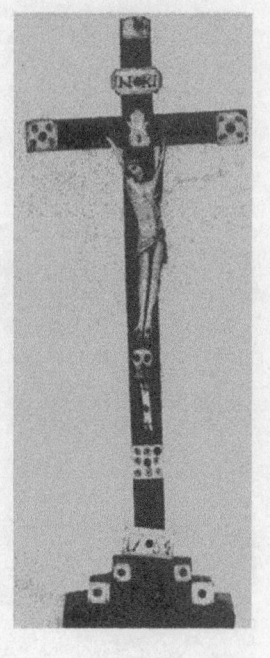

[Fig. 51a] A onipresença das crianças holandesas: o pai é o rei, mas, conduzido pela luz, o olhar se dirige para a mãe e o bebê na cadeirinha. ("A festa do Feijão", de G. Metsu, século XVII.)

[Fig. 51b] A criança e seus brinquedos. ("Retrato de Família", de J. Ochtervelt, 1663.)

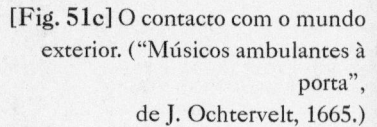

[Fig. 51c] O contacto com o mundo exterior. ("Músicos ambulantes à porta", de J. Ochtervelt, 1665.)

[Fig. 52a] Mãe holandesa amamentando. ("Mulher amamentando bebê com uma criança", de P. de Hooch, c. 1658-60.)

[Fig. 52b] Cena de berço na pintura holandesa. ("Mulher fechando o corpete junto a um berço", de P. de Hooch, c. 1661-63.)

[Fig. 53] Signos da infância amada. ("Retrato de criança", de J. G. Cuyp.)

[Fig. 54a] Educação familiar: papéis demarcados. ("Grupo de Família", atribuído a M. Nouts.)

[Fig. 54b] Educação familiar: menos severa. ("Grupo de Família", de Frans Hals.)

[Fig. 55a] Cena de educação familiar: refletido no espelho, o pai também participa. ("Uma senhora com duas crianças ao cravo", de J. Molenär, c. 1635. Rijksmuseum, Amsterdã.)

[Fig. 55b] Na sala bem aquecida, a reunião da família educadora: o jovem não hesita em carregar a irmãzinha. ("A festa de São Nicolau", de Jan Steen (1626-1679). Rijksmuseum, Amsterdã.)

[Fig. 56a] A educação doméstica: estudo e brinquedo na intimidade da casa. ("Instrução materna", de C. Netscher.)

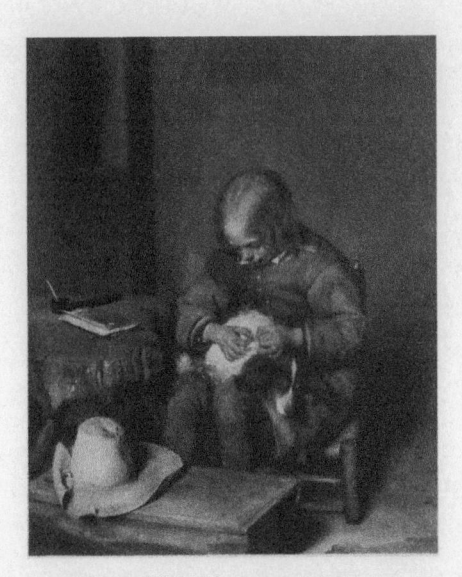

[Fig. 56b] Educação familiar e escolar não estão separadas, mas a lição vem depois. ("Menino catando pulgas num cachorro", de G. Ter Borch, século XVII.)

Capítulo III

A *escola secundária científica*

Séculos XV e XVI: a ciência fora dos colégios

A concepção do saber positivo ou científico era defendida desde os séculos XIII e XIV por pensadores como Robert Grossetete, Roger Bacon, William de Occam e outros, quando ensinavam as 7 artes liberais nas Universidades de Paris e de Oxford. Eram chamados de modernos porque, para eles, o conhecimento das coisas, obtido segundo o princípio aristotélico das substâncias e as regras da análise dialética escolástica – que já vimos, era o procedimento metodológico comum a todos os cursos universitários do período –, não representava toda a ciência possível. Apoiados na releitura das proposições de Aristóteles realizada por estudiosos árabes e hebraicos, diziam que, para formular princípios gerais de conhecimento (ou conceitos universais), era preciso abandonar as deduções dos raciocínios silogísticos e voltar à experiência direta, ao exame dos diversos casos particulares dos fenômenos físicos, cuja prática faziam remontar aos monges e estudiosos da Antiguidade [**Fig. 57a**]. Grossetete (1168-1253), por exemplo, segundo C. Ronan (*História ilustrada da ciência: Oriente, Roma e Idade Média*), além das Escrituras e do conjunto completo do *trivium* (gramática, retórica e dialética) e do *quadrivium* (aritmética, geometria, astronomia e cosmografia, e música), dominava a arte da óptica, que considerava a ciência básica do mundo físico, tendo realizado observações sobre os raios luminosos e o arco-íris. Ele estudava nos tratados árabes e gregos que começavam a ser vertidos para o latim em Toledo, cidade da Espanha islâmica, famosa como centro de copistas e tradutores: a *Álgebra* de Al-Khwarizmi, o *Opticae Thesaurus* [*Tesouro da óptica*] de Ibn al-Haytham, o *Almagesto* de Ptolomeu, os *Elementos* de Euclides, além das obras do próprio Aristóteles. Roger Bacon (1214-1294), que foi aluno de Grossetete em Oxford, no final da década de 1240, produziu trabalhos de observação de diversos fenômenos naturais e também foi um óptico famoso [**Fig. 57b**]. Religioso franciscano, argumentou com seus superiores no sentido de que a Ordem se abrisse (ao lado da via mística de conhecimento que ela admitia por conta de sua orientação anticulturalista) ao saber obtido por meio da evidência observada, auxiliada por instrumentos e expressada em linguagem matemática, afirmando que este caminho também levaria ao conhecimento divino. Ele foi, assim, um dos pensadores que contribuíram para que os franciscanos assumissem encargos de ensino nas recém-criadas universidades da época e, ao mesmo tempo, para que o novo Aristóteles fosse assimilado pela Igreja. Ronan observa que, mesmo conservando a marca medieval de subordinação à teologia, a produção de Bacon tinha um profundo senso científico e foi ele que, em seus escritos, introduziu o uso do conceito de "leis da natureza". Alberto Magno (1206-1280), professor nas Universidades de Paris e de Colônia, ajudou a pôr em circulação essa orientação, e também inspirado pela ênfase árabe na necessidade de observação da natureza encontrou tempo, durante suas visitas como bispo, para estudar animais e plantas e escrever sobre eles. Ronan elenca suas realizações:

> Classificou mais de cem minerais [...] observou o acasalamento dos insetos, dissecou grilos e examinou alguns órgãos reprodutivos; abriu ovos a vários intervalos depois de serem postos, a fim de observar o desenvolvimento do pinto; observou o desenvolvimento de peixes e mamíferos e tinha ideias específicas sobre a nutrição dos fetos [...]. Deu excelentes descrições [de plantas] [...] Fez também um estudo comparativo dos frutos e foi o primeiro a observar a importância da temperatura e da luz no crescimento das árvores [...] e que, pelo enxerto, era possível obter novas espécies. (p. 142, 153)

No século XIV, William de Occam (1300-1350) continuou a tradição dos mestres oxfordianos, reforçando a importância de separar o conhecimento natural dos procedimentos dialéticos subordinados à teologia, como duas vias independentes de sabedoria. Mesmo condenada pela Universidade de Paris em 1339, outros pensadores continuaram repercutindo a orientação occamista, como mostrou A. Clausse (*A Idade Média*), ao reproduzir uma passagem de Nicolas d'Autrecort (?-1350), um autor da época que apanhou exemplarmente o sentido dessa concepção, e simultaneamente, indicou as tensões e nuances que envolviam os seus adeptos:

> E como o conhecimento das coisas poderia ser adquirido em pouco tempo a partir das aparências naturais, é de pasmar que certas pessoas estudem Aristóteles e Averróis até a idade da decrepitude, abandonem, pelo estudo dessa lógica, as questões morais e o cuidado do bem comum, e que, venha acaso a surgir algum amigo da verdade a soar a trombeta para despertar esses dorminhocos de seu sono, estes se indignem com isso e, por assim dizer, corram às armas para uma luta de morte contra ele. (p. 177)

Na mesma linha, os professores Bradwardine (?-1349), de Oxford, Buridan (1295-c.1360) e Nicole d'Oresme (?-1382), ligados à universidade parisiense, ensaiaram a renovação da antiga teoria aristotélica dos movimentos terrestre e celeste nos novos termos do conhecimento físico e astronômico pela experiência. D'Oresme foi também teólogo, notável economista e matemático, e reitor do colégio das 7 artes liberais de Navarra.

Em Pádua, a universidade toda parece ter se constituído como um centro da cultura científica influenciada pelo novo aristotelismo naturalista, atraindo figuras como Vesálio (1514-1564), anatomista e praticante da dissecação, autor do *Sobre a estrutura do corpo humano*, e, já ao redor de 1600, Galileu (1564-1642), que aí investigava as teorias de Copérnico, embora, para os alunos, ministrasse lições (leituras) da antiga cosmografia fundamentada em Aristóteles e Ptolomeu. Em Pádua se formou também Nicolau Cusano (1400-1464), um naturalista especulativo, mas que exerceu grande influência em seu tempo ao dizer que os iletrados podiam ser mais sábios do que os filósofos escolásticos, pois tinham o conhecimento que vem da experiência de vida, mesmo se não dominavam os saberes construídos pelos autores nos seus livros.

No entanto, esse rico saber das coisas "a partir das aparências naturais" defendido por D'Autrecort, de base aristotélica pela exigência de observação e manipulação, mas antidialético, chegou muito lentamente à educação colegial. Embora fosse um movimento cultural vigoroso nos inícios dos tempos modernos – a ponto de A. Clausse dizer em outro texto seu, *A relatividade educativa*, que as sínteses escolásticas do século XIII foram dissolvidas na centúria seguinte, primeiramente pela "renascença científica baseada na experiência e na razão", e depois, pela renascença literária e artística do humanismo –, sua presença nos colégios foi mais tardia e mais problemática que a das artes da palavra. Estas, como vimos nos capítulos anteriores, também estavam inseridas no movimento antidialético e penetraram na cultura escolar no espaço de uma geração: em *Historia de la pedagogia*, H. Weimer lembra que, no tempo de Wimpheling (1459-1528), no final do século XV, havia nos estados alemães cinco humanistas que sabiam grego, mas, no início do século seguinte, todas as faculdades e colégios de artes liberais podiam ensiná-lo, a despeito da oposição das faculdades de teologia, já referida.

Para entendermos as razões desse distanciamento dos colégios, começamos examinando a figura do cientista dos séculos XV e XVI e o papel que ele desempenhou no seu meio. Para esse período, R. Mandrou (*Dagli umanisti agli scienziati: sécoli XVI-XVII*) amplia as acepções do termo cientista, dizendo que ele representava, em verdade, um conjunto muito diversificado de intelectuais, abrangendo outras figuras além dos mestres universitários. Dentre elas estavam os sábios envolvidos com as discussões teóricas dos problemas práticos da vida cotidiana dos burgueses, na esteira de Leonardo da Vinci e L. B. Alberti; os que dominavam os saberes ligados às atividades relacionadas com o mar, ou seja, geógrafos, cartógrafos, desenhistas e astrônomos, que continuaram a fazer a revisão da astronomia dos antigos; e aqueles que cultivavam as ciências da natureza e do homem, os exploradores, viajantes e naturalistas, que a partir das descrições de viagens e do mundo natural acabavam por fazer observações de antropologia cultural, pela comparação do europeu com o homem "primitivo" que eles encontravam em suas expedições.

A focalização na exploração técnica produtiva e na pesquisa científica sobre as coisas do mundo que esses cientistas desenvolveram demonstra que a atuação deles tinha uma base social: era compartilhada pelas camadas que viviam em segurança e conforto materiais, ou seja, a nobreza e, em especial, a burguesia nascente. Uma das coisas que os uniam, segundo diz J. Delumeau em *A civilização do Renascimento*, era a atenção ao concreto. Burgueses e cientistas revelavam essa atitude não só pelo seu interesse – muito visível nas pinturas da época – pelo rosto humano, pelas paisagens, pelas plantas, pela geografia, como ainda pelo desejo que tinham de dominar o tempo e o espaço e organizar racionalmente o mundo, possibilitado pela contabilidade, a matemática, a burocracia e a geometria que ambos praticavam. Os artistas que pintaram para o público burguês também procuravam conciliar a arte com a ciência da observação. Leonardo da Vinci (1452-1519) e Albrecht Dürer (1471-1528) são ótimos exemplos. O primeiro apresentava-se como anti-humanista e moderno, isto é, homem sem letras – na sua visão, as artes da palavra são sofísticas, falsas –, e cientista, praticando tanto a pintura quanto as ciências mecânicas segundo os critérios do saber decorrente dos cinco sentidos e da demonstração matemática [**Fig. 58**]. Dürer, por sua vez, conciliou sua obra de gravador e desenhista com estudos de matemática, óptica, botânica e zoologia, construiu aparelhos para trabalhar o problema da perspectiva e pintou figuras da natureza que demandaram acurada observação dos detalhes [**Fig. 59**]. É preciso lembrar, no entanto, com Ronan (*História ilustrada da ciência: da Renascença à Revolução Científica*), que os desenhos de elementos biológicos feitos a partir de fontes originais era uma prática comum no período, pois este estava "colocando a prêmio a observação e o registro preciso dos resultados" (p. 18). Além de Botticelli, notável pelo desenho cientificamente correto das plantas no seu quadro "Primavera", ele refere outros artistas que ilustraram obras de botânicos, zoólogos e anatomistas, largamente difundidas.

Se o que eles faziam era importante – relembrando Ph. Wolff – para a camada burguesa, protagonista da sociedade da época, por que os saberes da ciência positiva e das artes mecânicas estavam fora dos colégios que a atendiam? O exame da base social não encaminha, portanto, uma resposta para as dificuldades dos cientistas; pelo contrário, os coloca em contraste com os humanistas, que também respondiam às necessidades da burguesia e da nobreza, e tiveram os seus saberes apropriados pelas instituições de ensino como um dos elementos constituidores dos colégios de artes humanísticas.

O próprio Mandrou sugere que se aborde a questão de quem eram e o que faziam os cientistas dos séculos XV e XVI a partir de uma outra característica mental que eles exibiam. Esse autor considera que esses cientistas eram figuras angustiadas, inseguros pessoal e socialmente, pois, na sociedade ocidental desse período havia uma verdadeira polifonia reformista e como produtores de novos conhecimentos afirmavam suas ideias sempre em situação de confronto. Diz ele que "batalha" é uma das palavras-chave para esse período, e ela conota as perseguições e lutas promovidas tanto pelas igrejas quanto pelos nascentes estados nacionais para firmarem suas posições. De fato, esses foram os tempos da Inquisição e da Igreja católica aguerrida e missionária, que lutava para conquistar o território espiritual e material perdido para a Reforma luterana, bem como das guerras de religião, que resultaram na política do *cujus regio, ejus religio* definida pela Paz de Augsburg (1555), pela qual cada rei tinha o seu deus, e cada povo o deus de seu rei. Para os cientistas, o enfrentamento desse contexto de barreiras e instabilidade implicou itinerários de vida muito perturbadores, com sofrimentos e perseguições: condenação de suas doutrinas e prisão para William de Occam, Roger Bacon, Galileu e Campanella, constantes deslocamentos e exílio para Kepler, torturas e morte para Servet e Giordano Bruno. Segundo Mandrou, porém, o que separava de fato os perseguidos e atormentados dos outros que passaram a gozar de prestígio era menos a prática de cientista ou de humanista – pois já vimos que muitos humanistas enfrentaram problemas em vista de suas posições – do que a condição de estarem desprotegidos e soltos no mundo, ou seja, sem apoio institucional. Desse modo, os menos ortodoxos, fosse do ponto de vista da religião, da política ou da vida intelectual, não tinham vez nas instituições sociais da época. Assim, o corte era operado, antes, entre os sábios e professores mais livres, menos comprometidos com segurança e ortodoxia, fossem humanistas ou cientistas, de um lado; e os mais estáveis e conformados, os homens da lei, os autores ligados à literatura popular, os serviçais das cortes e os defensores dos interesses nacionais patrióticos, de outro, separando as figuras, respectivamente, que estavam em baixa e em alta, no período. Os famosos retratos de Erasmo, autor humanista, e de Kratzer, astrônomo real da corte inglesa, pintados por Hans Holbein, o Jovem, respectivamente em 1523 e 1528 **[Figs. 60a e 60b]**, ilustram muito bem a observação de Mandrou sobre os humanistas e cientistas bem sucedidos, que atraíam a atenção de artistas do seu tempo.

Ao que parece, portanto, os cientistas ocupavam espaços institucionais reconhecidos pelo imaginário social da época como lugares de conhecimento, a ponto de terem sido representados nas imagens com seus instrumentais de estudo, signos de sua aceitação social como investigadores da ciência positiva. Essa condição pode ser vislumbrada também quando se retomam certas passagens da vida dessas figuras, que dizem onde atuavam no início dos tempos modernos. Colhendo aqui e ali referências biográficas ou autobiográficas sobre os percursos desses cientistas, podemos dizer que eles estavam presentes, com sucesso, na literatura erudita, com Montaigne (1533-1592), que se interessou pelo exame da sua vida – e das alheias – para discutir questões morais concernentes a toda a humanidade, tanto quanto recomendou a observação direta da natureza física e as viagens a outros países para formar o correto juízo sobre todas as coisas importantes para a vida. Também com Rabelais (1494-1553), o médico do hospital de Lyon e professor da Faculdade de Medicina de Montpellier que, criticando nas suas obras *Pantagruel* (1531) e *Gargantua* (1534) os procedimentos educativos dos colégios, destacou o estudo das línguas, dos fatos naturais e das artes do *quadrivium* como importantes para a formação, sugerindo até ensinar a aritmética com o auxílio do jogo de cartas. Vale a pena reproduzir aqui as passagens rabelesianas recolhidas por M. A. Manacorda em *História da Educação: da Antiguidade aos nossos dias*:

Proponho e quero que aprendas com perfeição as línguas: primeiro a grega, como estabelece Quintiliano; em seguida, a latina; e depois a hebraica, para as Sagradas Escrituras, assim como a caldeia e a árabe; que formes teu estilo, quanto à grega, sobre Platão, quanto à latina, sobre Cícero. Que não haja história que, com auxílio da cosmografia, tu não consigas ter sempre em mente. Das artes liberais, geometria, aritmética e música, já te fiz saborear os princípios quando ainda eras pequeno, na idade de cinco a seis anos; prossegue agora nas demais artes: que saiba da astronomia todas as leis, mas deixa a astrologia adivinhatória e a arte de Lullus, que são mentira e vaidade. Do direito civil, quero que tu saibas de cor os textos melhores e os confiras com a filosofia. Quanto aos fatos naturais, dedica-te com toda a diligência ao seu conhecimento: não exista mar, rio ou fonte dos quais tu não conheças os peixes; e nada escape ao teu conhecimento: todos os pássaros do ar, todas as árvores das florestas com seus arbustos e frutos, todas as ervas da terra, todos os metais sepultados no fundo dos abismos, e as pedras preciosas de todo o Oriente e dos países do Sul [...].

Depois, também jogavam cartas, não por jogar, mas para aprender uma centena de divertidas brincadeiras e novas descobertas, através de aplicação de regras aritméticas. Dessa forma é que começou a gostar da ciência dos números. (p. 208-09)

Eles estavam também na literatura de divulgação, como no almanaque *Prognóstico Eterno*, impresso por Thomas Digges na Inglaterra, em 1576, que, entre outros informes, divulgou para os seus leitores a teoria copernicana, e no livro *Magia natural* (1558), de Giambattista della Porta (1535-1615), que apresentou uma variada coleção de informações científicas sobre o uso de lentes que o fizeram ser identificado posteriormente como o inventor do telescópio e do microscópio, precedendo Galileu.

Estavam trabalhando nas cortes da Europa, como médicos, alquimistas e astrônomos profissionais: dentre eles, Pomponazzi (1462-1524), Telésio (1509-1588), e o paradigmático Paracelso (1493-1541), muito acatado na Alemanha e nos Países Baixos, cujos territórios percorria apresentando-se como "perito filósofo das coisas naturais e celestiais" e dizendo-se capaz de revelar a presença divina no mundo pelas práticas da "ciência universal e natural" da alquimia, e não pelos argumentos dialéticos da teologia escolástica. Também Peurbach (1423-1461), astrônomo do rei húngaro Ladislau V e autor da obra *Teoria dos Planetas*, e Cardano (1501-1576), reconhecido como músico, médico, astrólogo e matemático, autor da fórmula de resolução das equações do 3º grau que leva o seu nome. Muitos deles ocuparam importantes cargos oficiais, como George Agrícola (1494-1555), um mineralogista, metalurgista e químico que foi inspetor de minas em várias regiões da Alemanha, médico especialista em doenças ligadas à mineração, editor de textos de Galeno e Hipócrates para a tipografia de Aldo Manuccio em Veneza, e historiógrafo da corte da Saxônia; Ercker (?), mineralogista que, em 1567, foi contratado como "analista controlador" de moedas da corte de Praga; John Dee (1527-1608), matemático, filósofo e astrólogo de Elisabeth I; Galileu, que em 1610 tornou-se o filósofo e matemático de Cosme de Médici; e o próprio Newton (1642-1727), que, já no final do século XVII, se tornou diretor da Casa da Moeda da Inglaterra, segundo informa Ronan.

Estavam ainda reunidos em academias, isto é, associações privadas de estudo e investigação – "esses grupos de adultos, ligados não somente pela amizade mas também pela comunidade de preocupações culturais, não existiam na Idade Média", lembra Delumeau (p. 74) –, as quais se espalharam por toda a Europa a partir da Itália: a *Academia Fiorentina*, fundada em 1540, em Florença, dedicada ao mesmo tempo ao estudo da língua vernácula, da física e da biologia; a Academia dos Segredos da Natureza, organizada por Della Porta em Nápoles; e a *Dei Lincei*, em Roma, criada em 1601 pelo príncipe Cesi, da qual Galileu foi um dos membros.

E, por vezes, até no ensino, como Pierre Ramus (1515-1571), que cultivava as matemáticas e fez a primeira tradução dos *Elementos* de Euclides para a língua francesa, em 1570, além de célebre humanista e professor no *Collège de France*, até ser assassinado em seu gabinete, num dos "massacres de São Bartolomeu", o terrível episódio das guerras de religião entre católicos e *huguenots*.

Podemos observar, então, que muitos desses cientistas cumpriram trajetórias de vida simultaneamente atormentadas e de êxito em diversos espaços, institucionais ou não. Na linha da argumentação de Mandrou, essa condição não foi impeditiva da produção de saberes da ciência positiva e da sua aceitação pela sociedade. No entanto, quando acompanhamos a prática colegial, encontramos uma situação bem diferente: eles não estavam nos colégios do século XVI. Ao arrolar em seu texto *Les protestants au XVIe. siècle* os cursos oferecidos no colégio protestante de Saint-Lô, Garrisson evidencia claramente que qualquer estudo que não o das artes da palavra foi nele completamente abandonado: não se vê física, nem matemáticas, nem geografia, nem ciências naturais, nem história, a não ser a dos gregos e romanos. Quanto aos colégios dos jesuítas, é P. Mesnard quem, em *A pedagogia dos jesuítas*, depois de mostrar que o ensino da história se fazia presente, mas atrelado ao da retórica, chama a atenção para dois outros pontos. O primeiro é a ausência dos estudos positivos da natureza, sendo que a física era ministrada segundo os usos medievais, isto é, lida nos textos do Aristóteles original, orientação que ele atribui à luta da Companhia contra o aristotelismo interpretado pelos paduanos e em favor do que esta considerava o verdadeiro pensamento dele, ou seja, o dos escolásticos dialéticos. O outro, uma proposta de oferecimento pelos jesuítas, em um plano de estudos elaborado em 1586, dos conteúdos do *quadrivium* com leituras (*lectiones*) de geometria euclidiana e aplicada, geografia, astronomia, cosmografia, trigonometria, música, medidas e perspectiva, mas que não só foram pouco praticadas (com uma ou duas horas na semana) como estavam incluídas na classe de filosofia, sendo ensinadas, portanto, também nos moldes aristotélicos-dialéticos de ciência. Mesmo não tendo permanecido no *Ratio studiorum* de 1599, Mesnard considera importante essa tentativa de trazer para o plano dos colégios o estudo das matemáticas, pois ela foi justificada com base no prestígio científico desses saberes. O texto de 1586, citado por Mesnard, é o seguinte:

> [As matemáticas] ensinam aos poetas o nascimento e o ocaso dos astros; aos historiadores, a situação e as distâncias dos diversos lugares; aos filósofos, exemplos de demonstrações sólidas; aos políticos, métodos verdadeiramente admiráveis para conduzir os negócios no privado e na guerra; aos físicos, os modos e as diversidades dos movimentos celestes, da luz, das cores, dos corpos diáfanos, dos sons; aos metafísicos, o número das esferas e das inteligências; aos teólogos, as principais partes da criação divina; aos juristas e aos canonistas, o cômputo; sem falar dos serviços prestados pelo trabalho dos matemáticos ao Estado, à medicina, à navegação e à agricultura. Cumpre, pois, fazer esforços para que as matemáticas floresçam em nossos colégios assim como as outras disciplinas. (p. 92)

Ora, essa concepção nos põe na perspectiva de Mandrou, permitindo imaginar que os novos cientistas poderiam ter constituído os colégios como lugares de ensino da ciência positiva, reconhecida como importante elemento do mundo cultural. Volta a pergunta: por que isso não ocorreu?

Quem nos encaminha uma resposta instigante é E. Garin, ao dizer em *O filósofo e o mago* que o cientista dos séculos XV e XVI era ao mesmo tempo o filósofo, o sábio, o humanista e o mago do Renascimento. Homens de gênio universal, como Da Vinci, eram ainda artistas e artesãos, e, levando-se em conta o amplo espectro dos praticantes da cultura humanista, temos que incluir também os literatos, os moralistas, os livreiros, os editores e os educadores. Eles podem ser assimilados numa única figura porque, diz Garin, todos refletem criticamente sobre as próprias experiências e, além de teorizar, agem sobre o seu ambiente, desfazendo "os limites dos vários domínios do saber e do fazer". Conforme esse autor, a representação do cientista-investigador da realidade natural cobre um largo espectro de possibilidades de atuação – mais amplo ainda do que o entendimento de Mandrou e Delumeau, que veem o cientista evoluindo do humanista – mas sempre o constituindo com uma dupla face: a humanista, que exprimia pensamentos sobre a vida moral e social, e a do cientista-mago, que agia, operando por meio de manipulações maravilhosas para transformar o mundo.

Garin considera que a vertente mágica, mística e esotérica acompanhava o cientista-humanista-filósofo desde o período medieval, por conta das fontes árabes e hebraicas do novo aristotelismo naturalista, mas ela foi acentuada nos séculos XV e XVI pelos aportes das doutrinas platônicas, herméticas e cabalísticas que circularam intensamente no período. Aliás, ele perfilha entre os autores que representam os intelectuais do Renascimento abrindo-se aos elementos imaginários e fantásticos de outras doutrinas justamente porque o próprio Platão formara suas teorias a partir dessas vertentes esotéricas, que ensinavam os homens, desde os tempos imemoráveis, a refletir, a teorizar e a agir, formando uma concepção de ciência do mundo operativa e transformadora. As ideias platônicas que circulavam no *Quattrocento* e no *Cinquecento* diziam que o mundo natural e mundo espiritual tinham estruturas semelhantes, e sendo homólogas as suas partes constitutivas, o homem podia operá-los indistintamente, lendo, por exemplo, o seu destino nos astros e, inversamente, manipulando os elementos naturais em seu favor. A influência das doutrinas pitagóricas no pensamento de Platão, por sua vez, oferecia a base para que essas intervenções no macro e no microcosmo fossem expressadas na linguagem dos números. Foi ainda em meados do século XV que ocorreu a tradução de manuscritos trazidos do Oriente – chamados de herméticos, porque atribuídos a seguidores da divindade egípcia Thot, o deus da aprendizagem que os gregos identificavam como Hermes Trismegisto (o três vezes grande) –, contendo uma "revelação primordial" que teria originado tanto as concepções de Platão quanto as de Moisés [**Fig. 61**]. Os textos herméticos ensinavam que o homem era a encarnação do deus Anthropos e, em vista desses elementos divinos tornados parte da natureza humana, que ele podia não só atingir uma união íntima com Deus como atuar religiosamente sobre o universo mediante práticas iniciáticas e ocultistas de conhecimento, identificadas com a numerologia, a alquimia, a astrologia e a magia. Assim, tanto pela sua enunciação da natureza operativa do homem quanto pela concepção do conhecimento operatório como mistério, alcançável somente pelos iniciados depois de um longo período de estudo e experimentação realizado no privado, a doutrina hermética repercutia parte da mentalidade moderna do desejo do privado, o que ajuda a entender porque teve grande difusão no período, atraindo adeptos e simpatizantes insuspeitados [**Fig. 62**]. Quanto à Cabala judaica, sempre fora reconhecida como ciência esotérica do valor simbólico dos números, passada diretamente por Deus a Moisés e conservada pela tradição oral.

Quer pelas correntes do novo aristotelismo naturalista, da filosofia platônica e dos ensinamentos herméticos e cabalísticos, quer pela sensibilidade comum aos homens dos séculos XV e XVI de unir os mundos natural e o espiritual – Delumeau recupera da cultura popular da época o termo *sumpathéia* para designar essa atitude mental [**Fig. 63**] –, havia uma autorização para que o cientista se pusesse a conhecer o mundo da natureza e a agir, oculta mas livremente, sobre ele como senhor, interventor e criador, isto é, como sábio, sacerdote e mago.

Garin também flagrou uma representação dessa associação entre filosofia, humanismo, ciência e magia na própria obra dos pintores italianos do período. Ao retratar no seu quadro "Os Três Filósofos" (c. 1508-1510) [**Fig. 64**], os diferentes tipos de filósofos de linha aristotélica predominantes naqueles anos – o tomista dos escolásticos, o averroísta dos intérpretes árabes e o naturalista da Universidade de Pádua –, Giorgione desenhou debaixo um esboço que os representava como os Três Reis Magos, ou seja, os astrólogos que a tradição cristã popular associara ao nascimento de Cristo. Entretanto, a cena podia ser lida ainda com um outro significado: a figura do filósofo paduano, um jovem que segura alguns instrumentos de medida e olha para uma gruta escura, cabe no referencial platônico do filósofo intérprete do "mundo da caverna". De qualquer perspectiva, portanto, as imagens ligavam o cientista-filósofo às suas raízes mágicas e ocultistas, ampliando a marca da ciência-religião para abarcar os próprios naturalistas, vistos tradicionalmente como interpretando o mundo sem magia. Aliás, para a historiadora Frances Yates, que desenvolve as sugestões de Garin no seu *Giordano Bruno e a tradição hermética*, as ligações entre a ciência renascentista e a religião hermético-cabalística eram tão fortes, que ela refere todo o pensamento naturalista da Renascença até o século XVII sendo produzido nessa chave.[1]

Assim, se retomarmos neste enquadramento aquelas figuras da cultura erudita humanística-filosófica-científica que mencionamos anteriormente, ficam esclarecidas as suas ligações com as correntes místicas e esotéricas e explicadas as suas práticas científicas do conhecimento natural a partir da magia, da Cabala e do hermetismo. Marsílio Ficino, que vimos como a

---

[1] Cf. passagens dos textos herméticos nesse livro de Yates.

principal figura do grupo de humanistas reunidos na Academia Platônica de Careggi, foi também médico e adepto do hermetismo, cujos textos justamente traduziu por encomenda dos Médici de Florença. Pico della Mirandola, autor de um dos textos mais emblemáticos do humanismo – *O discurso sobre a dignidade humana* – era cabalista, hermético, astrólogo e praticante da magia branca. É nesse sentido que se pode entender a sua recomendação para que, além dos manuscritos antigos, todos lessem o "livro da natureza" pela observação direta dos sentidos, pois o homem reconectado ao mundo – após tantos séculos de transcendência! – podia situar-se como "aquele a quem foi dado ter o que desejar e ser o que quiser". Pico introduziu o humanista Reuchlin nas artes da Cabala, e este se tornou famoso tanto pela sua gramática do hebreu, usada por várias gerações de estudiosos da cultura antiga oriental, quanto pelo seu conhecimento dessa ciência esotérica. Paracelso foi médico hermetista, alquimista e mago; Peurbach, divulgador do humanismo e estudioso da astronomia e da trigonometria, foi astrólogo profissional; Cardano e seu contemporâneo Giordano Bruno (1548-1600), filósofo e divulgador da teoria copernicana do universo, foram seguidores da Cabala e de Raimundo Lúlio, o pensador medieval que propusera criar, pela prática da "arte dos números", toda uma nova natureza. Eles diziam que a essência das coisas era formada por "números de ouro", e quem os conhecesse seria capaz de criar, a partir deles, novas substâncias. Della Porta, no seu *Magia natural*, escrito para fazer "o levantamento de todo o processo da natureza", combinou as observações científicas com propostas de manipulações misteriosas, na linha da tradição hermética **[Fig. 65]**. John Dee foi alquimista, hermetista e defensor do ocultismo, e George Agrícola, alquimista, que se ocupou de estudos sobre a "pedra filosofal".[2] Telésio, Pomponazzi e Paracelso passaram a vida perambulando pelas cortes europeias, vendendo seus mapas astrais e fazendo as predições astrológicas que, de acordo com as concepções anímicas do mundo à época, permitiriam aos homens intervirem no mundo natural, fosse físico, humano ou social. E foi o caso até de Copérnico (1473-1543), que nos seus estudos astronômicos já utilizava o procedimento da reflexão indutiva, mas valendo-se de uma exigência mística de origem hermética e pitagórica: a aplicação do princípio da simplicidade ao cosmo. Foi essa regra que o levou a incluir a Terra entre os corpos celestes que se movimentavam perpetuamente em órbitas circulares

---

[2] Identificada com a pedra-coral: neste sentido, o retrato da menininha com seu colar de coral, pintado por Cuyp, que referimos no capítulo anterior, ganha ressonâncias herméticas e alquímicas insuspeitadas!

ao redor do Sol, e colocar a este na posição de novo centro do universo. É o que ele diz em *Das revoluções dos corpos celestes*, segundo citação de Ronan no seu livro sobre a ciência renascentista:

> Imóvel, no entanto, no meio de tudo está o sol. Pois nesse mais lindo templo, quem poria esse candeeiro em outro ou melhor lugar do que esse, do qual ele pode iluminar tudo ao mesmo tempo? Pois o sol não é inapropriadamente chamado, por alguns povos, de laterna do universo; de sua mente, por outros; e de seu governante, por outros ainda. O Três Vezes Grande [Hermes Trismegisto] chama-o de um deus visível, e Electra, de Sófocles, de onividente. (p. 68)

Também nas Academias Platônica e *Alto Mare*, entre outras, estudava-se tanto os manuscritos dos antigos filósofos quanto os textos ocultistas dos seguidores de Trismegisto. Ambas tinham, como finalidade, operar sobre o mundo conhecido pela razão humana e pelas ciências ocultas.[3]

Portador de uma concepção anímica do mundo e de uma prática mágico-operativa, o grande e multifacetado grupo composto de mágicos e místicos, bruxos, curandeiros, matemáticos, médicos, alquimistas, artistas, humanistas e filósofos pôde fazer o inventário do mundo vivo da época e acumular inovações nos saberes das artes *realis*, isto é, que tratavam do mundo real. Mandrou estabelece até uma gradação dos resultados, ao dizer que eles provocaram uma verdadeira revolução na produção de conhecimentos astronômicos e matemáticos (em especial na ciência algébrica), grandes progressos na botânica, na zoologia e nos conhecimentos geográficos, e alguns avanços na química e física. É interessante observar que essas diferenças correspondem à distância que esses saberes mantinham da filosofia nos programas escolares, ou seja, o que era estudado no antigo *quadrivium* (aritmética, geometria, harmonia e música) foi renovado antes porque estes saberes não pertenciam ao corpo da filosofia, mas ao das 7 artes liberais, ao passo que os conhecimentos naturais compunham a física natural, que integrava a filosofia ensinada nas universidades segundo a interpretação aristotélico-tomista, e eram portanto, mais estreitamente controlados pelos teólogos. Ao misturarem, porém, o conhecimento da influência dos astros, dos símbolos numéricos, das virtudes das plantas, das ervas e dos elementos da natureza, e se apresentarem como conhecedores das forças misteriosas que regulavam a vida do universo e capacitados para direcioná-las em benefício

---

[3] Cf. passagens de Paracelso, Della Porta e outros naturalistas em A. Dini, *La formazione intellettuale nel' 500*.

dos homens, esses humanistas-cientistas-ocultistas puseram também em destaque o caráter operatório do conhecimento que permitia a intervenção direta no mundo natural em nome de uma religião mais antiga do que o próprio cristianismo.[4]

Ora, isso os colégios não podiam aceitar. Constituídos a partir dos meados do século XVI no enquadramento das duas reformas religiosas,[5] os regulamentos dessas instituições prescreviam normas pedagógicas que eram também regras de vigilância, assegurando proteção institucional, pessoal e intelectual aos membros que respondessem com adesão e obediência às suas respectivas ortodoxias doutrinárias. A simples menção ao *Ratio studiorum* dos jesuítas, que apareceu no final do século XVI para regrar minuciosamente em seus colégios a organização dos estudos, o cotidiano dos alunos e professores e a pureza da doutrina, bastaria como exemplo para os católicos se não tivéssemos a impressionante declaração do padre Antonio Possevino, reitor do colégio de Bolonha, que escreveu em 1598, segundo transcrição de Garin em *L'educazione in Europa, 1400/1600*: "A eloquência e as ciências, conduzidas pelos religiosos como servas para a Fortaleza e a Cidadela de Deus, são finalmente como que escudos e palaveses para derrotar os inimigos que queriam assaltar a Igreja de Deus" (p. 204). Para os protestantes, J. Garrisson afirma que seus professores e regentes tinham mais liberdade que os católicos para escolher os autores lidos nas classes, mas eram estreitamente vigiados pelas autoridades da igreja da cidade e dos sínodos regionais e nacionais. Devendo ensinar a doutrina ortodoxa e os bons costumes, eram eles próprios constrangidos a uma conduta intelectual e moral impecável como testemunho de sua adesão ao calvinismo, sendo recompensados, sobretudo quando se ocupavam das classes mais adiantadas dos colégios, com a inclusão na *intelligentsia* europeia protestante. Daí a inibição das manifestações do saber científico positivo, que fica então circunscrito aos espaços esotéricos, no mundo, fora dos colégios: até fins do século XVII, os cientistas não eram professores de colégios, nem seus estudos faziam parte da cultura escolar.

---

[4] Cf. a nota de Codignola sobre Marsílio Ficino: "De fato, para Ficino, a religião cristã não é senão a continuação da *priscorum theologia*, da egípcia e da grega, em particular, isto é, um momento da evolução da religião universal, ainda que a sua legislação seja melhor do que todas as outras". (*Linee di storia dell'educazione e della pedagogia*, p. 206.)

[5] Esta marca histórico-cultural explica também porque as figuras do século XV, como Pico e Marsílio Ficino, tiveram opositores, mas também tantos seguidores, mesmo dentre os religiosos, ao passo que as do século XVI e XVII, como Giordano Bruno, foram perseguidas e condenadas por ambas as Igrejas.

Mas, quem sabe, apenas aparentemente, porque se Garin e Yates têm razão, de fato sempre estiveram aí, ocultos nos saberes humanísticos praticados nos colégios.

Século XVII: línguas, ciências e religião

Se, como lembra bem Garin ao concluir o seu estudo das figuras renascentistas, os cientistas do final do século XVI não compunham mais uma "minoria bizarra", eles não faziam, entretanto, a ciência moderna. Esta somente vai aparecer no século XVII, com os procedimentos racionais, isto é, hipotéticos e matematizados, apresentados por Galileu quando abandonou a imagem renascentista da natureza antromorfizada em favor do universo-máquina, e cortou a ligação entre ciência, religião, magia e ocultismo, instaurando o liame entre ciência positiva e matemática.

Francis Bacon (1561-1626) pode ser considerado um dos iniciadores dessa ciência moderna. Diferenciou-se dos cientistas ocultistas e naturalistas, pois via as descobertas que eles produziram mais como obra do acaso do que de uma investigação sistemática da natureza. Assim, propôs que o exame das coisas particulares fosse feito mediante uma outra regra de conhecimento, o método indutivo, baseado em novos procedimentos: em primeiro lugar, a observação e a experimentação controlada, pela qual se organizariam registros de observações sensoriais; em segundo, tomando como base os dados dessa "experimentação escriturada", a formulação de leis gerais, válidas para o conjunto de seres do mundo natural observados e extensíveis para outros conjuntos de seres análogos, não observados. No seu texto *O cientista*, P. Rossi acrescenta como outra marca de modernidade de Bacon a sua recusa do segredo e da prática iniciática dos cientistas-magos, e a adoção dos princípios da igualdade das inteligências e da acessibilidade do conhecimento para todos os homens. Rossi descobre em textos baconianos um retrato ideal do homem de ciência – maduro, tranquilo e sereno, compassivo e amigável, que discorre entre pares sentados em cadeiras ordenadamente dispostas e não em tribunas ou cátedras –, que pouco tem a ver com as figuras do "turbulento Paracelso ou do irrequieto e aventuroso Cornélio Agripa". E completa: "a aparência titânica do mago do Renascimento parece ter sido substituída por uma pacatez clássica e por uma atmosfera idênticas à das 'conversas' dos primeiros humanistas" (p. 245). É no *Nova Atlântida*, obra póstuma de Bacon, publicada em 1627, que encontramos essa visão da ciência operativa e dos sábios amadurecidos que buscavam "interpretar a natureza e produzir grandes e maravilhosas obras em benefício do homem", reunindo-se na Casa de Salomão para "separar pacientemente os elementos fundamentais da realidade dos que não o são, e procurar novas aplicações para eles". Para firmar, mais uma vez, essa marca de contraste com os cientistas do século anterior, podemos lembrar a figura de Leonardo da Vinci que, se de um lado tinha uma concepção de natureza que excluía as forças místicas, apresentava, de outro, aquela prática investigativa inquieta, dispersa, oculta e isolada, como notaram muito bem N. Abbagnano e A. Visalberghi em *História da pedagogia*, reproduzindo um dito de Leonardo: "Não ensines, e serás o único excelente" (v. 2, p. 316).

No entanto, uma outra corrente da historiografia vem revisando a produção de Bacon no interior da corrente científica ligada às religiões antigas, que continuava ativa a despeito da recusa ao passado que marcava o seu tempo histórico. Como muitos outros nomes de cientistas da primeira metade do século XVII, ele ainda teria sido levado ao estudo das coisas da natureza por influência da *magia naturalis*, isto é, dos conhecimentos cabalísticos, herméticos e alquímicos propagados pela Fraternidade Rosa-Cruz, "essa estranha mistura de magia e religião" como diz Ronan (*História ilustrada da ciência: da Renascença à Revolução Científica*, p. 72), que também se apoiava nos princípios da mente como espelho da natureza e do poder operatório do homem. Em *O Iluminismo Rosa-Cruz*, outro dos seus fascinantes livros, Yates precisa este movimento como uma manifestação cultural do começo do século XVII, na qual a tradição hermético-mágico-cabalística da Renascença recebeu os aportes da tradição hermético-alquimística, recolhidos por John Dee, matemático, filósofo e astrólogo da corte elisabetana, e por ele difundidos depois de 1583 no continente europeu. Na obra do filósofo-alquímico hamburguês H. Khunrath, *Amphitheatrum sapientiae aeternae* [*O anfiteatro da sabedoria eterna*], de 1595, vemos uma expressiva representação dessa concepção de ciência, sintetizada na figura do alquimista-religioso, surpreendido no seu laboratório em atitude de "profunda adoração", como diz Yates [**Fig. 66**]. Ela também chama a atenção para

> o altar, no qual constam símbolos cabalísticos e geométricos. À direita, vê-se uma grande forno com todo o aparelhamento para o trabalho de um alquimista. No centro, instrumentos musicais estão empilhados sobre uma mesa. E a composição no conjunto está num *hall*, desenhada com toda a perícia de um perspectivista moderno, demonstrando o conhecimento daquelas artes matemáticas que se harmonizavam com a arquitetura da Renascença. (p. 62)

É nesse enquadramento que se explica o aparecimento, na Alemanha, em 1614 e 1615, de dois Manifestos assinados por um certo Irmão R. C., relatando a criação de uma sociedade de sábios-religiosos que operariam uma "iluminação científica" em benefício da humanidade.[6] É notável que na representação pictórica que ficou associada aos Rosa-Cruzes, cheia de elementos da simbologia hermética [Fig. 67a], a Fraternidade seja designada como Colégio Invisível, remetendo ao termo que também nomeava as instituições dedicadas ao ensino e à aprendizagem da época, o colégio (*co-legere*) do século XVI, no qual se fazia o estudo coletivo dos vários saberes, e àquele que a diferenciava delas, pelo segredo e a iniciação científica não visíveis. Yates lê justamente a *Nova Atlântida* como uma adaptação dos temas rosacrucianos, pela característica sobrenatural da sociedade nele descrita e pela atividade invisível, isto é, secreta, dos seus dirigentes como "negociantes da luz". Diz ela que "embora o nome Rosa-Cruz não seja mencionado em nenhuma parte por Bacon na *New Atlantis*, é mais do que evidente que ele conhecia a ficção da Rosa-Cruz e estava adaptando-a à sua própria parábola" (p. 172). Aceitando a posição dessa autora sobre o peso da ciência religiosa no século XVII, P. Rossi pôde também destacar que Bacon emergiu da tradição hermético-cabalista da Renascença e, a despeito da polêmica que travou com a magia, em especial contra a tradição alquímica, foi fortemente condicionado pela sua linguagem e pelos seus modelos.[7] A não adesão da parte de Bacon ao conhecimento sigiloso defendido pela Irmandade, por sua vez, é explicada por Yates como uma cautela dele para que sua ciência não fosse confundida com práticas de feitiçaria; da mesma maneira, sua ciência operativa prescindiu da expressão matemática porque esse conhecimento estava associado na Inglaterra à figura de Dee, que, se de um lado propôs aplicações práticas na engenharia militar e civil e foi

---

[6] O livro de Yates citado reproduz o texto dos dois manifestos: *Fama Fraternitatis* e *Confessio Fraternitatis*. Evidentemente, ela não confunde o fato histórico e cultural da difusão e recepção das doutrinas rosacrucianas com os supostos acontecimentos relacionados à Irmandade.

[7] Cf. as passagens de Rossi: "As orlas da tapeçaria que foi tecida por magos e alquimistas na época do renascimento sobrepõem-se em muitos aspectos ao tecido da ciência e da técnica moderna. A tradição hermética não desapareceu na primeira metade do século XVII. [...] A imagem do desvio positivista de uma marcha triunfal do saber científico através das superstições da magia parece hoje definitivamente ultrapassada. Devido a uma série de estudos importantes (Eugenio Garin, Walter Pagel, Frances Yates, Allen Debus, D.P.Walker, Paolo Zambelli, Charles Webster) apercebemo-nos, cada vez com maior clareza, do peso relevante que a tradição mágico-hermética exerceu sobre muitos dos expoentes da revolução científica. [...] [Bacon] fala de `percepções´, `desejos´, `aversões´ da matéria e, na sua concepção das formas (ponto central da sua física), é fortemente condicionado pela linguagem e pelos modelos da tradição alquimista. Quando aceita a tese de que o fogo possa fazer aparecer substâncias não preexistentes, quando se detém nas dificuldades que derivam da `introdução contemporânea de muitas naturezas num só corpo´, move-se dentro de um tipo de problemas tipicamente alquimista". (p. 234-35)

consultor de companhias de comércio e navegação durante o reinado de Elisabeth I; de outro, era também – como filósofo e cientista do tipo gariniano – adepto do hermetismo-cabalista e da alquimia e tinha uma concepção mágico-religiosa das ciências dos números.

De qualquer modo, pondo ênfase no sentido operativo e produtivo, e simultaneamente, crítico do secretismo, da ciência de Bacon, podemos considerar o seu pensamento como ativo na história da educação, trazendo alguma mudança para a história institucional dos colégios de humanidades. Nessa linha, Christopher Hill mostrou que Bacon foi guia de ação religiosa, política e pedagógica para a sociedade ocidental do século XVII e, em particular, para os envolvidos no movimento da Revolução Puritana que agitou a Inglaterra entre 1640 e 1660. Em suas obras *Origens intelectuais da Revolução Inglesa* e *O mundo de ponta-cabeça*, Hill analisa a influência de Bacon tanto sobre os parlamentares quanto sobre os protestantes radicais que dela participaram. Os primeiros encontraram apoio na ideia baconiana de leis regendo a vida natural, para fazer oposição à monarquia absolutista e reivindicar o livre comércio para os burgueses. Os puritanos, por sua vez, queriam "virar o mundo de ponta cabeça", propondo a "religião do coração" contra a teologia acadêmica da Igreja Anglicana, a abolição dos segredos das corporações para que todos tivessem acesso aos ofícios, e a criação de escolas de língua vernácula e ciências matemáticas e naturais, abertas a alunos das várias camadas sociais. Eles ouviram Bacon dizer que o homem podia mudar o mundo, que ele era livre e digno, não estando condenado ao fardo do trabalho brutal, à condição de despossuído, sujeito ao controle do clero, e – porque enunciava a igualdade das consciências para aprender – que a ciência operativa estava ao alcance dos homens comuns por meio do trabalho cooperativo. A reivindicação dos *quakers* de uma escola em comum para meninos e meninas, até os 18 anos, que ensinasse o vernáculo e as ciências da realidade concreta foi realizada quando Hartlib, Dury, Milton, Petty, Woodward e outros líderes do movimento revolucionário transformaram um antigo colégio de humanidades, localizado em Chelsea, em uma escola onde se ensinavam medicina, mecânica, ótica, anatomia, química e outras ciências naturais e exatas. Manacorda fala ainda em escolas profissionais que eles criaram: de navegação, de comércio e de matemáticas. A restauração dos Stuart porá fim a essas iniciativas, mas a sociedade científica que o grupo organizou, em 1660, para fomentar a nova filosofia experimental de inspiração baconiana, viria a originar a *Royal Society* (Sociedade Real de Ciências), patrocinada pela coroa inglesa desde 1662.

Yates insiste que essas instituições inglesas se filiavam ao movimento da Fraternidade, reconhecendo como outro dos emblemas rosacrucianos a figura do anjo que sopra uma trombeta – e sob cujas asas se abriga Bacon –, que aparece em uma gravura de 1667 sobre a Sociedade Real [Fig. 67b], indicando que esta era a realização concreta do Colégio Invisível projetado pela Irmandade. Rossi também aceita que havia nelas práticas iniciáticas de transmissão de conhecimento que uniam, pela magia, a Cabala e a alquimia, os cientistas dos meados do século XVII aos sábios renascentistas. No entanto, prefere acentuar uma outra vertente delas, a do conhecimento partilhado, lembrando que não apenas as atas das reuniões das Academias podiam ser consultadas por todos os interessados, e os estudiosos diletantes tinham o direito, tanto quanto cientistas famosos como Newton, de se inscreverem como sócios, como, ainda, que as escolas dos puritanos que ensinavam ciências exatas e naturais foram abertas para todas as camadas da sociedade. Para reforçar a novidade dessa postura, Rossi a contrasta com o isolamento dos colégios de humanidades ligados às tradicionais Universidades de Oxford e de Cambridge, exceção feita ao *Gresham College*, de Londres, fundado em 1596, que tinha interesses científicos e utilitários, ou seja, operativos. Nesse colégio, três dos seus sete cursos eram reservados às ciências, e o professor de astronomia devia ensinar também as artes da navegação. Sabemos ainda que o professor de geometria do colégio, Henry Briggs, tinha interesses comerciais e foi – como Dee – consultor de empresas de navegação. Diz Rossi: "Em 1663, circulava em Londres esta *Balada do Gresham College*, associação fundada por um grupo de amigos: 'De agora em diante o Gresham College/será a universidade do mundo inteiro/Oxford e Cambridge provocam o riso,/a sua doutrina é só pedantismo'." (p. 234)

Olhando a gravura de 1620 do *St. Paul's College*, a multissecular escola da catedral londrina transformada nos primeiros anos do século XVI em escola de humanidades por Colet [Fig. 68], podemos encontrar uma excepcional representação de uma das práticas de ensino da época, pela qual os alunos ouvem a exposição do professor em companhia de familiares, professores e membros da realeza. Entre solene e festivo, esse ato pedagógico, usual nos colégios de humanidades, deve mesmo ter parecido absolutamente inadequado – uma expressão de ridícula pedantaria, diriam Erasmo e Montaigne – à imaginação científica operativa dos comerciantes ingleses. Mas a imagem ganha força conotativa ao indicar também o ponto de vista sob o qual ela foi concebida: o das mensagens rosacrucianas, pois traz, acima do edifício, o Nome Divino, uma das figuras-símbolo desse movimento. O todo é, certamente, no enquadramento histórico, um libelo contra os jesuítas, já então paradigmaticamente associados ao ensino das humanidades e simultaneamente à oposição ao predomínio protestante na Europa.

Assim, embora a concepção baconiana de mente fosse ainda passiva e ele próprio pouco tivesse se manifestado a respeito da educação escolar como tarefa do Colégio Invisível da Fraternidade, ele concorreu, pela adesão a essa via de reforma do conhecimento, para trazer as ciências da realidade para os colégios. A influência de seu pensamento esteve de fato em ação na Inglaterra, uma geração depois, naqueles anos dos meados do século XVII em que Samuel Hartlib (1600-1670), John Dury (1596-1680) e William Petty (1623-1687) escreveriam sobre a necessidade de o poder público – e não mais as famílias – assumir o encargo de escolas nas quais o professor enfatizasse as experiências concretas, começando a ensinar pelos sentidos e não pelos textos, e produziriam eles próprios livros escolares que ofereciam "lições de coisas reais"; anos em que o poeta John Milton (1608-1674) faria seus alunos lerem textos que versavam sobre assuntos práticos e científicos; e em que H. Woodward (1590-1675) proclamaria que todas as crianças deviam estudar o mundo natural que as cercava para buscar os seus significados intelectuais e morais.

É importante, porém, considerar que essas ideias circulavam segundo as diversas apropriações feitas pelos seguidores de Bacon, pois esses ingleses, defensores da educação científica e prática no século XVII, eram também humanistas, no sentido de que viam a experiência sensível implicando o domínio das palavras eruditas, e propunham, simultaneamente ao estudo da natureza, o da língua materna seguida do latim e do grego. Outro integrante do círculo dos baconianos foi Comenius (1592-1670), que esteve em Londres em 1641 à convite de Hartlib, para colaborar na obra educacional que este desenvolvia no contexto do movimento revolucionário. Sua proposta, embora também tentasse uma concretização do movimento rosacruciano, não teve, ao que parece, exatamente as mesmas marcas daquele grupo. Tendo em vista suas posições profundamente religiosas, místicas e milenaristas, provenientes diretamente de uma das mais antigas tradições reformadas da Europa, a de J. Huss, Comenius partilhou com os baconianos a vertente do conhecimento concebido misticamente como a "luz do mundo", mas não a característica revolucionária que os ingleses trouxeram, de planejar uma educação com conteúdos científicos ligados à produção técnica para a sociedade capitalista. Manacorda é um dos autores que enfatizam, como o maior móvel de Comenius, a crença religiosa na próxima volta de Cristo à terra e seu "reino de mil anos", para o qual os homens deveriam se preparar por meio do domínio de um saber universal. É por ter percebido os temas "incontrolavelmente utópicos e milenaristas de seu pensamento", que ele apresenta Comenius como distante dos "revolucionários ingleses da nova burguesia" (p. 220). Mandrou e Yates também não veem Comenius partilhando a concepção operativa de ciência de Bacon; aliás, para Yates, é Bacon quem está unido a Comenius, pela concepção de ciência religiosa hermético-cabalista e alquímica que ambos partilharam. Concordamos com eles e vamos argumentar nessa linha, a qual oferece uma baliza para apreciar a contribuição comeniana de agregar as ciências naturais e exatas à cultura escolar dos colégios do Seiscentos.

Comenius foi membro e líder do grupo dos Irmãos Morávios, uma das seitas mais rígidas e dogmáticas que brotaram do movimento hussita. Distinguiu-se por seus traços de pacifismo, piedade profunda, vida austera, adesão estrita às Sagradas Escrituras e ação política de valorização da cultura popular da Boêmia, sua terra natal, vividos em meio a uma trajetória de perseguições e exílios. Nesse sentido, representa exemplarmente a figura daquele intelectual atormentado que Mandrou definiu para os séculos XVI e XVII.

Historicamente, Comenius está situado nos acontecimentos que levaram a ele e a seus conterrâneos, num esforço político anti-habsburgo-jesuíta, como diz Yates, a fazer do Eleitor do Palatinado do Reno, Frederico V, rei da Boêmia e campeão da Europa protestante, aventura que precipitaria o continente europeu no abismo da Guerra dos Trinta Anos (1618-1638). No seu livro *O Iluminismo Rosa-Cruz*, que trata justamente o movimento rosacruciano como matriz ideológica e cultural desses episódios, Yates aponta que, na sua juventude de estudante da Universidade de Heidelberg, capital do Palatinado, Comenius conheceu e aderiu ao pensamento utópico de Valentim Andreä (1586-1654), identificado como fundador e mentor do movimento Rosa-Cruz. Como inúmeros outros intelectuais de seu tempo, Andreä continuava ligado à secular crença do homem como microcosmo, e portanto, podendo conhecer e agir sobre o macrocosmo. Foi essa concepção que ele propôs nos Manifestos, escritos na linguagem simbólica e alegórica da literatura hermética, cabalística e alquímica da época, levando à sua ampla aceitação nos meios eruditos para fins de renovação religiosa, política, cultural e pedagógica da sociedade europeia dilacerada pelas lutas religiosas.[8] Quando estudante de teologia na Universidade de

---

[8] Segundo Yates, Andreä também escreveu em 1616 *The Chemical Wedding* [*As núpcias químicas*], contendo referências aos manifestos de 1614 e 1615 e ao Eleitor do Palatinado e sua corte em Heidelberg, texto que ela vê como "o clímax do mito rosacruciano" (p. 100). Comenius matriculou-se na universidade de Heidelberg em 1613.

Herborn, Comenius também foi aluno de Piscator e J. H. Alsted (1588-1638), partidários de doutrinas milenaristas[9] e enciclopedistas, as quais associou ao seu misticismo morávio e rosacruciano. R. Nunes, no seu *História da Educação no século XVII*, relembra uma exemplar manifestação das ideias milenaristas de Alsted, quando este fala da escola como parte da quadriga que deve conduzir o gênero humano para a redenção, ao lado da família, da igreja e do estado, certamente numa contraposição aos Quatro Cavaleiros do Apocalipse (a miséria, a fome, a peste e a guerra), que aniquilavam a humanidade e prenunciavam a segunda vinda do Cristo, prevista para o ano de 1694. Para E. Garin, no seu texto *L'educazione in Europa, 1400-1600*, o ensinamento mais importante que Comenius aprendeu com Alsted – editor dos textos de Giordano Bruno e autor de uma *Arte didática*, na qual ensinava um procedimento mnemônico de classificar os conhecimentos de todas as ciências – foi a necessidade da ordem e do método: "a ordem, que é a alma do mundo e da sociedade – disse Alsted na sua *Enciclopédia* de 1630 – é também a ordem dos estudos: sem ordem não se ensina e não se aprende" (p. 225). Comenius foi influenciado ainda pela leitura de W. Ratke (1571-1635), que depois de uma viagem a Inglaterra, onde ouvira lições de Bacon, apresentou no seu *Método novo*, editado em 1627, uma proposta de ensino da língua latina segundo a ordem da natureza, isto é, pelo procedimento indutivo, partindo dos exemplos para as regras abstratas, e não, como se fazia nos colégios dos jesuítas ou propunha Alsted, memorizando as regras com a ajuda da arte mnemônica, seguidas dos exemplos.[10] Podemos então dizer que, tanto quanto a experiência do exílio sem fim e o componente místico e esotérico da religiosidade, o desejo de reforma do saber com método e ordem foram parte do quadro mental da primeira metade do século XVII, e Comenius os teve como referências ao longo de sua vida.

Essa complexa rede de influências – da qual a bibliografia procura dar conta, acentuando ora um aspecto, ora outro, segundo os seus pontos de vista –, sustentou a prática intelectual e pedagógica de Comenius. O. Cauly (*Comenius: o pai da pedagogia moderna*) explicita as bases teológicas, analisando-as em termos de corrupção e regeneração. O mundo aparece à primeira vista a Comenius como um labirinto obscuro e corrompido; mas ele confia no poder da natureza humana que permite a qualquer homem interpretar o mundo e encontrar nele não só a imagem divina – contrapondo-se ao "Deus

---

[9] Sobre o milenarismo e suas diferenças da utopia, cf. o texto de J. Servier, *Histoire de l'utopie*.

[10] Sobre a importância da mnemônica como arte operatória para os jesuítas, ver o livro de J. Spence, *O Palácio da Memória de Matteo Ricci*.

escondido" dos franceses do período –, como a sua própria condição original, isto é, a de homem do Paraíso, que tinha um coração humilde e estava unido ao Criador. Para achar o caminho da salvação nesse mundo labiríntico e tornar-se um Adão revivido – o milenarismo moraviano concordava sobre o tempo próximo desse encontro terreno –, o homem precisava preparar-se ao longo de todo o ciclo da sua vida, do colo materno até a morte, já que o homem comeniano cumpre cabalisticamente sete idades: primeira infância, infância, adolescência, juventude, maturidade, velhice e morte. Como isso seria possível? Comenius responde: adquirindo um saber universal (*pansofia*), no qual todos os conhecimentos morais, literários e naturais (ou científicos) fossem reconhecidos também como sobrenaturais e, no inverso, as verdades reveladas da Bíblia, interpretadas literalmente, fossem também fonte de conhecimento natural. Assim, a partir dessas referências – que o distinguem neste ponto de Bacon, que queria a separação entre teologia cristã e filosofia –, Comenius elaborou um método capaz de recolher e expor, de forma ordenada e classificada, todos os conhecimentos já acumulados pela humanidade, de modo a torná-los disponíveis e compartilhados entre todos os homens, enquanto caminho de salvação eterna. Como ele disse na sua *Didática magna*:

> Que esta vida, uma vez que tende para outra, não é vida (falando com rigor), mas um proêmio da vida verdadeira e que durará para sempre, tornar-se-á evidente, primeiro, pelo testemunho de nós mesmos; segundo, pelo testemunho do mundo; e, finalmente, pelo testemunho da Sagrada Escritura. [...]
>
> Daqui se segue que os autênticos requisitos do homem são: 1. que tenha conhecimento de todas as coisas; 2. que seja capaz de dominar as coisas e a si mesmo; 3. que se dirija a si e todas as coisas para Deus, fonte de tudo. (p. 89, 97)

Para Yates, que interpreta Comenius na linha da tradição iluminada da magia, da Cabala e do hermetismo, foi o "furor rosacruciano" da restauração da religião, das artes e das ciências em benefício da humanidade que o impeliu a agir, acumulando e difundido conhecimentos. Quando todos os exemplos e normas do saber estivessem reunidos, a Ciência das Ciências seria ultimada e posta em circulação pelos livros universais, ou seja, os manuais de educação, e pelas escolas pansóficas, da sabedoria universal, para preparar a segunda vinda do Messias. Acentuando essa marca da acumulação – e não da aplicação, no sentido baconiano – Mandrou nomeia Comenius como propositor da via enciclopédica da investigação científica do século XVII; Manacorda, por sua vez, destaca a mística e religiosa, e por isso o separa dos baconianos ingleses, práticos e operativos.

Nessa mesma perspectiva, P. Rossi, por sua vez, ajuda a entender por que Comenius, embora partindo – pelo fundamento macromicrocósmico da sua mentalidade – da prática da observação da natureza na construção do saber universal, não usava o método experimental e operativo. Segundo o autor, Comenius, movido pela visão religiosa do mundo e pelo componente místico e ascético de sua mentalidade, adotou dois outros procedimentos: a analogia, o tradicional meio de manifestação da religiosidade profética que permite "ver com os olhos da mente" o que está na natureza, pois tudo, todo o universo, integra o Uno (Deus); e o procedimento natural de conhecimento, o qual, reproduzindo o caminho ordenado e graduado da natureza, que procede por etapas, sem saltos, sem rupturas, possibilita ir das coisas sensíveis à representação espiritual. Ou seja: na passagem pelo labirinto do mundo, é preciso tomar como guias a palavra dos profetas e a própria mente infantil, a qual Comenius representava passando naturalmente, no seu desenvolvimento, da percepção sensível à compreensão das coisas do cotidiano e, na sequência, ao domínio dos conceitos científicos e morais, num processo ordenado e gradual que vem do seu interior, da sua natureza macromicrocósmica. Para Rossi, Comenius foi um homem-profeta, não um mago, porque a matriz reformada de seu pensamento impedia a manifestação da magia renascentista. Com essa linha da analogia profética, ele se afasta do saber mágico e operativo de Bacon, a outra via de acesso ao conhecimento do mundo. No entanto, Comenius segue Bacon quando afirma o caráter não iniciático do conhecimento, a possibilidade de ensinar tudo a todos, indicando aceitar a noção de igualdade das inteligências como suporte da humana, ou seja, natural, capacidade de aprender a interpretar o mundo. Yates acrescenta ainda, como um terceiro procedimento metodológico, a conversação com os anjos, que lhe veio de Dee, grande angeólogo, através dos rosa-cruzes. Ainda que não citadas pela bibliografia, referências ao "poder instrutivo dos anjos" aparecem em vários textos de Comenius: nas páginas iniciais do *Didatica Magna* ele fala nos "anjos custódios" que guiam e protegem as crianças (p. 67), sendo, portanto, também fonte de conhecimento natural!

Yates nos permite comprovar também pelas imagens a ligação entre os elementos do pensamento comeniano que apontamos – proceder seguindo as pegadas da natureza; ordem natural, isto é, sem violência; profetismo; angeologia – e suas matrizes rosacrucianas, ao mostrar que eles estavam presentes simultaneamente em obras da Fraternidade e em textos que ele próprio escreveu. O ideal da fraternidade universal subjaz à divisa que abre a publicação das obras completas de Comenius, publicadas em 1657; anjos e rosas (símbolos rosacruzes) protegendo um leãozinho (identificado com Frederico V) podem ser vistos em uma gravura do livro *Lux in tenebris* [*Luz nas Trevas*], prefaciado e publicado por Comenius nesse mesmo ano, contendo manifestações de três profetas coetâneos [Figs. 69a e 69b]. Os temas da ordem natural e do mundo micromacrocósmico, por sua vez, aparecem também nos emblemas das obras *Utriusque Cosmi Historia* [*História dos Dois Mundos*], de R. Fludd, e *Atalanta fugiens*, de M. Maier, publicadas respectivamente em 1618 e 1619, autores que defendem a reforma das ciências na linha do hermetismo, da Cabala e da alquimia, com o sentido religioso, místico e esotérico da Fraternidade [Figs. 70a e 70b].

Quando aplicados à instituição escolar – cuja frequência é aceita e enfatizada por Comenius na linha de Alsted, isto é, como imprescindível para a formação das quatro primeiras idades do homem (da primeira infância à juventude), pois sem educação escolar este não poderia tornar-se homem adâmico –, os dois princípios metodológicos da analogia profética e da obediência aos passos da natureza constituem-se como procedimentos escolares, ou "arte didática", como os chamava Ratke.[11] É procedendo gradual e ordenadamente, do mais simples para o mais complexo, do próximo para o remoto, do mais fácil para o mais difícil, isto é, das figuras que traduzem as coisas para os "vocábulos que são os seus signos"; é ensinando nas classes dos seus colégios a enciclopédia de todos os conhecimentos – das línguas, das ciências e das artes – já acumulados e sistematizados "em gêneros e espécies"; é imprimindo na mente de todas as crianças as estruturas homólogas do mundo natural e da mente humana-espelho do mundo por meio de atividades e exercícios, constantemente repetidos e aprofundados, de análise, síntese e analogia com animais e plantas; é assim que a escola comeniana será capaz de ensinar para todos o saber

---

[11] Vale a pena reproduzir os aforismos de Ratke, para efeito de sua ligação com Comenius. Citamos de Nunes: "1. É preciso seguir em tudo a ordem da natureza. 2. Convém fazer apenas uma coisa de cada vez. 3. É preciso repetir muitas vezes a mesma coisa. 4. É preciso começar pela língua materna. 5. Deve-se fazer tudo sem coação. 6. Nada se deve aprender de cor. 7. É preciso proporcionar às crianças frequentes recreações. 8. É preciso uniformidade e harmonia em todas as coisas. 9. É necessário primeiro mostrar a própria coisa, antes de ensinar o seu modo de ser. No estudo da língua, primeiro aprender o vocabulário através da leitura de um autor e, depois, a gramática. 10. Tudo deve ser aprendido através da experiência e da indução" (p. 40). O texto de G. Snyders, *Os séculos XVII e XVIII*, explicita muito bem a relação entre os dois pedagogos.

pansófico (elaborado pelos sábios-religiosos da Fraternidade Rosa-Cruz), que salvará a humanidade.

Nesse sentido, pode-se dizer que Comenius também escolarizava o homem (e a sociedade), concorrendo para a manutenção da forma escolar colegial de educação. Mesmo se desautoriza os modelos escolásticos (medievais) e retóricos (humanísticos), sua escola pansófica ou enciclopédica é aquela que tem, como as demais do seu tempo, procedimentos articulados e progressivamente ordenados, com um único professor para cada grupo de alunos, um único livro para cada ciência, um único tipo de atividade para cada classe (já vimos no capítulo anterior, a gravura representando uma sala de aula que Comenius usou na edição de 1657 da suas obras). Ao mesmo tempo, sua escola é também, como diz Garin, "o ponto em que se ultrapassa o ideal dos *studia humanitatis*" (p. 238), pois não é apenas uma alternativa aos colégios tradicionais de humanidades, mas uma nova proposição que introduz abertamente as ciências como saber e como método para atingir a Unidade. A ordem correta na educação escolar, aquela que organiza os conteúdos, os procedimentos e a seriação das classes, é seguida quando, primeiramente, os sentidos são exercitados; depois a memória pela imaginação; depois o entendimento pela indução das leis gerais a partir dos fatos particulares; e finalmente, o juízo sobre esses conhecimentos. Enfim, quando se ensina primeiro as ciências positivas, e depois, as das palavras, formando a inteligência antes da língua. Como Comenius diz na *Didatica magna:*

> qualquer língua, ciência e arte se ensine: primeiro, por meio de rudimentos muito simples, para que se apreenda o seu plano geral; depois, mais completamente por meio de regras e exemplos; em terceiro lugar, por meio de sistemas completos, a que se acrescentam as irregularidades; finalmente, se isso for necessário, por meio de comentários. Efetivamente, quem aprende uma coisa a partir dos seus fundamentos, já não tem necessidade de comentários, pois poderá, pouco depois, comentá-lo por si mesmo. (p. 221)

Costuma ser enfatizado que Comenius viveu toda a sua vida em dramáticas condições, sem estabilidade e sendo alvo constante, pela sua religiosidade mística e milenarista, das investidas dos poderes religiosos e políticos constituídos. Embora tivesse sido convidado para reformar os sistemas escolares de diversos países, além da Inglaterra, nunca pôde levar a termo a organização pansófica: mesmo na escola-modelo de Sárospatak, na Hungria, que manteve entre 1651 e 1654, conseguiu instalar apenas as classes iniciais, que ele denominava, na sua linguagem tão carregada de simbolismos, de "porta", "vestíbulo" e "átrio", referindo-as como os espaços que davam entrada ao Templo da ciência universal. Essa visão é correta e não pode ser minimizada. Contudo, talvez tenha sido intencional, em Comenius, a concretização do modelo pansófico também por outros meios: os textos didáticos. Seguindo a tradição reformada – para a qual os livros eram mais importantes do que as palavras –, ele tinha muita confiança na pedagogia do impresso para a disseminação do saber universal, e se Yates tem razão nas suas hipóteses, os ideais da Fraternidade Rosa-Cruz também o incentivavam a atuar nessa linha. Comenius deixou registradas estas ideias em pelo menos duas de suas obras. No *Sermo secretis* de 1651, escrito naquela cidade, ele disse, segundo transcrição de Garin:

> A luz pansófica é apta para difundir-se sobre todas as coisas, todas as mentes, todas as línguas, expulsando as trevas de qualquer lugar. As lâmpadas, recipientes e alimentadores desta luz, são os livros universais, capazes de difundir em qualquer lugar a luz universal, ao passo que as escolas comuns, não só da maior parte dos reinos da Europa, mas de todos os lugares, cuidam muito mal destes candelabros e destas lâmpadas, ao passo que a própria força dos fatos demanda homens portadores de luz (*Fosfori e Luciferi*), membros do Colégio da Luz, heroica seita, reformadora e beatificadora do mundo. (p. 240)

Na própria *Didatica magna* ele também destacou que, dentre os meios para pôr em execução a reforma das escolas, os mais importantes eram os textos pansóficos, compostos pelo "colégio de doutos":

> Uma só coisa é de extraordinária importância, pois, se ela falta, pode tornar-se inútil toda a máquina, ou se está presente, pode pô-la toda em movimento: uma provisão suficiente de livros pan-metódicos. [...] Portanto, o ponto central de toda esta questão está na preparação de livros pan-metódicos. E esta preparação depende da constituição de uma sociedade de homens doutos, hábeis, ardorosos para o trabalho, associados para levar a bom termo uma empresa tão santa, e nela colaborando, cada um segundo os seus meios. Mas esta empresa não pode ser obra de um só homem [...]. É necessária, portanto, uma sociedade de pessoas escolhidas [...]. (p. 469)

Fazendo a sua parte, Comenius compôs em 1631, para o ensino da língua latina, a *Janua linguarum reserata* [*Porta aberta das línguas*], uma cartilha contendo oito mil palavras arranjadas em 1.200 frases sobre todos os assuntos familiares ao mundo infantil, e dispostas em colunas paralelas em latim e na língua vernácula; e para o ensino das ciências, em 1651, o *Orbis sensualium pictus* [*O mundo em imagens*], cujos textos descreviam gravuras que representavam todas as coisas e artes do mundo, para que se imprimissem na imaginação das crianças por intermédio dos olhos. Garin assinala a importância de tal iniciativa ao dizer que, mesmo sendo a prática da correspondência língua latina/língua vernácula bastante comum nos meados do século – entre outras, uma versão em oito línguas, realizada pelos jesuítas de Salamanca já era usada em muitos colégios em torno de 1630 –, no confronto com essa produção o princípio dos textos de Comenius é novo: neles, tudo deve ser oferecido aos sentidos pela presença das imagens das coisas, às quais se associam os textos que as descrevem. De fato, são as figuras representando as coisas – colocadas ordenadamente no alto ou à esquerda das páginas – que atraem o olhar por primeiro, antes do que os seus nomes [**Fig. 71**]. A historiografia da educação tem acentuado esse ponto como a proposição inovadora do método natural em pedagogia, e com razão, pois Comenius proporcionou às crianças – pela representação das coisas – uma via de acesso mais direta ao mundo real. Contudo, ele está enquadrado nos movimentos mais gerais do seu tempo, e seus procedimentos têm também outras dimensões tradicionais: religiosa, esotérica, enciclopédica.

SABERES ESCOLARES NA ESCOLA PANSÓFICA
Fonte: Fr. Eby, *História da Educação Moderna*

Primeira infância (0-6 anos): escola do colo materno – balbucio, palavras simples, desenvolvimento dos sentidos e dos primeiros conceitos.

Infância (6-12 anos): escola da língua materna – leitura e escrita do vernáculo, aritmética, medidas, canto, história e cosmografia, princípios das artes mecânicas, moralidade e religião.

Adolescência (12-18 anos): escola latina – uma língua moderna, latim, grego e hebraico, filosofia natural, matemáticas, física, ética, dialética e retórica.

Juventude (18-24 anos): universidade – especialização (teologia, medicina, direito, magistério e política), viagens.

Século XVIII: enciclopedismo e burguesia

Escolas secundárias de currículo enciclopédico foram criadas por toda a parte, na Europa, desde os meados do século XVII: apesar da queixa de Comenius sobre as "escolas comuns", algumas delas já vinham constituindo, como ele propunha, as novas ciências reais e os procedimentos naturais ou indutivos como parte da sua cultura escolar, ao lado das ciências das palavras e seus procedimento filológico-históricos. No seu livro *História da Educação Moderna*, Fr. Eby relata como bem-sucedida, por exemplo, a atuação de educadores alemães, como Kromayer (1576-1643), que seguindo os princípios de Ratke reorganizou em 1619 as escolas do ducado de Weimar. Também

Andreas Reyher e Evenius, a pedido do duque Ernesto, o Piedoso, reformaram em 1640 as escolas do principado de Saxe-Gotha, implantando na linha de Ratke e Comenius escolas para meninos e meninas com as seguintes marcas: ensino em língua materna; frequência obrigatória e controlada; extensão do período letivo para o ano todo, exceto no período da colheita; supervisão das atividades escolares pelo Estado; disciplina branda, sem castigos violentos; divisão dos alunos em duas classes graduadas; e o estudo de "ciências úteis e coisas da natureza". Para realizar esse ensino científico, os professores foram instruídos a valorizar a percepção direta das coisas, ou de representações figuradas nos livros, e a estimular o interesse das crianças mediante a autoatividade e a observação da natureza nas lições sobre clima, fenômenos naturais, geologia, botânica, história natural e sobre o corpo e a alma humanos. Prescreveu-se também que toda escola tivesse "uma régua, um círculo, uma pena, dois ou mais novelos de barbante, um compasso, e seis pesos", para as práticas intuitivas de iniciação científica (p. 149).

Talvez essas escolas citadas não fossem de fato tão "comuns" assim, e até repercutissem a doutrina pansófica – e de resto a sua matriz rosacruciana –, no sentido de propagar a luz universal e a via do conhecimento científico enciclopédico e piedoso. Temos pistas nesse sentido: sabemos que Ernesto era filho de Doroteia, a duquesa de Weimar que, na década de 1610, tinha acolhido Ratke em sua corte e encomendado a reforma de Kromayer. Também uma insuspeitada ligação de Comenius com as iniciativas de educadores alemães pietistas parece sugerir que diversos aspectos das suas propostas – e mais amplamente das motivações religiosas da reforma do saber pelas ciências – continuaram pedagogicamente ativos após a segunda metade do século XVII. Sabe-se hoje que, depois da morte de Comenius em 1670, seu filho Daniel – levando vários de seus manuscritos inéditos –, refugiou-se em Halle, junto ao pastor e educador A. H. Francke (1663-1727), uma das lideranças religiosas da Alemanha que, impregnadas de doutrinas pietistas e sentimentos filantrópicos, desenvolviam à época a orientação pedagógica de acrescentar ao ensino das línguas, o das ciências úteis com finalidades religiosas.

O pietismo é identificado pelos historiadores como um movimento que surgiu na Alemanha, depois da Guerra dos Trinta Anos, procurando fazer a religião reformada retornar à linha agostiniana de uma vida mais piedosa, austera e interiorizada, alimentada nos "círculos de reavivamento" privados, no lugar do confessionalismo, ou seja, da prática aguerrida que definira a religiosidade das igrejas católica e reformada nos séculos XVI e XVII. A base social do pietismo, porém, era a burguesia e, por isso, ele tinha uma face operante e visível: a filantropia, pela qual a fé, sob a forma da caridade, agia desenvolvendo uma reforma da sociedade pela obra educativa, inclusive a escolar. Talvez as duas vertentes, a da ciência operante (indutiva, e também experimental, pelos aportes da matemática, já consolidados), que queria manipular a natureza, e a da sabedoria universal (enciclopédica e religiosa), que queria construir o Reino de Deus na terra, estivessem reunidas nesses educadores filantropos e pietistas. Francke não apenas conservou em Halle os textos de Comenius, tendo editado o seu *Panergesia* em 1702, como fundou nessa cidade diversas instituições escolares que ministravam, inclusive para meninas das camadas burguesas, cursos enciclopédicos, abrangendo, além dos temas religiosos e teológicos, também matemáticas, história, geografia, física, botânica, anatomia, línguas clássicas, retórica, lógica, pintura, música, astronomia e mineralogia. Para as aulas de ciências, os procedimentos eram intuitivos e praticados mediante o uso de herbários, gabinetes de história natural, modelos e aparatos de física e geografia, e instrumental matemático [**Fig. 72**], recursos materiais de ensino que Weimer descreve como "um tesouro de meios de intuição como não os havia naquela época em nenhum lugar" (p. 107). O autor também lembra que Francke fora educado no principado de Gotha, no tempo da reforma de Rehyer e Evenius, e que naquele mesmo ano de 1702, ele reuniu suas próprias ideias pedagógicas no opúsculo intitulado "Simples guia para conduzir as crianças à Felicidade divina e à sabedoria Cristã". Essas são informações que fazem ecoar, na história da educação do século XVIII, as preocupações de Comenius e os outros pensadores do século XVII que deram à religião um papel proeminente na ciência.

A circularidade espaço-temporal dessa corrente se alarga para abranger, em pleno século XVIII, a figura de J. J. Hecker (1707-1768), um discípulo de Francke que criou na Prússia, desde 1747, as *Realschulen* (escolas realistas). Nesses estabelecimentos, como o nome indica, desenvolvia-se uma abertura ainda maior da cultura escolar para o conhecimento da natureza mediante as novas ciências e suas aplicações práticas. Para Eby, que cita a partir de uma de suas fontes bibliográficas,

> o currículo era vasto, incluindo Aritmética, Geometria, Mecânica, Arquitetura, Desenho, e o conhecimento da natureza. Um conhecimento do corpo humano era especialmente ensinado, depois plantas e minerais, e era dada instrução sobre o cultivo de amoreiras e bichos-da-seda, e os escolares aprendiam sendo levados a oficinas. Entre as aulas havia uma de manufaturas, uma de arquitetura, uma de agricultura, uma de escrituração comercial e uma de mineração. (p. 221)

Havia aulas de "lições de coisas", onde se procurava colocar as crianças em contacto com as realidades do mundo circundante: segundo depoimento do professor Hälm, que as ministrava,

> era usada uma vasta coleção de objetos reais, entre os quais havia modelos de prédios, navios, arcas, arados, batedeiras de manteiga, colunas das mais diversas ordens, representações pictóricas de uma procissão triunfal romana completa, coleções de mercadorias, uma loja em miniatura, uma coleção farmacológica, amostras de couro e outras coisas. Havia também um jardim botânico. (p. 221-22)

Segundo Garin, a organização da *Realschule* de Berlim incluía oito classes que praticamente invertiam o programa de estudos dos colégios de humanidades: línguas vivas; aritmética e geometria; física, mecânica e ciências naturais; arquitetura e desenho; geografia; manufaturas; comércio; e economia; além de "curiosidades", que eram ensinadas extraclasses. Somos autorizados a supor que estes últimos conteúdos faziam referência, justamente, aos tradicionais saberes escolares humanísticos, deslocados, agora, para fora do novo tempo-espaço escolar![12]

O círculo a partir de Ratcke e Comenius se completa quando sabemos que das escolas de Francke, em Halle, saíram vários professores e supervisores que acompanharam emigrantes da Alemanha e da Europa central para as colônias da América do Norte e se estabeleceram nas regiões da Geórgia e da Pensilvânia. Muitos eram luteranos, mas de orientação pietista. Um dos seus líderes religiosos foi o conde Zinzendorf (1700-1760), que reuniu os Irmãos Morávios remanescentes e fundou para eles, na Pensilvânia, várias comunidades religiosas que tinham suas próprias escolas. Zinzendorf fora educado em Halle por Francke, que lhe deu até pensão em sua casa. Ao transcrever essas informações, Eby finaliza dizendo que: "[essas escolas morávias] não eram meramente locais de instrução, mas instituições nas quais se teria uma vida bem ordenada [...] todas mostram a influência de Francke" (p.223). Se nosso argumento é válido, elas mostram ainda a afiliação comeniana-rosacruciana, unindo línguas, ciências e religião.

Também na Inglaterra, desde fins do século XVII, escolas secundárias de currículo enciclopédico tinham sido criadas por presbiterianos e puritanos dissidentes da Igreja Anglicana. Eby as chama de escolas "não-conformistas", no duplo sentido de que repercutiam o princípio da tolerância religiosa posto em circulação com a Revolução Gloriosa de 1688 e proclamado pelo Ato

---

[12] Para uma visão crítica da ação de Hecker no contexto das reformas prussianas de Frederico II (1763), cf. o texto de M.L. Burke, *Educação das massas: uma "sombra" no século das Luzes*.

de Tolerância de 1689, e, simultaneamente, faziam valer as exigências da cultura escolar da época de rejeição ao modelo dos colégios de humanidades e ampliação dos estudos para incluir os novos métodos e as novas ciências da realidade. Nesses anos, eram conhecidas como Academias, não apenas porque com esse nome se dissociavam dos colégios de humanidades, que continuavam sob o controle estrito das autoridades eclesiásticas constituídas, mas também porque a sua organização doméstica, baseada nas atividades de um professor que abrigava um pequeno grupo de estudantes em sua própria residência, queria evocar aquelas antigas associações de cientistas que se reuniam, no privado, para ler, comentar e discutir as ciências literárias, matemáticas e naturais (e, sabemos, também as ciências ocultas), e mais remotamente, os antigos pensionatos-colégios (*contubernia*) dos humanistas. Entre 1662 e 1799 foram fundadas na Inglaterra mais de 70 dessas instituições, ainda que ao longo do século XVIII essas "academias ocultas", como diz aquele autor, tivessem encontrado um novo princípio de organização: "Eram agora de caráter mais público; algumas tinham conselhos para dirigi-las e o número de estudantes aumentou três ou quatro vezes" (p. 229).

A expansão indica que essa versão do modelo colegial era do interesse da burguesia inglesa – próspera e influente pelo comércio internacional, as práticas colonialistas e a revolução industrial –, e por duas razões. De uma parte, porque ministravam os conhecimentos necessários para integrar os seus filhos nos quadros dirigentes de uma sociedade capitalista e expansionista. A esse respeito, a Academia de Kibworth era exemplar: no seu curso enciclopédico de quatro anos – no qual todas as exposições eram feitas em latim –, o aluno podia frequentar aulas de discussões teológicas, geometria, álgebra e trigonometria, física, mecânica, hidrostática, geografia, cronologia, história natural, astronomia, mecânica celeste, lógica, retórica, oratória, história civil, ética e metafísica, arquitetura e ciências militares, além de línguas antigas e modernas. É notável que a presença de conhecimentos científicos e aplicados não ameaçasse mais a religião. Talvez em vista do mito Rosa-Cruz, tão influente no século XVII, e da longa construção de uma via enciclopédia e/ou operativa do conhecimento incorporada pelo movimento pietista, havia nos meios protestantes toda uma mentalidade mais favorável para que o cristão virtuoso pudesse ser também um cientista. Assim, cursos como os de Kibworth podiam formar homens para o serviço da Igreja e do Estado. No emblemático retrato, de 1771, apresentado por R. Chartier no seu texto *As práticas da escrita*, vê-se que o pintor colocou um *gentle puritan*, ministro da igreja congregacionalista, professor e presidente do *Yale College*, posando muito tranquilo e seguro à frente de estantes que comportam uma biblioteca enciclopédica, com obras de Platão e Tito Lívio, a *História eclesiástica* de Eusébio de Cesareia, os *Principia* de Newton, uma *História da China*, um livro em hebraico, e textos de pregadores puritanos como I. Watts e C. Mather [**Fig. 73**]. E o retratado também toca o peito, significando exemplarmente – como sintetiza muito bem a legenda da ilustração, aqui transcrita –, que "a erudição enciclopédia é a serva necessária da fé em Deus, todo-poderoso, onipresente no coração do fiel" (p. 133).

De outra parte, a aceitação das escolas enciclopédicas tem a ver com uma outra questão. Já afirmamos no capítulo anterior que a organização colegial – baseada em classes graduadas de alunos da mesma idade ou de idades próximas, recintos fechados, e ritmo próprio de trabalho, disposto ao longo do ano escolar –, era propícia ao estabelecimento de laços afetivos, ou como diz M. Aymard em *Amizade e convivialidade*, à eclosão de amizades totais e apaixonadas: "cronologicamente anterior ao amor, sua experiência representa a primeira descoberta do 'outro' e como tal pode desempenhar um papel central na definição da identidade pessoal" (p. 495). Evidentemente, os pais temiam essas funções dos colégios: esses sentimentos nada mais deviam às famílias! Ao mesmo tempo, elas eram importantes, pois permitiam também o estabelecimento, entre as crianças, de laços sociais que perduravam depois do período escolar, quem sabe oferecendo aos antigos companheiros um suporte para a ascensão na escada social. Havia, pois, uma expectativa de que essas instituições ensinassem às crianças burguesas o modo de vida adequado às suas posições sociais. Tanto quanto os saberes literários e científicos necessários à posse de cargos e profissões planejados pelas famílias[13], o aprendizado das normas de conduta adequadas era necessário à convivialidade, prática que podia ocorrer entre os adultos tornados iguais pelo tempo passado em amizade no colégio. No frontispício de um dos volumes de suas obras para o teatro, que fez publicar em Veneza, em 1761, Carlo Goldoni colocou uma ilustração representando uma cena do seu tempo de colégio na Itália: o artista que a desenhou captou muito bem o clima de amizade entre os alunos, deixando, de resto, um precioso documento sobre o interior de uma sala de aula, atestando que a classe

---

[13] A. Léon esclarece que essa atitude dos meios burgueses corresponde, na perspectiva da história social da família e da criança, à substituição da família tradicional, do tipo "prolífico", para a família moderna, do tipo "maltusiano": a primeira, caracterizada pela necessidade de garantir a continuidade do patrimônio, função desempenhada pelos herdeiros do título, sendo que os demais filhos partem de casa em busca da própria sobrevivência; a segunda, organizada ao redor da criança e do seu futuro, tem a sua posteridade pensada a partir de suas possibilidades materiais e financeiras e de suas ambições.

estava – como vimos no capítulo anterior – coletivamente envolvida numa mesma atividade pedagógica [Fig. 74].

Evidentemente, a "sociabilidade regulamentada" dos meninos e das meninas era diferente, e a cultura escolar dos respectivos estabelecimentos repercutia as especificidades de gênero [Figs. 75a e 75b].

Por essas razões, mesmo considerando que o modelo jesuítico do colégio de humanidades estava em baixa nesse período, deixando de repercutir o interesse da sociedade – relembramos com Garin que o chamado "processo ao latim" foi o fenômeno da Europa culta que caracterizou o século XVIII da perspectiva escolar –, as famílias precisavam dessas instituições. Assim, as versões da escola de cultura humanística e científica acrescentavam uma nova justificativa para a manutenção da prática de "ir ao colégio". Esse ponto explica por que até na França, palco de fortíssimos ataques à vida colegial nos meados do Setecentos[14], essas escolas estavam disponíveis para a burguesia, que acabava de completar a sua ascensão econômica e política. Esta camada social teve como alternativas, além das instituições colegiais de formação geral e enciclopédica dos oratorianos e outras congregações que ensinavam as humanidades, as línguas vivas e as ciências, os colégios que ofereciam formação técnico-profissional, de acentuado currículo científico. Em*La France à l'école*, Y. Gaulupeau relaciona essas iniciativas, destacando que algumas foram de responsabilidade de congregações religiosas, e outras, criadas pela própria monarquia francesa, desde os meados do século:

> Em 1741 abre-se em Rouen a primeira escola de "traçado" [desenho arquitetônico], formando técnicos e engenheiros, bem como pintores, desenhistas e gravadores. Em 1789, o reino contará 27 delas. A formação

---

[14] Vale a pena reproduzir aqui as declarações de outras figuras do período, que completam aquela opinião do padre Bandiera sobre os colégios de humanidades, referida no capítulo anterior. Citamos de Garin (*L'educazione in Europa*) duas passagens, respectivamente, do abade Coyer e do *philosophe* Helvetius: "O que se estuda na sexta [classe]? Latim. Na quinta? Latim. Na quarta? Latim. Na terça? Latim. Na segunda? Latim. Nenhum conhecimento da natureza, das artes, das ciências. Não coisas, mas palavras; e que palavras! Não a língua nacional; nada daquilo que convém ao homem. E este tempo longo e precioso se chama curso de *humanidade*. É uma *humanidade* bem selvagem... perder dez ou doze anos a falar mal, e a compor pior em latim; a explicar autores inadequados à idade; a desenhar figuras retóricas para fazê-las entrar por amor ou por força, em amplificações que amplificam apenas bobagens; a aprender princípios filosóficos que ensinam a maltratar o bom senso" (p. 270). "Ainda que se admita que no final de seus estudos um jovem tenha aprendido bem as finezas da língua latina, é justo pagar este conhecimento com oito ou dez anos de trabalho? Não seria melhor, na primeira juventude, na idade em que nenhuma paixão obsta a vontade de aprender, na qual se é mais capaz de aplicação – não seria melhor, me pergunto, gastar esses oito ou dez anos, ao invés de aprender palavras, a aprender coisas, e sobretudo coisas adequadas às funções que se deverá verossimilmente explicar na vida?" (p. 270).

> para o ofício militar sofre a mesma evolução. Para melhorar o recrutamento, uma Escola militar foi criada em Paris em 1751; uma outra em La Flèche em 1764. Em 1776, a reforma do conde de Saint-Germain, ministro da Guerra, instaura 12 colégios militares que davam acesso à Escola de Paris [...]. O Estado, numa ação inédita, intervém criando escolas de engenheiros [...] em 1747, foi fundada a Escola de pontes e calçadas [...], em 1748, a dos engenheiros do exército, em Mézières, famosa pelo alto nível dos seus estudos matemáticos. Em 1783 [...] a Escola de Minas, em Paris. (p. 38-40)

Mais uma vez, podemos recorrer às pinturas da época para evocar esse movimento, em que a confiança na educação científica e técnica parece se associar ao êxito da monarquia francesa: num dos quadros que reproduzimos o pintor não só fez aparecer, em primeiro plano, entre livros e papéis, um conjunto de objetos e instrumentos – um pêndulo, esquadros, compassos, uma bússola, mapas, um globo, um relógio de sol – que eram utilizados, à época, para o ensino da história, da geografia e das ciências físicas e matemáticas, como pôs em cena o próprio herdeiro do trono, o futuro Luís XV, como o educando que ouve as explicações dos seus professores [**Fig. 76**].

Nesse contexto, os intelectuais iluministas dos meados do século XVIII concorreram para reforçar a posição das ciências e das técnicas na educação. Yates sugere que o Iluminismo do século XVIII teve "toques de luminosidade" do Iluminismo Rosa-Cruz do século XVII, sendo o elemento comum a necessidade de reforma da religião, da sociedade e da educação por meio da ciência, mas reconhece que o diferencial entre eles é que este último resplandeceu "tanto para fora quanto para dentro" enquanto iluminação espiritual interior, ao passo que o movimento do século XVIII tem as suas características próprias de racionalidade. Concordamos com ela e podemos dizer que os pensadores do século XVIII assumiram a tradição enciclopedista e operativa da iluminação racional do Seiscentos de duas maneiras. A primeira foi dada por D'Alembert, no seu *Discurso preliminar*, ao justificar a inclusão de todas as ciências e das artes mecânicas (ofícios manuais) na *Enciclopédia*. Esta publicação foi organizada como um dicionário discursivo e ilustrado que inventariava os saberes acumulados no século XVIII, incluindo entre eles as "artes mecânicas e seus inventores", antes menosprezados, com o fito de revelar a extensão dos recursos de que o homem podia dispor para transformar o mundo. O objetivo da obra era possibilitar a autoformação dos seus leitores adultos, como nota bem A. Léon (*Introdução à História da Educação*), e de acordo com esta perspectiva, a primeira edição da obra, publicada entre 1751 e 1765, foi profusamente ilustrada, contendo 17 volumes de texto e 11 de gravuras: uma delas apresenta um moderno laboratório químico e uma tabela periódica de elementos [**Fig. 77**].

A segunda modalidade foi explicitada, já no período da Revolução, por Condorcet, que no seu *Rapport*, de abril de 1792, argumentou a favor da hierarquização "baseada no progresso do espírito humano", ou seja, dos conhecimentos científicos e técnicos como posteriores e superiores aos humanísticos, justificando que estes "empregam a razão, mas não a formam", ao passo que "as ciências matemáticas e físicas desenvolvem as faculdades intelectuais". Nessa linha de raciocínio, ele propôs um modelo de ensino secundário pluridisciplinar, ao mesmo tempo científico e humanístico, de quatro classes, abrangendo literatura e belas-artes, ciências matemáticas e físicas; ciências morais e políticas; e ciências aplicadas às artes. Citamos a partir da transcrição de Léon:

> [Nas ciências] as ideias são mais simples, mais rigorosamente circunscritas; é porque a sua língua é mais perfeita, porque as mesmas palavras exprimem nelas, mais exatamente, as mesmas ideias [...] As ciências são contra os preconceitos, contra a pequenez de espírito. [...] Apressemo-nos a substituir a eloquência pelo raciocínio e os faladores pelos livros, e a levar, enfim, às ciências morais a filosofia e o método às ciências físicas. (p. 133)

A defesa da "panóplia dos conhecimentos", isto é, da abrangência do saber enciclopédico, ficou, assim, associada a Condorcet [**Fig. 78**], mas J. Starobinski, em seu livro *A invenção da liberdade*, a vê como representativa da própria mentalidade burguesa do século XVIII. Seja naturalista, seja *philosophe*, seja proprietário, diz esse autor, o homem burguês quer não apenas compreender o mundo e traduzir os fenômenos por uma fórmula de validade universal, como os do século anterior, mas algo novo: estabelecer o registro dos recursos oferecidos pelas ciências, pelas artes e pelos artefatos que se prestam para o uso humano, e encetar o processo de apropriação do universo sob a ótica da posse. Starobinski sintetiza essa posição citando Groethuysen, uma de suas referências bibliográficas: "Os Enciclopedistas fazem com que o homem perfaça o circuito do proprietário. Eis o que vos pertence. Não vos julgaríeis tão ricos. Eis o que os sábios vos legaram. Sabei gozar do que possuís" (p. 135).

Uma boa manifestação desse enciclopedismo iluminista e burguês na sua relação com a educação escolar nos é apresentada por Léon, em seus textos *Introdução à História da Educação*, citado acima, e *Da Revolução Francesa aos começos da Terceira República*, quando diz que os iluministas fizeram a promoção exemplar do desenho como a arte aplicada que possibilitava a formação de conceitos a partir da observação e da manipulação de objetos e, ao mesmo tempo, a idealização e a confecção de utensílios do cotidiano material mais luxuosos e confortáveis, exigidos pelo modo de viver da burguesia. Segundo este entendimento, o desenho não apenas foi ensinado gratuitamente em diversas escolas francesas, inclusive na Escola Real de Desenho, aberta em 1766, como ainda, por abarcar no seu programa, além de ornatos e figuras de animais, a geometria, tornou-se parte importante do currículo das Escolas Centrais de Engenharia e de Serviços Públicos (Politécnica), criadas entre 1794 e 1795 pela Convenção revolucionária, por sugestão do deputado Lakanal. Essas instituições foram projetadas para substituir todas as instituições escolares de ensino secundário e superior existentes – tanto os colégios de humanidades e as universidades profissionais quanto os institutos enciclopédicos planejados por Condorcet –, bem como o ensino artesanal, dado pelas corporações de ofício e organizado segundo o tradicional modelo iniciático. O ensino do desenho, que já era praticado durante a monarquia, pôde constituir, assim, uma das representações do rompimento com o Antigo Regime, ficando referido às inovações trazidas pela Revolução.

Sobre as Escolas Centrais, diz Gaulupeau:

> Peças principais do ensino secundário até 1802, foram inspiradas nos institutos de Condorcet e no seu ideal enciclopédico. Pela sua organização pedagógica, são a antítese dos antigos colégios: nada de instrução religiosa, nada de repartição em classes e de programas impostos; os alunos escolhiam entre os cursos que lhes eram oferecidos: desenho, história natural, línguas antigas e modernas, a partir dos 12 anos; matemáticas, física e química, a partir dos 14 anos; gramática, belas letras, história e legislação, acima dos 16 anos. (p. 45)

A Politécnica, por seu lado, teria inaugurado um novo procedimento de ensino (mas nos lembramos imediatamente das antiquíssimas práticas associadas a Orígenes!): segundo R. Dufraisse (*A educação durante o Período Revolucionário, 1789-1815*), os seus professores,

> isentos de programas, renunciaram aos cursos ditados, em benefício da exposição comparticipada pelos auditores. Prova do interesse do governo por este tipo de estabelecimento: estenógrafos, pagos pela Convenção, estavam encarregados de registrar os diferentes cursos em notas, estas, corrigidas pelos professores, eram compiladas em cadernos distribuídos aos alunos... e aos deputados. (p. 294)

Vale a pena acompanhar mais um pouco o que aconteceu com o ensino enciclopédico na França. As Escolas Centrais tinham esse nome devido a uma dupla marca, material e social: eram localizadas equidistantes das escolas primárias de cada Departamento, e acessíveis a todos os alunos, pois mesmo os desafortunados podiam ser admitidos com uma pensão anual, na condição de "alunos da Pátria". De fato, as Escolas Centrais tiveram grande sucesso e foram muito procuradas pelos meios populares. Ora, isso provocou reações desfavoráveis entre alguns grupos do movimento revolucionário: se havia acordo entre eles sobre a disseminação da instrução popular, não era consensual que ricos e pobres devessem ter a mesma formação na etapa posterior à escola elementar. Ao mesmo tempo, a grande flexibilidade de seu funcionamento, diz Léon, atraiu as críticas dos adeptos do modelo colegial. Pediu-se o fechamento das Escolas Centrais, e, já sob o governo de Bonaparte, elas foram suprimidas pela Lei Fourcroy de 1802 e substituídas pelos Liceus, cuja cultura escolar voltou a se assentar na organização colegial e no tradicional ensino das matemáticas e do latim! Às crianças da classe trabalhadora ficava reservada "uma educação elementar sumária", como fica claro no pronunciamento de Destutt de Tracy, um dos defensores dessa lei conservadora, quando – citamos do *Introdução à História da Educação* de Léon – disse:

> As crianças da classe trabalhadora não podem demorar-se muito tempo nas escolas. É preciso dar-lhes em poucos anos uma educação sumária, mas no seu gênero completa, para que possam entrar nas oficinas dentro de pouco tempo ou para que rapidamente possam entregar-se aos trabalhos domésticos e rurais. [...] As da classe sábia, pelo contrário, podem dedicar mais tempo aos estudos. (p. 116)

Ao longo do século XIX, o ensino secundário na França será, então, predominantemente literário: embora tenham ocorrido tentativas de restabelecimento de um programa científico durante o período, somente em 1902 o ensino das ciências como "aquisição dos meios adequados a transformar o mundo exterior" teve reconhecimento legal, podendo, assim, permanecer no currículo secundário.

Talvez uma das mais interessantes contribuições de Léon para o estudo do tema tratado neste capítulo foi ter mostrado, a partir do caso francês, que a variação nos objetivos e no conteúdo do ensino secundário – se científico e/ou literário – dependeu do estado das relações sociais que estão na base do modelo escolar adotado. Esta via de análise também pode ser trazida com proveito para a história da educação.

[Fig. 57a] A observação praticada pelos monges: o escriba, o astrônomo e o calendarista. (S/i.)

[Fig. 57b] Estudos de óptica de R. Grossetete (acima) e R. Bacon (embaixo). (Século XIII.)

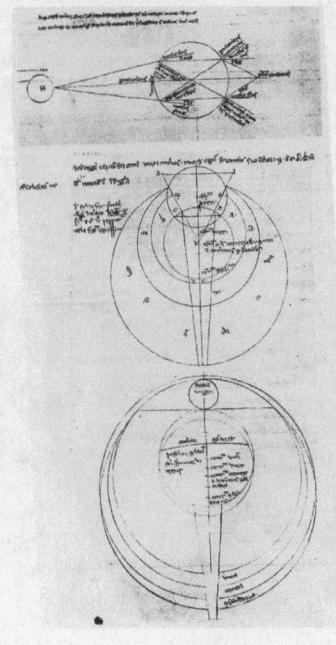

[Fig. 58] Projetos de artefatos bélicos de L. da Vinci: bigas com foices, carro coberto blindado, canhão para lançar projéteis.

[A ESCOLA SECUNDÁRIA CIENTÍFICA]

[Fig. 59] Observação acurada da natureza. ("Laparoto", aquarela de A. Dürer.)

[Fig. 60a] Intelectual renascentista bem sucedido. ("Retrato de Erasmo", de H. Holbein, o Jovem, 1523.)

[Fig. 60b] Astrônomo da corte inglesa de Henrique VIII. ("Retrato de N. Kratzer", de H. Holbein, o Jovem, 1528.)

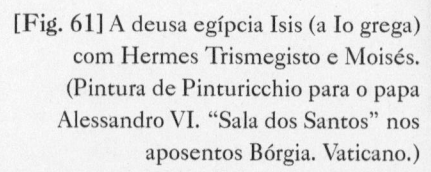

[Fig. 61] A deusa egípcia Isis (a Io grega) com Hermes Trismegisto e Moisés. (Pintura de Pinturicchio para o papa Alessandro VI. "Sala dos Santos" nos aposentos Bórgia. Vaticano.)

[Fig. 62] Representação de Hermes Trismegisto no piso da catedral de Siena.

[Fig. 63] Unindo o natural e o sobrenatural: a raiz da mandrágora, identificada com a forma humana, representava os espíritos da terra negra e só podia ser arrancada da terra com um ritual apropriado, sem ser tocada por mãos humanas. (Manuscrito, século XII.)

[Fig. 64] Filósofos-magos. ("Os três filósofos", de Giorgione, c. 1508-1510.)

[Fig. 65] Frontispício do *Magia natural*, de G. della Porta. (Edição inglesa de 1658.)

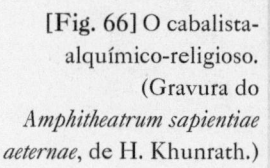

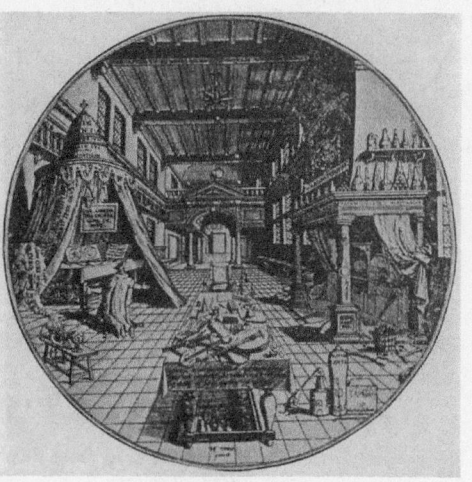

[Fig. 66] O cabalista-alquímico-religioso. (Gravura do *Amphitheatrum sapientiae aeternae*, de H. Khunrath.)

[Fig. 67a] Um colégio invisível: a Fraternidade Rosa-Cruz. (Gravura do *Speculum*, de T. Schweighardt.)

[Fig. 67b] A Sociedade Real de Ciências de Londres: uma academia rosacruciana. (Gravura do *History of the Royal Society*, de Th. Sprat.)

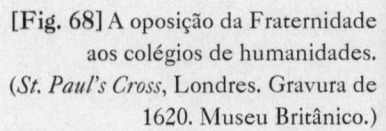

[Fig. 68] A oposição da Fraternidade aos colégios de humanidades. (*St. Paul's Cross*, Londres. Gravura de 1620. Museu Britânico.)

[Fig. 69a] A divisa de Comenius: *Omnia sponte fluant. Absit violentia a rebus* – Tudo flua espontaneamente. Que a violência se retire das coisas. (Frontispício da edição de 1657 da sua *Opera Didactica Omnia*.)

[Fig. 69b] Anjos e rosas protegendo um leãozinho, identificado com Frederico V: gravura do livro *Lux in tenebris [Luz nas Trevas]*, prefaciado e publicado por Comenius em 1657, contendo manifestações de três profetas. (Edição de 1665.)

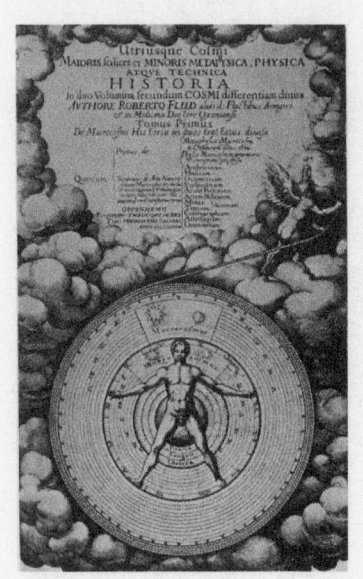

[Fig. 70a] Concepção micromacrocósmica de mundo. (Gravura do *Utriusque Cosmi Historia*, de R. Fludd.)

[Fig. 70b] Seguindo as pegadas da natureza. (Gravura do *Atalanta fugiens*, de M. Maier.)

[Fig. 71] A figura antes do nome. (Da 1ª edição do *Orbis pictus*, de Comenius, 1651.)

[Fig. 72] Instrumental para o ensino das matemáticas. (Século XVII. Museu de História da Ciência. Florença.)

[Fig. 73] Ciência e fé unidas. ("Revdo. Ezra Stiles", de S. King, 1771. Galeria de Arte da Universidade Yale.)

[A ESCOLA SECUNDÁRIA CIENTÍFICA]

[Fig. 74] Amizade entre colegiais: prelúdio da convivialidade. (A classe de Goldoni, em uma escola de Perúgia. Desenho de Novelli gravado por Baratti, para as obras completas de Goldoni, 1761.)

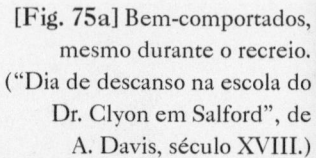

[Fig. 75a] Bem-comportados, mesmo durante o recreio. ("Dia de descanso na escola do Dr. Clyon em Salford", de A. Davis, século XVIII.)

[Fig. 75b] Sempre em atividade: aprendendo afazeres domésticos na escola de meninas de Saint-Cyr. (Museu Carnavalet. Paris.)

[Fig. 76] O futuro Luis XIV, rei da França, tendo uma aula de ciências. (Pintor anônimo, século XVIII.)

[Fig. 77] As ciências na *Enciclopédia* francesa: a instrução pelo impresso. (Gravura da *Enciclopédia*.)

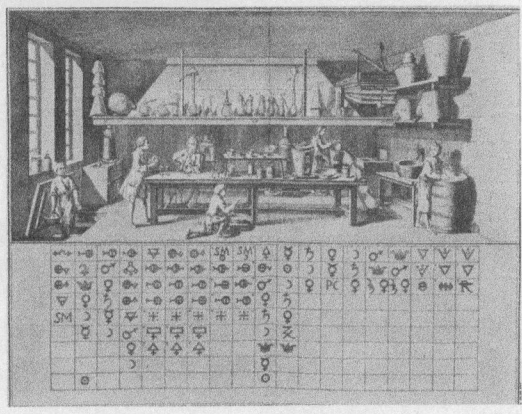

[Fig. 78] Condorcet: a instrução pelo currículo enciclopédico. (BNF. Photos Roche-Éd. du Seuil.)

Capítulo IV

A *escola popular elementar*

Séculos XIV e XV: educação
profissional nas escolas urbanas

Ao pintar num afresco do Palácio Público de Siena (c.1337-1340) a representação de uma praça de mercado da cidade, Ambrogio Lorenzetti não hesitou em apresentar, em meio às outras tendas de negócios instaladas sob os pórticos da *loggia*, uma pequena escola, com um professor falando ao seu grupo de alunos [Fig. 79]. Se a cena confirma o domínio artístico do pintor no tratamento ao mesmo tempo descritivo e simbólico da arquitetura urbana, como apontam os historiadores da arte, ela revela também que Lorenzetti estava atento aos movimentos da sociedade da época, podendo não só interpretar a existência de atividades produtivas como um dos efeitos do "Bom Governo na cidade" – este é um dos temas do quadro – como incluir a educação escolar dentre elas. Ele pode ser trazido, assim, para a história da educação do século XIV, reforçando a posição de autores da atualidade, como D. Waley (*Las ciudades-república italianas*), para quem nada escapava às autoridades das primeiras comunas italianas no seu desejo de atender as necessidades de seus membros, e, ao mesmo tempo, de moldá-los para a vida citadina. Esse autor apresenta vários exemplos de contratação de médicos, juristas e professores à expensas dos cofres municipais, contemporâneos e até anteriores aos do século representado por Lorenzetti. Quando a cidade era pobre, ou muito pequena, não permitindo ao professor viver do pagamento dos alunos, diz

Waley, o salário da municipalidade cobria os serviços dos mestres e as aulas eram gratuitas; quando não, as famílias também remuneravam o ensino, de acordo com suas posses: se ocorreu similaridade com as condições de contratação dos médicos, eles receberiam dinheiro ou forragem dos ricos, lenha dos remediados e nada dos pobres.

Ao recolher dados sobre as consequências, para a educação escolar, da Peste Negra que atingiu a Europa cerca de dez anos depois da feitura do afresco de Siena, Rui Nunes (*História da Educação no Renascimento*) também nos faz ver que as escolas eram bem frequentadas antes da epidemia, e que os mestres ensinavam mediante pagamento: "Mestre Felipe, na cidade de Lucca, em 1348, queixa-se dos pagamentos insatisfatórios para o seu sustento devido à pobreza dos cidadãos e ao número dos alunos. Outro mestre-escola, Francisco Agezzi de Vercelli, confessa que, após a Peste Negra, mal dispunha de quarenta alunos quando, antes dela, costumava ter duzentos" (p. 12).

Acontecia muitas vezes de os professores serem despedidos ao final do período acordado e saírem, então, à procura de outro lugar para lecionar. Ao que parece, formara-se um professorado itinerante, em cujo meio as escolas urbanas podiam recrutar facilmente os seus profissionais do ensino. Reconhecendo nestas figuras aqueles mestres-livres que também tinham dado a base do corpo professoral das escolas episcopais e das universidades – como já vimos no primeiro capítulo –, podemos dizer que eles se apresentam, para nós, como os fascinantes protagonistas da nova educação escolar urbana requerida pela sociedade burguesa que estava se formando na passagem do período medieval para o do início dos tempos modernos, fosse na sua vertente erudita e escolástica, fosse na sua vertente mais popular e ligada à vida produtiva.

Porém, nessas cidades onde os mercadores e artesãos eram tão importantes, não havia muito interesse em promover a disseminação da gramática latina e das artes liberais: isto era assunto dos mestres das instituições religiosas (escolas monásticas, paroquiais e episcopais) [Fig. 80a], dos mestres-livres [Fig. 80b] e dos humanistas que abriam cursos privados de gramática [Fig. 80c], além dos professores e repetidores das faculdades de artes. Para elas, o ensino mais necessário era, antes, aquele que preparava para o trabalho numa casa comercial, num banco ou num tabelionato, e foi na contratação de professores para estes saberes que se concretizou o bom governo das cidades. Para o século XIII, Waley refere justamente a presença de escolas de leis em Bolonha, Arezzo, Gênova e Módena, onde as autoridades chegaram a subvencionar uma livraria para os estudantes, pagando um salário a um negociante que lhes fornecia os textos de direito; 70 escolas elementares de leitura e escrita e 8 de gramática latina em Milão; e, espalhadas por toda parte, escolas de ábaco, onde se ensinava a escrita e a matemática comerciais. Sobre a Florença dos meados do século XIV – os anos em que Lorenzetti estava elaborando o seu maravilhoso quadro – ele recolhe de Villani, um autor da época, dados sobre a existência de 8 a 10 mil crianças (meninos e meninas) nas escolas de ABC, de mil a 2 mil alunos nas seis escolas de ábaco, e cerca de 600 alunos nas quatro escolas de gramática latina e lógica, mantidas por eclesiásticos. Tais informações são notáveis: ainda que não esclareçam se essas escolas florentinas eram controladas pela comuna, ou mantidas pela Igreja na forma de escolas paroquiais ou episcopais, ou mesmo por mestres-livres que ensinavam particularmente mediante contratos ocasionais, firmados diretamente com as famílias, se forem exatas, diz Waley, as cifras sobre o número dos alunos "indicariam que algo assim como a metade da população masculina de Florença havia frequentado algum tipo de escola, o que confirmaria a impressão de que a educação estava muito difundida" (p. 102). O ponto de maior impacto dos dados apresentados por Villani é, no entanto, o da distribuição desproporcional dos estudantes entre os diferentes tipos de escola, indicando a preferência das famílias de Florença pelo ensino que M. A. Manacorda, no seu livro *História da Educação: da Antigüidade aos nossos dias*, designou como "em vista da profissão". Para dimensionar corretamente o significado dessas escolhas é importante ter presente que, nesse período, as escolas de ABC e de ábaco não formavam uma hierarquia com as escolas de latim, mas eram todas alternativas de uma escolarização elementar, à qual se seguia, sem transição, a ida às grandes escolas episcopais e/ou às universidades, pois o ensino secundário dos colégios ainda não havia se constituído.

Leigos, isto é, não eclesiásticos, livres, praticamente independentes da ingerência da Igreja e das altas autoridades, ainda que subordinados ao poder local ou das famílias, os mestres desse ensino profissional ensinavam a ler e a escrever a língua materna, e a escrita e o cálculo aplicado aos negócios, ou seja, a contabilidade e a correspondência comercial, sem teologia e sem latim. Manacorda arrola, dentre a documentação conhecida para o período, os casos exemplares de Betta, mestre em Florença, contratado em 1313 para ministrar gramática e cálculo para Giovanni de Salimbene, com o propósito de formá-lo para "atender numa loja de artesão", e de Donato Velutti, que educou um filho, nascido em 1342, mandando-o à escola do mestre de gramática para aprender a ler e a escrever, e depois para a do ábaco, onde se tornou "habilíssimo no cálculo", podendo então empregá-lo no caixa de uma "loja de arte de lã". A preparação escolástica deles nesses saberes foi, no entanto, bem diferente daquela ministrada nas escolas eclesiásticas, avalia aquele autor, pois

> a gramática ou as letras [...] não são mais aquelas da *Ars dictandi* ("os mercadores não procuram o *verborum ornatum* – dizia Boncompagno de Signa, mestre de *Ars dictandi* – porque quase todos se correspondem em vulgar"), e sim a correspondência comercial; como também o ábaco ou *rationes*, isto é, os cálculos, não têm nada a ver com o *computus* de Alexandre de Villadei e Bene de Signa, que serviam para calcular o calendário litúrgico, nem com aritmética, a primeira arte do quadrívio, mas estes cálculos são exatamente a aritmética comercial, a contabilidade. (p. 170-1)

Nessa passagem, Manacorda parece indicar inclusive que essa formação profissional para os filhos dos negociantes não era estritamente prática, pois os seus saberes envolviam também o conhecimento das regras da gramática e da matemática algorítmica: "o *facere mercantias* torna-se logo objeto de livros: a atividade prática se intelectualiza" (p. 175), diz ele. Completando o seu argumento, afirma que dois dos textos empregados no século XV no ensino da matemática comercial, ambos escritos por autores toscanos, compendiavam, na verdade, todos os amplos saberes que eram do interesse dos mercadores: o de Francesco Pegolotti, conhecido como *Pratica della mercatura*, oferecia um dicionário plurilíngue dos termos mais usados no comércio e informações sobre as moedas, os câmbios, os portos e outros aspectos geográficos de vários países; a *Summa de arithmetica*, de Luca Pacioli, o primeiro livro de matemática a ser impresso (1495), registrava e sistematizava os novos achados sobre a contabilidade mercantil: diários, os "livros de razão", a escritura simples, e a escritura dupla. As interpretações de M. Baxandal podem reforçar nossa leitura, pois ele mostra, no seu texto *O olhar renascente*, que as escolas de ábaco não ensinavam aos comerciantes apenas as habilidades matemáticas de medir, pesar, calcular, relacionar e fazer proporções; elas formavam neles uma "capacidade matemática" que tinha continuidade no "olhar matematizado" dos artistas seus coetâneos, os quais, por sua vez, também dominavam aquela profusão de habilidades. Ou seja, esse autor reconhece que as duas noções essenciais da matemática comercial – a medição, técnica geométrica, e a proporção, técnica da aritmética – estavam profundamente inseridas na arte da pintura do século XV.[1]

---

[1] Baxandall também aponta que "a série harmônica dos intervalos utilizada pelos músicos e algumas vezes pelos arquitetos e pintores era compreensível graças às aptidões adquiridas através da educação comercial" (p. 176).

Desse modo, não só os comerciantes podiam se tornar clientes dos artistas, pois ambos tinham uma sensibilidade comum e dominavam as mesmas técnicas matemáticas, como os livros de estudos teóricos de cálculo e geometria conhecidos e utilizados nesse período nas escolas, para o ensino comercial, eram consultados pelos próprios pintores quando deparavam com algum problema de perspectiva ou composição. Tinham à mão, para resolvê-lo, além daqueles títulos de Pegolotti e Pacioli citados acima, os dois textos de Fibonacci di Pisa, o *Liber abaci* [*O livro do ábaco*] de 1202, e o *Practica geometrica* [*Geometria prática*], de 1220, que já apresentavam a numeração arábica; o *De arithmetica*, de Filippo Calandri, de 1491; e o *De abaco*, de Piero della Francesca. Este último é inteiramente exemplar, porque Della Francesca era não apenas um dos pintores mais requisitados da época, como circulava nos ambientes do primeiro humanismo, tendo realizado os retratos do casal Montefeltro, senhores de Urbino, os quais, como vimos no primeiro capítulo, concentravam as primeiras representações desse movimento.

Provavelmente, foi a presença de estudos teóricos na formação profissional desses mercadores, e de resto, as ligações entre a cultura humanística nascente e a cultura mercantil, a motivação para que várias figuras do *Quattrocento* que tiveram a educação para a *mercantia* fizessem também estudos humanísticos, conciliando a formação antiga e esta nova cultura erudita que começava a circular na Itália. Sabemos pela bibliografia, por exemplo, que, para desempenhar o ofício de negociante, Gianozzo Manetti (1393-1459), de Florença, aprendeu a ler e a escrever e se exercitou no ábaco, segundo os costumes da cidade; mas, depois de trabalhar em um banco por vários anos como caixa e contabilista, resolveu dedicar-se aos estudos das letras antigas, tornando-se um erudito nas artes liberais, nas línguas grega e hebraica, e também na filosofia e na teologia. Com aquele seu interesse permanente pelos aspectos humanos das figuras históricas da educação que marca os seus livros, Nunes, na obra *História da Educação no Renascimento*, lembra ainda que Manetti, mesmo sem o consentimento paterno, fechou-se em casa a estudar, tendo limitado as saídas ao estritamente necessário; mas para frequentar as lições de lógica, filosofia e teologia no convento agostiniano, ele abriu, com a devida licença, uma porta de comunicação entre o seu quintal e a casa dos frades, pois era vizinho do convento.[2]

---

[2] Para Simon Valentini, de Veneza, a passagem é a seguinte, transcrita do seu testamento de 1420 por Manacorda: "Sejam os meus filhos mandados às escolas, a fim de que saiam falar e escrever bem segundo as letras; sejam enviados a aprender o ábaco para que saibam ocupar-se do comércio; e, se for possível, aprendam os autores, a lógica e a filosofia; é isto que desejo; mas não se tornem nem médicos, nem juristas, mas só negociantes" (p. 171-2).

De qualquer modo, fossem os seus saberes também teóricos, ou mais aplicados à profissão mercantil produtiva do lucro, não há dúvidas de que as escolas urbanas profissionais foram uma das realidades da Europa escolar entre os séculos XIV e XVI, sugerindo a força do modelo comercial como uma das vertentes da instrução escolar da burguesia. Fr. Eby, no seu *História da Educação Moderna*, elenca as cidades dos Países-Baixos que criaram dessas escolas, no século XIV: Gravensande (1322), Leyden (1324), Roterdã (1328), Schiedam (1336), Delft (1342), Hcorn (1358), Haarlem (1389) e Alkmaar (1390). No seu emocionante *História da leitura*, Alberto Manguel refere que, nesse mesmo século, em Sélestat, cidade da Alsácia-Lorena de cultura germânica, além de uma escola de latim "mantida pelo juiz municipal e pela paróquia" – um de seus alunos por volta de 1450 foi o futuro humanista Wimpheling –, havia duas escolas de língua alemã, que ensinavam tanto meninos e meninas quanto os profissionais das guildas a ler, escrever, cantar e a aritmética em vernáculo; quando no século XVII a cidade foi tomada pelos franceses, abriu-se uma escola na língua dos invasores (p. 87). Para a Inglaterra, temos os dados que J. Verger, em *Universidade e escolas medievais*, apresenta sobre as localidades que declararam ter uma ou mais escolas entre 1066 e 1530: 72, em 1399, 85, em 1499, e 124, em 1530. Não é difícil imaginar que, nessa sociedade de mercadores, parte delas mantivessem escolas para os profissionais do comércio: foi justamente pouco depois desse período que ganhou fama a *Merchant Taylor's School* [Escola dos Comerciantes de Tecidos], dirigida por Robert Mulcaster (1530-1611) desde a sua fundação em 1561 até 1586, com seu currículo composto de língua materna, cálculo, música religiosa, desenho e latim. E para Portugal, Nunes recolhe da bibliografia a informação de que em Lisboa, nos meados do século XVI, havia 34 mestres e duas mestras de ler: "Os professores eram pessoas humildes, como o mulato Afonso Álvares que também ganhava a vida com autos populares" (p. 67).

Em Basileia, grande cidade comercial que foi também centro de cultura humanista, Hans Holbein, o Jovem, registrou, em 1516, um desses mestres de saberes comerciais em ação [**Fig. 81**]; sempre atento aos movimentos socioculturais de seu momento histórico que lhe davam a clientela para as suas produções, ele pintaria, anos depois, também os retratos de grandes humanistas e cientistas do período.

No entanto, aquela rica amplitude de ensino – que a deliciosa expressão "Minerva mais crassa" de Manacorda conota – parece não ter se prolongado além dos séculos XIV e XV. Esse autor tem razão quando diz que figuras como a de Manetti, que tentaram a conciliação entre as duas tendências, a do humanismo erudito e a prática, foram exceções. Ele traz, antes, a voz dos que olharam com pessimismo ambas as iniciativas, como a do influente cardeal Dominici, que já apresentamos insurgindo-se contra a orientação humanista dos estudos clássicos e também avaliava negativamente a atuação das escolas urbanas e dos mestres particulares livres, procurando preservar o domínio das escolas eclesiásticas. Citamos a fala do prelado de uma transcrição desse historiador: "Se os mandas [os meninos] à *escola comum*, onde se junta uma multidão de indisciplinados, malvados, difíceis, inclinados ao mal e contrários ao bem, receio que tu percas em um ano o trabalho de sete. E se tens um *mestre particular*, há muitas dúvidas e contradições" (p. 174). Isso significa dizer que, no decorrer do século seguinte, os influentes mestres humanistas recusaram como seus os saberes da língua materna e da matemática comercial, porque estes eram profissionais, bem como afastaram (ou ocultaram) o domínio das ciências e das técnicas operatórias, por que estavam misturadas com a religião da magia. Dessa maneira, desde o pleno século XVI, as escolas urbanas estiveram, sim, espalhadas por toda parte onde apareciam as necessidades do saber produtivo ligado à vida comercial e artesanal, mas já separadas do humanismo escolarizado e rebaixadas em relação aos grandes colégios de artes humanísticas, os novos protagonistas da vida escolar burguesa.

Temos indícios dessa mudança na condição das escolas urbanas em outra produção pictórica do período, que pode ser trazida para a história da educação. Ambrosius Holbein, que pintava com seu irmão Hans em Basileia, representou no mesmo ano de 1516, numa tabuleta que provavelmente anunciava os serviços de um profissional do ensino, as novas funções dessas escolas urbanas. Diferentemente do quadro de Hans, a cena de Ambrosius [**Fig. 82**] dispõe aos nossos olhos um casal de professores envolvidos com o ensino da leitura, indicando de modo exemplar a perda das funções profissionais das escolas urbanas: pela frequência de crianças, meninos e meninas, como alunos e ausência de jovens ou adolescentes; e pela redução das suas tarefas à alfabetização simples na leitura da língua materna e do latim, e não mais, na escrita e na contabilidade comerciais.

Podemos apreender essas marcas também no estudo que Natalie Z. Davies (*Culturas do povo: sociedade e cultura no início da França moderna*) fez da cidade de Lyon, exemplar para os nossos propósitos porque, nos meados do século XVI, era um grande centro de produção e comercialização de tecidos, muito influenciada pela cultura humanística (era a cidade de Rabelais e da poetisa Louise Labé). Ao recolher dados sobre a situação escolar de seus moradores segundo os recortes de gênero e classe, ela concluiu que, compondo a base da hierarquia social em Lyon, camponeses e trabalhadores não qualificados eram igualmente analfabetos; os artesãos urbanos e os profissionais tinham bons índices de alfabetização; e os comerciantes eram quase que completamente alfabetizados. Ela atribui esses resultados ao ensino dado pelas escolas religiosas, pelo colégio humanístico *De La Trinité* e pelas aulas de ABC dos orfanatos municipais para meninos e meninas, mas, sobretudo, pelos professores de francês e de aritmética atuantes na cidade: entre 1550 e 1560, ela encontrou 38 deles, "de modo grosseiro, um para cada quatrocentos homens de menos de vinte anos na cidade" (p. 172). Já as mulheres urbanas, de todas as camadas sociais, apresentavam uma "dramática queda no nível educacional e até na alfabetização simples" (p. 68): a autora localizou em Lyon, entre as décadas de 1490 e 1560, registros de 87 professores e apenas cinco professoras, confirmando que as oportunidades de educação escolar existiam, mas eram mais restritas para as meninas.[3]

Davies faz uma caracterização social muito precisa desses mestres de leitura, escrita e contas de Lyon, que poderia valer para os de outras escolas urbanas do período: "Eles se casavam com filhas de taverneiros e viúvas de moleiros; eles viviam em casas onde também moravam costureiros e fazedores de bolsas; eles contavam com ourives, gráficos, cirurgiões-barbeiros, fazedores de barris e aqueles que desenhavam a ouro entre seus amigos" (p. 172). Ora, essa constatação dos professores como integrando o grupo de trabalhadores urbanos – o *menu peuple* [o povo miúdo] dos pequenos comerciantes e dos homens de ofício, e mesmo dos trabalhadores semiqualificados – ajuda-nos a entender por que as escolas das cidades do século XVI ofereciam apenas o ensino da leitura, da escrita e das contas, como em Lyon, ou mesmo só da leitura, como em Basileia, separando-os dos outros saberes profissionais, constituindo-os como saberes populares e elementares e, simultaneamente, situando-os abaixo da cultura erudita protagonizada pelos colégios de humanidades. Em Lyon, Davies observou que os antigos conteúdos de escrita e aritmética comerciais tinham sido deixados para as leituras e as trocas entre os membros dos grupos de profissão porque "o mundo

---

[3] A passagem é importante e merece ser transcrita na íntegra: "E onde as mulheres das famílias de artesãos aprenderiam a ler e a escrever se seus pais e maridos não as ensinassem? As escolas dos conventos recebiam apenas um pequeno número de meninas leigas e apenas aquelas de boa família. As escolas municipais criadas na primeira metade do século XVI em Toulouse, Nîmes e Lyon eram apenas para meninos; o mesmo ocorria com as pequenas escolas de língua pátria que brotavam até nos modestos arredores da cidade nesses anos. Certamente, algumas poucas professoras tinham sido diplomadas em Paris, e sempre havia algum diretor de escola parisiense sendo admoestado por receber meninas ilegalmente, junto com seus alunos meninos. Mas em Lyon, onde encontrei apenas cinco professoras desde os anos 1490 até os anos 1560, encontrei também 87 professores homens nas mesmas décadas" (p. 69).

[desses mestres] era do tipo em que 'segredos' – segredos de ofício, segredos de mulher – nunca tinham sido propriedade privada, mas sim corporativa, e eram compartilhados, contados, passados adiante, de modo a não serem esquecidos" (p. 175). Assim, podemos dizer que os saberes profissionais e científicos estavam sendo colocados fora tanto dos colégios quanto das escolas urbanas, mas circulando nas Academias, nas Fraternidades, como a dos Rosa-Cruzes, nas corporações de ofícios, nos impressos. Caso exemplar dessa separação dos saberes, ela encontrou livros de aritmética "que ensinavam as quatro operações aos pequenos comerciantes, fosse 'com a pena', em números arábicos, fosse por meio da contagem de pedras (*jetons*), 'para aqueles que não sabiam ler e escrever', [e] eram mais utilizados por aprendizes e adultos num ateliê do que pelos professores numa pequena escola" (p. 175-176).

A rigor, diz Ph. Ariès em *A Educação Familiar*, essas pequenas escolas urbanas – e mesmo as remanescentes escolas das paróquias rurais, que vinham desde o Concílio de Vaison, no século VI – funcionavam mais como uma aprendizagem e menos como uma escola, e por duas razões. A primeira concerne ao fato de que, nelas, ensinava-se mais a leitura do que propriamente a escrita e as contas, justamente porque estas eram práticas da alçada das corporações dos mestres-escrivãos que as ministravam diretamente nas suas oficinas e controlavam o ensino delas quando dado pelos demais professores. "Escolaridade" – diz esse autor – "se refere à aculturação duma sociedade oral pelos indivíduos da escrita, da ordem moral, da boa 'polícia', da racionalidade" (p. 212), e este movimento só vai se completar séculos depois. O outro motivo era porque as pequenas escolas assumiam, concretamente, inúmeras formas de organização: a que ministrava leitura, escrita e contas enquanto práticas instrumentais; a que oferecia ensino avulso desses saberes; a que ensinava esses rudimentos e a prática de uma profissão; a que oferecia esses rudimentos enquanto uma profissão; a que completava esses conteúdos com a iniciação à gramática latina e outros conhecimentos eruditos, desenvolvendo práticas afins dos colégios de humanidades; enfim, a que funcionava junto aos grandes colégios. Tendo presente este alerta,[4] vamos acompanhar a formação dessa instituição escolar nova, no sentido de já separada e hierarquizada como ensino popular e elementar, não religioso e não profissional, da qual sairá, por um lento processo de definição, rejeição e incorporação de saberes, práticas e funções, o ensino primário do século

---

[4] Não custa lembrar que Ariès olha esse moderno processo de escolarização de um lugar próprio: a partir do antiquíssimo meio de aculturação familiar e comunitária, podendo ver então a escola como o "gigante em que se tornará, e que, como o cadáver de Ionesco, jamais acaba de crescer" (p. 213).

XIX. A designação pequenas escolas salva a nossa análise de incorrer em anacronismo, remetendo evidentemente, mais do que para as dimensões reduzidas dessas instituições, à sua marca de incompletas, pouco escolarizadas, se confrontadas com os grandes colégios de humanidades que foram organizados no mesmo período.

Séculos XVI-XVIII: educação rudimentar nas pequenas escolas

Pensamos que, além da perda das funções profissionais de interesse da burguesia, que tem agora à sua disposição os colégios humanísticos, o outro fator de fundamental importância que, ao longo do século XVI, levou à separação entre a educação do povo miúdo e a das camadas abonadas, conformando as escolas de ensino popular e rudimentar segundo o modelo das pequenas escolas de ler, e às vezes de escrever e contar, foi a atenção dos reformadores religiosos, que farão delas um lugar de ensino da doutrina. Aqui também – como já vimos em relação aos colégios –, a escola foi a "igreja das crianças", diz Y. Gaulupeau (*La France à l´école*, p. 14).

Para Manacorda, era uma tradição dos movimentos populares heréticos promover "a difusão da instrução a fim de que cada um pudesse ler e interpretar pessoalmente a Bíblia, sem a mediação do clero" (p. 194). Foi, portanto, na linha de Wycliffe e J. Huss que, na Alemanha, Lutero (1483-1546) teria proposto na sua "Carta aos Conselheiros de todas as cidades da nação alemã" escrita em 1524, que as escolas de ensino da língua materna e cálculo para o desempenho de ofícios fossem assumidas inteiramente pelos governantes e tornadas de frequência obrigatória. Citamos de Manacorda uma passagem desse texto:

> A prosperidade, a saúde e a melhor força de uma cidade **consistem** em ter muitos cidadãos instruídos, cultos, racionais, honestos e bem-educados, capazes de acumular tesouros e riqueza, conservá-los e usá-los bem [...] para instituir escolas de ótima qualidade, para os meninos e as meninas juntos, em todas as localidades, bastará só esta razão: que o mundo, para conservar exteriormente a sua condição terrena, precisa de homens e de mulheres instruídos e capazes; de modo que os homens sejam capazes de governar adequadamente cidades e cidadãos e as mulheres capazes de dirigir e manter a casa, as crianças e os servos. [...] Portanto, é necessário que meninos e meninas sejam bem-educados e instruídos desde a infância. (p. 196-7)

Entretanto, R. Nunes, em *História da Educação no Renascimento*, matiza bem a influência dos reformadores, preferindo atribuir essas iniciativas à ação dos Irmãos da Vida Comum que, na tradição da *Devotio moderna*, desde o começo do século anterior promoviam a instrução religiosa das regiões do norte da Europa em escolas: é por esta razão, diz ele, que "havia mais de cem regulamentos escolares em alemão ou flamengo editados entre 1400 e 1521" (p. 100).

Seja a origem do movimento uma ruptura, seja uma continuidade, sabemos que as cidades de confissão reformada reorganizaram as suas escolas ao longo do século XVI, prescrevendo-lhes novos regulamentos de ensino articulados pela religião. A maioria delas adotou a orientação humanista segundo o programa definido em 1528 por Melanchthon, baseado na doutrina religiosa, no latim e na retórica escrita, dando origem aos colégios reformados de humanidades. As demais se organizaram, a partir dos meados do século, pelo padrão das pequenas escolas, com ensino das primeiras letras em alemão, contas, música e doutrina. Confiando em Weimer (*Historia de la pedagogia*), que descreve vários desses regulamentos, os seus conteúdos eram apenas religiosos, com vistas ao ensino da doutrina, o que explicaria não só o pouco tempo de comparecimento que era exigido dos alunos (uma ou duas horas por dia) como o tipo do material que usavam para o ensino: dois textos redigidos por Lutero em 1529, o Pequeno Catecismo, segundo o antiquíssimo procedimento dialogado de perguntas e respostas para serem decoradas, e uma Paixão de Cristo, que ele adaptou para uso escolar dos martirológios medievais, de larga penetração nos meios populares; o livro de Salmos; o livro de cânticos usados na igreja – todos em língua alemã, podendo, portanto, serem apreendidos mais pelo ouvir-dizer-fazer e a memorização do que pelo domínio da leitura e escrita –; e um livro de fábulas de Esopo, transcritas por Melanchthon, em latim. Essa é também a visão de Eby, que chama essas instituições de "escolas de catecismo", e diz, sobre Lutero, que ele "abordou a educação não como humanista e nem mesmo como um professor prático, mas como um reformador religioso" (p. 53). Como reforço à sua argumentação, Weimer afirma ainda que eram empregados, como professores, alunos desprestigiados pelas escolas de latim, artesãos, antigos soldados, sacristãos, ou mestres de escritura e aritmética, que "deixavam muito a desejar [e] careciam de preparação especial" (p. 73). Essa avaliação negativa – lida à contrapelo ela identifica saber somente com erudição humanista – precisa, no entanto, ser vista com cautela, pois os nomeados se assemelhavam muito aos profissionais que, há tempos vinham se encarregando do ensino nas escolas urbanas e dominavam outros conhecimentos: o próprio Eby informa que os professores alemães tocavam violino para as crianças cantarem, e ensinavam a escrever, sim, mas com letras germânicas, isto é, nos desprestigiados caracteres góticos medievais!

Assim, podemos dizer, de um lado, que Lutero não criou a escola elementar popular e pública, como diz a historiografia da educação; antes dele, ela já era uma tradição escolar da Europa, inclusive no sentido de que o seu controle era assumido em parte pelas autoridades das cidades quando contratavam professores. De outro, esse reformador religioso tem a marca de ter prescrito a escolarização da infância protestante que não seguia a linha humanista, por escolha ou pela sua condição social, e (ainda mais importante) que ela fosse baseada na catequese da doutrina, portanto, ao que parece, mais próxima dos saberes da Igreja [**Fig. 83**] do que dos saberes ligados aos ofícios. Caracterizá-la precisamente, no entanto, como uma escola nos termos de Ariès, ensinando a escrever e os demais saberes para além de uma alfabetização simples na leitura e no canto religioso, fica na dependência, de difícil comprovação, daquilo que os professores de fato ministravam nesses estabelecimentos do século XVI. De qualquer modo, desde então, consagra-se a tradição de encaminhar os nobres e a alta burguesia de comerciantes para os colégios, e os artesãos, negociantes e camponeses para a escola elementar popular e religiosa.

Para a Inglaterra a situação foi diferente, segundo diz Nunes no seu livro *História da Educação no século XVII*: "nem a Igreja anglicana nem o Estado providenciaram escolas elementares no século XVII, tal como elas surgiram em outras regiões católicas ou protestantes" (p. 59). Um estudo como o mencionado por Verger, que citamos acima, que prolongasse para essa centúria a recolha de informações das cidades sobre as suas escolas, talvez alterasse essa conclusão, mas, desde já, ela põe em relevo aquelas iniciativas dos grupos religiosos dissidentes que, no contexto da Revolução Puritana, entre as décadas de 1640 e 1660, procuraram abrir escolas para todas as camadas sociais.

Também nas regiões atingidas pela reforma católica, muitos membros do clero passaram a se dedicar ao ensino das crianças fora dos serviços religiosos, em instituições que lhes ofereciam, simultaneamente, ensino elementar da leitura e instrução na doutrina [**Fig. 84**]. Segundo P. Zind (*La catequesis*), sua origem está ligada à ação das confrarias populares que prestavam assistência aos doentes, órfãos e abandonados. Essas associações organizaram, no início da década de 1530, em várias cidades europeias, Confrarias da Doutrina Cristã que reuniam gratuitamente as crianças aos domingos e dias festivos para fazer a catequese da doutrina e o ensino da leitura. Ele identificou as atividades desses grupos na Inglaterra, na França e na Itália, as quais, nos confrontos com os movimentos reformados, passaram a ter apoio dos bispos depois do Concílio de Trento (1545-1563), estendendo-se para a Suíça, a Áustria, o sul da Alemanha e a Espanha. Já no final do século XVI, muitos dos membros dessas Confrarias assumiram uma feição religiosa (fazendo votos e adotando a clausura), passando a ensinar a doutrina, a leitura e às vezes a escrita ao longo da semana e dando lugar, assim, às congregações docentes: o nome de Doutrinários, que muitas delas tomaram,[5] remete àqueles seus propósitos iniciais. Estudioso da constituição dessas pequenas escolas religiosas, Zind parece concordar com Eby acerca da associação delas com a catequese. N. S. Davidson (*A Contra-Reforma*) dá uma explicação um pouco diferente, ao encarar essa atividade de ensino como uma das estratégias de longo alcance do próprio Concílio para substituir a religião popular e persuadir os leigos a aceitar os pontos doutrinários e as práticas devocionais prescritos pela assembleia de bispos. As normas conciliares eram difundidas pela palavra falada de missionários e pregadores, e as escolas deviam continuar a repercuti-las depois que os religiosos – que passavam cerca de um mês em cada diocese, cumprindo uma programação que incluía o sermão e o catecismo cotidianos – se deslocassem para outro ponto da região. Contudo, Davidson também cita a criação de escolas de doutrina cristã pelas confrarias italianas, que desde 1536 se reuniam nos domingos e dias santos para ensinar a ler, escrever e a doutrina religiosa: "Por volta de 1611 a cidade de Roma tinha setenta e oito dessas escolas, com 10.000 alunos, meninos e meninas de cinco a quinze anos ou mais, reunidos em salas de aula relativamente pequenas" (p. 47).

De qualquer modo, pelo entendimento desses dois autores, fica claro que o interesse pelas pequenas escolas populares veio da necessidade de combater a Reforma – essa "heresia do livro", baseada na leitura da Bíblia em língua materna –, pelo acesso ao impresso que a frequência delas podia propiciar, e, sobretudo, do desejo de garantir a permanência da doutrina conciliar entre os leigos. Esse uso da escolaridade aparece tanto na ação – flagrada por Davies – do jesuíta Possevino, que "por volta de 1561, em Lyon [...] imprimia a sua custa livrinhos ortodoxos e os distribuía gratuitamente nas ruas" (p.182), atuando segundo a sua perspectiva erudita de reforço pelo escrito à doutrinação pela palavra; quanto na manifestação de padres franceses que, em 1769, escreveriam ao bispo de Autun falando da importância

---

[5] Uma listagem mínima delas deve incluir os Teatinos (1524), os Barnabitas (1530), os Somascos (1534), as Ursulinas (1535), os Oratorianos italianos (1575), os Piaristas (1579), os Doutrinários da Itália (1596), as Irmãs *de Notre-Dame* (1598), os Doutrinários da França (1602), as Visitandinas (1610), os Oratorianos franceses (1611), os Lazaristas (1625), as Irmãs de Caridade (1633), os Sulpicianos (1642), as Irmãs de São José (1648), as Irmãs *de l'Enfant-Jésus* (1670), e as Irmãs de São Carlos (1680).

da catequese da doutrina contrarreformada associada à escolarização das crianças. Citamos da transcrição feita por Zind:

> Por muito que um cura multiplique os catecismo, os sermões, as leituras; ou seus paroquianos não assistem ou se assistem não o escutam; ou se o escutam, não compreendem; ou se compreendem, não retêm quase nada do que se lhes diz; e a paróquia melhor atendida, se não tem escola pública, não será sempre a melhor iluminada nem a melhor arranjada... e os pastores se doem de ver que os jovens que não sabem ler esquecem logo, para sua primeira comunhão, até os primeiros elementos da religião que haviam aprendido em sua infância. (p. 244)

Apontar esse reinvestimento da Igreja põe simultaneamente em questão um outro modo de interpretar a história da educação escolar entre os séculos XVI e XVII: aquele que, tradicionalmente, vê a proliferação das pequenas escolas resultando da ação das monarquias europeias como aliadas da Igreja. Atualmente, sugere-se que essa visão de um papel forte do Estado deve ser matizada, pelo menos para a França. É certo que, na Alemanha católica, os príncipes das cidades da Baviera, de Salzburgo, de Constança e de Augsburgo, dentre outros, reorganizaram as escolas populares entre 1569 e 1610; e, na França dos Luízes, as congregações religiosas praticamente estavam encarregadas do ensino elementar, tanto o das cidades quanto o dos campos, com a conivência das autoridades. Todavia, Gaulupeau evidencia que a monarquia francesa somente passou a apoiá-las – e também a controlá-las – enquanto estiveram no âmbito da sua política de supressão dos *huguenots*, localizando este período de união entre Estado e Igreja católica contra os protestantes na passagem do século XVII para o século XVIII. Foi justamente em 1685 que o Édito de Fontainebleau revogou o secular Édito de Nantes (que tinha dado liberdade de crença aos protestantes), proibindo também o funcionamento das suas escolas. Essa medida foi reforçada em 1698, quando, devido à resistência deles, que mantiveram suas práticas religiosas e escolares no privado, um ato real tornou obrigatório o ensino escolar sob o patrocínio do Estado e o controle da Igreja Católica, ou seja, realizado nas escolas religiosas. O texto legal atribuiu às autoridades eclesiásticas a vigilância dos mestres e determinou conteúdos religiosos para o ensino: "as verdades da fé, o ritual católico, a missa cotidiana". Entretanto, ensinar a ler e a escrever era prescrito apenas "àqueles que precisassem", de modo que, diz esse autor, "uma vez aplacada a luta contra a heresia, nem o rei nem sua administração viram a utilidade de instruir os camponeses" (p. 20). As afirmações de Gaulupeau reforçam, portanto, o entendimento daqueles autores sobre o interesse da Igreja (pelos seus clérigos e leigos) no ensino elementar e no conteúdo que ele devia ministrar, precipuamente voltado à catequese da doutrina pela oralidade e os ritos. Ao mesmo tempo, elas assinalam para o historiador da educação, a permanência já às portas do século XVIII, do peso da cultura religiosa na cultura escolar, marca do século XVI.

Estivesse o Estado francês mais, ou menos como quer Gaulupeau, participando da condução do movimento, o resultado foi a difusão dessas escolas populares e elementares religiosas católicas, que se espalharam por toda parte. Recolhemos, da bibliografia, alguns dados: em 1673, das 129 paróquias de Brie, somente 16 delas não contavam com uma escola; uma única congregação, a das Irmãs *d'Ernemont*, fundada em 1698, abriu ao longo de um século cerca de 100 escolas rurais para meninas na região de Ruão; entre 1714-1716, as 1.159 paróquias da região da Normandia mantinham 855 escolas de meninos e 306 escolas de meninas; na cidade de Troyes, quatro congregações ofereciam simultaneamente ensino elementar.

Se tentarmos uma primeira aproximação à cultura escolar dessas pequenas escolas entre os séculos XVI e XVII, o ensino da religião aparecerá então como a sua primeira nota característica, não só porque muitas delas eram sustentadas pelas igrejas ou porque nelas se ensinava o catecismo e trabalhavam-se textos religiosos, mas, sobretudo, porque a própria instituição elementar e popular era, no perfeito enunciado de J. Vial em *A aprendizagem dos rudimentos na Europa ocidental*, "propedêutica da religião" (p. 309). No seu artigo *La catequesis*, citado, Zind apresenta as prescrições do ensino religioso tanto nas pequenas escolas quanto nos colégios de uma congregação religiosa feminina. Da sua rica descrição podemos reter aqui a indicação de que, se na rotina diária dos trabalhos escolares nas pequenas escolas apenas uma sexta parte do tempo estava consagrada ao catecismo, ministrado no último quarto de hora, a formação religiosa escolar invadia a prática dos ritos religiosos no tempo não escolar, uma vez que também deviam ser acompanhados pelos professores. Por sua vez, o Regulamento do colégio das Ursulinas em Dôle, no século XVIII, deixava patente o entrelaçamento do ensino da doutrina, das orações e da literatura religiosa com a formação moral cristã e um princípio de ensino de civilidade. Esta era uma codificação escolar dos bons costumes que, apropriando-se dos livros que educavam os cortesãos do século XVI, passara a prescrever, desde o decorrer do Setecentos, regras que envolviam profundamente os corpos dos alunos. A base dessa mudança vinha de que as duas reformas religiosas partilhavam a perspectiva antropológica da criança "nascida em pecado", má, que para poder viver em sociedade precisava ser disciplinada tanto por meio do castigo físico quanto do controle não só do seu espírito, mas também dos seus gestos, das suas atitudes, e do emprego do seu tempo: é por isso que, nas conhecidas estampas de Gravelot, o mestre ergue a férula (palmatória) para os alunos, e as meninas, enquanto aprendem a bordar e costurar, também recitam o rosário ou leem textos religiosos [**Figs. 85a e 85b**].

Uma outra gravura que representa uma escola de meninas do século XVII oferece de forma esplêndida indicações dessas práticas a que estamos nos referindo: o espaço religioso, o ensino da doutrina, a formação dos corpos e das atitudes, a prática da leitura e, mais restrita, a da escrita [**Fig. 86**]. Se compõem com sucesso o arranjo da cena artística, reforçando o valor simbólico do quadro, é preciso, no entanto, matizar a força dessas práticas como instituintes de uma realidade cotidiana, pois o citado Regulamento das Ursulinas também constatava a resistência das alunas, ao alertar que as meninas maiores se mostravam "preguiçosas no cumprimento dos deveres religiosos"!

Depois da doutrina, da moral e da civilidade, vinha a sequência da leitura, da escrita e da aritmética, ordem que repartia e hierarquizava esses saberes, do primeiro e mais praticado ao último e mais facultativo, como nota Gaulupeau ao apreciar o ensino da aritmética nas pequenas escolas. No século XVI, o domínio dessas três habilidades ainda dependia das tarefas que os professores – e professoras – contratavam com as famílias ou as autoridades das cidades e das igrejas; no final do século XVIII, crescendo a atuação das congregações docentes que ofereciam ensino gratuito, as crianças permaneceriam mais tempo na escola e tenderiam a completar todos os conteúdos.

Para ensinar a ler e a escrever, um professor cobrava o dobro de ensinar só a ler: assim, ensina-se primeiro a ler e depois, numa segunda etapa – que podia demorar meses para acontecer –, a escrever. Quando o contrato terminava, o professor podia ser dispensado, ou querer um outro posto: ia então à praça do mercado para oferecer seus serviços, como qualquer outro trabalhador de ofícios. Para anunciar suas competências, ele trazia o frasco de tinta preso no casaco e penas no chapéu: uma, se ensinava somente a leitura; duas, para leitura e escrita; e três, se dava leitura, escrita e contas. Ele participava das grandes feiras sazonais, nas quais se recrutavam os trabalhadores. As do início do outono eram as melhores para conseguir um novo emprego, pois havia neve e não se podia plantar nem executar atividades ao ar livre: começava então a temporada dos estudos para as crianças. A chegada da primavera anunciava as férias: era o recomeço do trabalho produtivo, nos campos e nas cidades. Se o professor ensinava numa família, ele podia atuar como preceptor particular dos seus alunos [**Fig. 87a**], ou também receber crianças das vizinhanças [**Fig. 87b**]. Frequentemente era encarregado de outras tarefas, como escrever cartas, fazer o registro das contas e ler para os adultos nas reuniões noturnas das comunidades rurais (o inverso também era verdadeiro: o secretário ou o contabilista serem contratados para ministrar o ensino). Quando o professor trabalhava para a cidade, tinha uma sala de aulas oferecida pelas autoridades, ou ensinava na sua própria casa, cuidando também do ofício que mantinha paralelamente, enquanto artesão ou negociante; se a escola era instalada pelas igrejas, frequentemente era o sacristão, e não o pastor ou o vigário, quem ficava encarregado do ensino. Diferentemente dos grandes colégios de ensino secundário, as pequenas escolas dos séculos XVI e XVII funcionavam no regime de externatos, mas também podiam receber os alunos como pensionistas e contratar um ou outro deles como auxiliar do mestre: era assim que se aprendia o ofício de professor. A mulher e os filhos também ajudavam, e por isso tantas gravuras que se referem a esse período encenaram – já vimos a de Ambrosius Holbein – o casal em atividade, misturando as tarefas escolares e domésticas [Figs. 88a e 88b]. Gaulupeau resume assim a "humilde realidade" do ensino que acontecia nessas pequenas escolas: "Com o grupo de crianças de idades variadas, frequentemente meninas e meninos misturados, ele pratica a pedagogia rudimentar do tipo individual: cada aluno, sucessivamente, vem soletrar no saltério ou recitar um trecho de oração, enquanto seus companheiros trabalham na única mesa de escrita, ou se dedicam a atividades ruidosas, as quais o mestre tenta remediar com algum castigo corporal" (p. 18).

Registros escritos e pinturas dos séculos XVI e XVII deixam entrever que, além do procedimento do atendimento individual, também ocorria a prática da divisão dos alunos em grupos segundo o conteúdo estudado, com crianças de todas as idades integrando os diferentes grupos. Podemos reconhecer essas marcas no famoso quadro de A. van Ostade, de 1662, "O Mestre-escola", o qual nos oferece uma representação dessas divisões, cada uma delas executando uma tarefa específica: à esquerda, o grupo dos que escrevem, à direita, dos que leem, e ao centro, o grupo dos que esperam ou estão sendo atendidos pelo professor, pronto, aliás, para aplicar o castigo [Fig. 89a]. Grupos e ensino individual se repetem também nas composições de Jan Steen: na que reproduzimos, ele mantém a repartição dos alunos nessas "classes" de nível ou de tarefas, com os meninos que escrevem, ao fundo, e os que dão a lição de leitura no primeiro plano; aqui também vemos que o professor ergue a palmatória [Fig. 89b]. Nesses dois quadros, temos crianças que entram e que saem da cena: um motivo recorrente para indicar que a passagem pela escola era uma das etapas da vida que todas as crianças deviam enfrentar, ou para sugerir que algumas delas recusavam o conhecimento oferecido? A gravura da escola de meninas, reportada anteriormente, exibe os mesmos elementos: os pequenos grupos (das que escrevem à mesa, das que leem, das que esperam), a aluna que é individualmente ensinada; a menina sendo trazida pelo pai, ou responsável, que lhe abre a meia-porta da sala, e a aluna que, de costas, se prepara para sair.

Vemos assim que, nessas obras, os atributos dessa educação escolar rudimentar se mantêm, introduzindo uma questão interessante para o historiador da educação: os autores poderiam estar, no caso, criando "cenas de gênero", como dizem os historiadores da arte, referindo-se às composições que descrevem situações do cotidiano e se repetem sem maiores atenções às realidades concretas, sempre diversas e matizadas.[6] Nesse sentido, é interessante imaginar que, sendo todas elas produções do século XVII, os pintores poderiam estar emprestando às pequenas escolas as representações dos grupos de nível da educação colegial (que conhecia à época grande desenvolvimento), antecipando uma prática que estava apenas começando a ser estabelecida para as pequenas escolas. De fato, segundo diz a historiografia da educação, foi o padre e pedagogo Charles Démia (1636-1689) quem conseguiu pela primeira vez, em 1668, o apoio das autoridades de Lyon para a manutenção de uma rede de 16 escolas elementares para meninos e 8 para meninas onde se ensinava gratuitamente a doutrina *et même à lire et à écrire* ("e até mesmo a leitura e a escrita"), como transcreve R. Nunes em seu livro *História da Educação no século XVII* (p. 104). Vinte anos depois, no entanto, Démia editou um Regulamento para essas escolas prescrevendo um currículo que superava essa restrição, ou seja, fora ampliado para incluir, além de doutrina, a leitura e a escrita, as noções de ortografia e gramática da língua francesa, e os princípios de aritmética. Para poder realizar essas atividades mais complexas, os novos conhecimentos seriam trabalhados em vários grupos de nível. Citamos de Vial:

> O mestre dividirá a sua escola em sete classes diferentes em relação à capacidade dos alunos: [...] na primeira, os que aprendem a conhecer as letras; na segunda, os que (fazem) *sílabas* (sic); na terceira, os que aprendem a juntar as sílabas em palavras; [...] na sétima, os que leem manuscritos. As crianças [...] da mesma capacidade, (seguem) ao mesmo

---

[6] Entretanto, uma nota de Rheinholdt em *História da Balança e a vida de J.J.Barzelius* localiza Van Ostade e Steen na história da ciência, enquanto dois dos "maiores pintores de alquimistas e seus laboratórios" do século XVII (p. 263), o que os liga ao tratamento do grande tema da oposição entre a ciência-religiosa e a nova ciência, e mais especificamente, à particular concepção científica do movimento Rosa-Cruz, que discutimos no capítulo anterior. Focalizando esses mesmos artistas da perspectiva da história da educação, eles também tratariam emblematicamente um tema, o qual, se S. Schama (*O Desconforto da Riqueza*) tem razão, é o da educação escolar como paródia da verdadeira educação, a familiar.

> tempo, no mesmo livro, (e apenas passam) dum grupo para o superior quando são capazes. (p. 313)

Fossem projeções de práticas colegiais, ou representações das experiências de Lyon que foram copiadas por outras cidades europeias, ou ainda registros de uma prática já realizada por iniciativa dos próprios mestres elementares, atentos ao que se passava no universo escolar, as pinturas também apresentavam as divisões e subdivisões em grupos ou classes. Dentre os que leem, por exemplo, algumas crianças têm livros, e outras, a cartilha, isto é, a tábua com um impresso – de início em latim, depois nas línguas vernáculas – que era o seu primeiro material de leitura. Conhecidas como *Croix-de-par-Dieu* ou *Horn-book*, as cartilhas nos ligam, pela tradição medieval, às milenares tabuinhas [Fig. 90a] em que os escolares da Grécia treinavam a leitura e a escrita, e que haviam preenchido as noites do insone Carlos Magno. Manguel descreve uma delas [Fig. 90b]:

> O *hornbook* consistia de uma fina armação de madeira, geralmente de carvalho, com cerca de 23 centímetros de comprimento e doze ou quinze centímetros de largura, sobre a qual ficava uma folha onde era impresso o alfabeto e, às vezes, os nove números e o padre nosso. Tinha um cabo e era coberto com uma camada transparente de chifre, para proteger da sujeira; a tábua e a folha de chifre eram então presas por uma fina moldura de latão. (p. 164)

Rompendo com as representações paródicas da escola de seus conterrâneos Ostade e Steen, outro holandês, Gerard Dou (1613-1675), preferiu referir o conhecimento ministrado na pequena escola enquanto iluminação: no seu quadro "Escola Noturna" ele pintou a cena de um professor e seus alunos agrupados em torno de velas e lanternas para o aprendizado da leitura e da escrita [Fig. 91]. Se para a história da arte a cena, embora privada, como pediam os padrões da época, não alcança acentos de intimidade pela estética quase maneirista da obra, para a história da educação ela pode ser apreciada justamente por apresentar, mais uma vez, em separado, distribuídas pelos grupos, as atividades corriqueiras das pequenas escolas. Apesar do anacronismo dos suportes materiais, antiquíssimos – o papel com um texto manuscrito para a leitura e a tabuinha de cera para a escrita do alfabeto –, a representação de grupos por Dou também autoriza à imaginação do especialista supor que os conteúdos instrucionais das pequenas escolas eram tratados de modo ordenado, isto é, repartido e sequencial.

Imagens e textos sugerem, pois, que, para a leitura, ocorria até mesmo uma subdivisão das classes: um primeiro grupo correspondia ao aprendizado das letras do abecedário; um segundo, ao das sílabas do silabário, formando combinações de todos os tipos (inclusive de trás para diante, como em ab/ba, bad/dab, cla/lac); um terceiro, ao das palavras soletradas, dizendo o nome das letras (bom lia-se pronunciando be-o-eme). No último, aprendia-se a ler os diferentes tipos de letras manuscritas.

O aprendizado da escrita era sucessivo e secundário em relação à leitura. Escrita era, sobretudo, matéria de ensino das corporações dos escribas, continuando a ser tratada como um conhecimento profissional, especializado, como caligrafia [Fig. 92]: por ser uma arte prática, controlada pelas corporações, seu ensino era ainda pouco enfatizado nas pequenas escolas. Além disso, a complexidade dos materiais envolvidos na escrita tornava muito oneroso o seu uso escolar. Em meados do século XVI, diz Vial no seu *A aprendizagem dos rudimentos na Europa Ocidental*, eram precisos cerca de 10 tipos diferentes de instrumentos para escrever: papel, tinta, penas de ganso e de pato, areeiro, canivetes, porta-penas, tinteiros, modelos das letras, réguas e esquadros para traçar as pautas e as margens do papel. Um século depois, ao descrever "as armas e o equipamento de um escolar" no seu *Janua linguaram*, de 1661, Comenius relacionaria praticamente os mesmos materiais. Citamos de Duveau (*Les instituteurs*): "O lugar adequado e cômodo às Musas [isto é, aos estudos] é aquele isolado, separado e afastado da multidão incontável do mundo; onde o estudante terá sua estante de livros, sua mesa, seu escritório portátil ou o tinteiro e o recipiente de tinta, seu areeiro ou caixa de serragem, e seu estojo de cálamos ou de penas, com o canivete, a faca e o talhador de penas. Eis as armas e o equipamento de um escolar" (p. 2).

A aprendizagem da escrita se fazia por etapas minuciosamente regulamentadas. Aparar a pena[7] era um conhecimento codificado em regras específicas, e seu acesso reservado ao mestre e aos alunos mais experientes; colocá-la no papel também, porque há ângulos mais adequados para cada tipo de letra. Segundo Vial, eram ensinadas duas maneiras de pegar na pena ou no cálamo para escrever, as duas em uso desde o século XVI. Na "antiga", segurava-se a haste na vertical entre o polegar e o indicador, como aparece exemplarmente nos retratos que Van Orley fez do médico G. Zelli, e Lucas Cranach, o Velho, de Lutero [Figs. 93a e 93b], e também em pinturas de Botticelli e Filipino Lippi [Figs. 93c e 93d]. A "nova", com a pena posicionada obliquamente entre o polegar e os dois dedos seguintes, já é apresentada por Rafael nos seus "A disputa do Sacramento" (c. 1508) e "A escola de Atenas" [Figs. 94a e 94b], e predomina nos quadros dos pintores flamengos desde a segunda metade do século XVI [Figs. 94c e 94d]. Quanto

---

[7] É somente no início do século XIX que Conté irá introduzir o uso do lápis, feito de argila e grafite.

ao talhe das letras, aprendia-se a elegante escrita redonda, fosse na sua forma vertical (*ronde*) [**Fig. 95a**], fosse na inclinada (*itálico*); a italiana, ou bastardo, que era letra redonda e aberta, e teve variantes verticais e inclinadas [**Fig. 95b**]; e as letras inglesa e cursiva, que sendo inclinadas e ligadas permitiam uma escrita mais rápida: a primeira era empregada na escrita de negócios, e a cursiva, nas anotações dos estudantes, uma prática, aliás, de uso corrente já nos cursos universitários do final do século XV [**Fig. 96**].

As crianças escreviam de pé, em mesas preparadas para essa atividade. Em geral, bastava uma para cada escola, pois nem todos os alunos – sobretudo as meninas – prosseguiam depois da etapa da leitura. A respeito do ensino feminino, lembra R. Chartier em *As práticas da escrita* que, "nas sociedades antigas, a educação das meninas inclui a aprendizagem da leitura mas não a da escrita, inútil e perigosa para o sexo feminino" (p. 117), e de fato, há "mesas de escrever" no desenho da escola de meninos de A. Bosse (1602-1676), mas não no das meninas [**Fig. 97**]; e nem estas aparecem executando tarefas de escrita nos quadros de Steen e Van Ostade, já referidos. Na composição das cenas de ambas as suas obras, Bosse manteve, mais uma vez, os grupos dedicados às diferentes tarefas e o motivo das crianças que entram e saem da sala, a que aludimos anteriormente, e reforçando os atributos de gênero, ele desenhou a sala do mestre se abrindo para o mundo exterior, mostrando dois personagens que chegam da rua, ao passo que, na versão feminina, aparece ao fundo outro cômodo interno, onde uma criada executa um serviço doméstico.

Enfim, seguia-se a aritmética escolar, que compreendia, de modo geral, apenas o ensino das quatro operações e da tábua de Pitágoras. O cálculo era aprendido comumente nas práticas gestuais, digitais [**Fig. 98**] e do ábaco, e as medidas, usando-se peças de madeira. O cálculo à pena, isto é, escrito, utilizando os algarismos arábicos, era mais difícil e raramente ensinado nas pequenas escolas, pois dependia de um bom domínio da leitura e da escrita, que nem todos podiam ou conseguiam ter. Dentre essas duas formas de prática aritmética, uma popular e outra erudita – que eram representadas separadamente em gravuras do século XVI [**Fig. 99**] – os professores recortaram aquela que era mais afim dos usos culturais e sociais, constituindo-a como cultura escolar das pequenas escolas. A respeito, diz Vial fechando o seu precioso artigo: "Para lá da numeração e das duas primeiras regras [somar e subtrair], o cálculo mantém-se, nos começos do século XIX, um assunto de peritos" (p.327).

Compreende-se assim a importância social e pedagógica que assumiu a atuação dos Irmãos das Escolas Cristãs, uma daquelas congregações francesas docentes criadas no século XVII para o magistério popular e urbano.

Fundada na década de 1680 por Jean-Baptiste de la Salle (1651-1719) – que codificou em 1702 as normas de conduta que seus membros deviam praticar, publicando-as em 1720, no livro *La conduite des écoles chrétiènnes* –, essa ordem, além de adotar todos os mais recentes procedimentos técnicos e metodológicos de ensino conhecidos à época e introduzir alguns novos, realizou mudanças fundamentais na organização do ensino que levaram a termo, em seus estabelecimentos, a escolaridade conceituada por Ariès. Ou seja, ao invés de ministrar uma sequência de conhecimentos que podia ou não ser finalizada, como ocorria nas pequenas escolas, os Irmãos fizeram duas coisas: eles ensinaram o conjunto deles (leitura, escrita, aritmética, doutrina, civilidade e um pouco de latim), e de modo simultâneo, no sentido de ensiná-los ao mesmo tempo para o conjunto dos alunos reunidos – agora efetivamente, como já se fazia nos colégios –, em classes. Ainda, fizeram essas mudanças de procedimentos didáticos em nome de uma pedagogia da ordem moral, da polícia dos costumes e da racionalidade, segundo os termos de Ariès. Pode-se dizer, então, que as escolas lassalistas praticaram efetivamente a escolarização do ensino elementar e popular, distinguindo-se das escolas e dos mestres tradicionais que continuavam praticando a alfabetização simples, reduzida no mais das vezes ao ensino da leitura e da doutrina para alunos reunidos em grupos e subgrupos.

Desdobrando essas notas características para efeito da análise, podemos começar examinando a organização dessas escolas lassalistas – o nome parece bem mais adequado agora –, indicando que elas eram estruturadas em nove classes rigorosamente articuladas, agrupando crianças que estavam no mesmo nível de aprendizado, e subdivididas em grupos de principiantes, médios e adiantados. Os alunos podiam mudar de posição nesses grupos segundo os resultados dos exames mensais a que eram submetidos. Nesse ponto parece não ter havido inovações, no sentido de que os lassalistas reproduziam procedimentos conhecidos e praticados, inclusive os prescritos por Démia para o ensino elementar, e de resto, há muito tempo, pelas instituições colegiais. Para reforçar o argumento, podemos lembrar que, se o regulamento de Démia é de 1688, a prática dele na administração de escolas datava já de 20 anos antes, ao passo que a fundação da primeira escola de La Salle em Reims ocorreu em 1680. Como o pedagogo lionês, os Irmãos começavam a escolarização das crianças pela leitura em francês, aos 7 anos. Ensinavam nas 1ª e 2ª classes as letras e depois as sílabas, dispostas em quadros murais ou cartazes – pode-se dizer que as tabuinhas de leitura vão para as paredes –, que o professor apontava com a vara (ponteiro). Depois, na 3ª classe, a cartilha ou o silabário, em francês, correspondendo ao Primeiro Livro de Leitura, quando se repetiam os procedimentos de soletração e silabação, sem ler propriamente, apenas decifrando ou reconhecendo as combinações de sílabas. O treino das frases e dos textos inteiros era feito na 4ª classe (Segundo Livro de Leitura); as regras de pronúncia na 5ª classe (Terceiro Livro), quando se aprendia a ler as palavras. Na 6ª classe, fazia-se a leitura corrente dos escritos tipográficos – aprendendo a ler com pausas, observando os sinais de pontuação –, e a leitura dos números, também dispostos em tábuas murais. Na 7ª classe, a iniciação ao latim, o suficiente para poder cantar o Saltério e ler a Bíblia, e lia-se o Manual de Civilidade Cristã, impresso nos primeiros tempos em gótico, depois em cursivo. Na 8ª classe, liam-se as letras manuscritas de textos profanos.

O que é novo nessas escolas parece se referir, em primeiro lugar, ao ensino da escrita: esta era praticada pelas crianças de 12 anos, que formavam a 9ª e última classe, justamente chamada de "classe dos escrivães", onde aprendiam a ortografia e a caligrafia das letras *ronde* e bastardo cursivo. Ministrando este ensino em conjunto com os outros conhecimentos no interior de um curso, de um todo articulado e coeso – embora sem simultaneidade com a leitura –, a escola lassalista prescrevia a escrita a todos os alunos da escola e, por extensão, formava o copista-escrivão. Este trabalhador era essencial para a vida urbana [**Fig. 100**], mas poucos estudantes tinham acesso à escrita nas pequenas escolas francesas de alfabetização: não só os mestres-escrivães continuavam a ensinar sua arte mediante as regras das corporações dos calígrafos a que pertenciam, concretizadas num longo e oneroso aprendizado, como eles interferiam na prática dos próprios professores das escolas elementares, restringindo, por exemplo, os tipos de letras que eles podiam ensinar. Com a pratica escolar lassalista – gratuita – das várias modalidades de escrita[8] abria-se de novo a profissão de escrivão, permitindo que as crianças redigissem e grafassem registros comerciais, textos administrativos, procurações, petições e cartas. Por isso, Manacorda afirma que, sob o título de ortografia, escondia-se o fato mais moderno dessa escola: a aprendizagem da escrita comercial. Não admira que as corporações de calígrafos e escribas se rebelassem contra os Irmãos, armando conflitos nas localidades onde eles atuavam e invadindo e destruindo suas escolas e oficinas! Lembra Nunes que, quando os irmãos abriram duas escolas em Paris, os mestres calígrafos passaram "às vias de fato, fazendo esvaziar as salas das escolas gratuitas, despojando-as dos móveis e conseguindo do Escolástico da Catedral de Paris a supressão das mesmas, por constituírem atentado aos seus privilégios" (p. 145).

---

[8] A taquigrafia também será ensinada nessas escolas desde o final do século XVII.

Em segundo lugar, refere-se ao ensino da leitura e escrita dos números (e não apenas do tradicional cômputo digital ou pelo ábaco) e da civilidade cristã, ou seja, das regras de conduta que permitiam controlar os comportamentos privados segundo as exigências do convívio social: isso significa que se completava também o processo de escolarização da aritmética e da sociabilidade. Este último ponto é particularmente importante nos lassalistas. Depois de La Salle, aprender a viver numa sociedade urbana alcançava todas as crianças, independentemente da sua origem familiar: bastava-lhes ir à escola que ele modelara! Que normas de conduta se aprendia nas escolas dos Irmãos? A bibliografia atual vem destacando que o quadro mental do século XVII estava marcado – em vista do protagonismo da burguesia – pela busca da ordem num mundo em desordem,[9] e este traço pode ser apreendido nos vários modelos de escola que surgem no período: já apresentamos os jansenistas, com sua busca da razão bem ordenada e da moralidade ascética; e Comenius, que propôs seguir as pegadas da (ordem da) natureza, ambos contemporâneos de La Salle. A proposta deste também era a de um ensino metódico, regrado, ascético, disciplinado, e ordenado segundo os termos da mentalidade burguesa e católica. Ser aluno dos lassalistas implicava, então, adquirir atitudes de pontualidade, obediência, silêncio e autodomínio que mostrassem simultaneamente distinção de maneiras e espírito cristão. Essas marcas eram formadas por meio de práticas que mantinham a disciplina e obrigavam ao cumprimento das tarefas, como: uso de sinais silenciosos (fichas, pedras, cartões, bastões, contas, o gesto de levantar a mão) que permitiam a comunicação e o desencadear de ações pelas classes; admoestações verbais; penitências; castigos físicos, pelo emprego da férula (tiras de couro), da palmatória **[Fig. 101]** e do *fouet* (um açoite de 5 tiras de couro com três nós); censura dos livros; e controle do corpo e da sexualidade (não se banhar muito frequentemente, não ir ao sanitário acompanhado, trazer os olhos abaixados, andar aos pares, em filas **[Figs. 102a e 102b]**, manter distância das mulheres, pois havia ensino lassalista para meninas, ainda que sem coeducação nas classes).

Ambos, procedimentos disciplinares e ensino da civilidade nas escolas eram práticas correntes nos colégios e nas pequenas escolas, confessionais ou não: nas diversas ilustrações que já apresentamos vemos a palmatória e o feixe de varas como um dos atributos emblemáticos dos professores. O diferencial no caso dos Irmãos das Escolas Cristãs era a operação que eles realizaram sobre a civilidade, transformando-a em dois sentidos, dados por

---

[9] Cf. a respeito, a introdução que R. Villari escreveu para o livro *O homem barroco*.

J. Revel em *Os usos da civilidade*. O primeiro, quando mostra que ela foi praticada nas suas escolas enquanto instrumento de uma disciplinarização autoritária e sistemática dos corpos e das mentes infantis, aplicada às crianças das camadas populares. Segundo o autor, os lassalistas ministravam para elas uma versão rígida e imperativa da civilidade, segundo a qual o adestramento dos corpos era acompanhado de uma vigilância policialesca do tempo e do espaço dos seus alunos. É importante lembrar que, para Revel, já havia uma diferença estabelecida entre a concepção de civilidade do humanista Erasmo, cuja obra *A civilidade pueril*, de 1530, compunha uma "pedagogia das boas maneiras", baseada no procedimento da imitação dos adultos no meio familiar e social, e a dos autores do século XVII, os quais, na esfera da influência da Reforma e da Contrarreforma, conformavam uma "pedagogia dos comportamentos", ensinada pelo procedimento da prescrição escrita em manuais de regras de condutas, que já supõe, para todos eles, o domínio da leitura. No entanto, La Salle, no seu *Regras do decoro e da civilidade cristã*, de 1703 – livro que teve, até 1875, 126 reedições, atestando sua ampla aceitação nos meios escolares –, não só prescreveu os comportamentos sociais aceitos, como ainda, em comparação com outros autores de tratados de cortesia e civilidade do período, chegou às minúcias sobre o controle do corpo das crianças pobres que seriam os profissionais do trabalho, instituindo um uso lassalista da civilidade bem diferente daquele praticado nos meios burgueses nobilitados,[10] onde a etiqueta da corte permitia um "natural estudado", um cultivo das aparências. O cortesão é justamente definido por Revel como o "profissional da frequentação mundana" (p. 194).

O outro sentido dessa transformação vem de ser um exercício escolar. Segundo Revel, já circulavam antes dos lassalistas livros de civilidade com prescrições de conduta que funcionavam como uma pequena enciclopédia de conhecimentos elementares que todos deviam dominar, abrangendo tanto os rudimentos da fé, as máximas morais da doutrina e as regras de conduta adequadas, quanto o alfabeto (escrito em diferentes modelos de letras), as regras da ortografia e os elementos do cálculo. Contudo, o diferencial da atuação dos lassalistas se mantém, uma vez que eles utilizaram essas publicações para concretizar o procedimento de trabalho simultâneo com os alunos das suas escolas: usados como livros únicos de leitura, eles deveriam ser seguidos ao mesmo tempo pela respectiva classe, até que

---

[10] É bom lembrar que, nas reformas pombalinas da instrução de 1759/1772, que atingiram o Brasil-Colônia, a civilidade foi prescrita como parte integrante do currículo das aulas de primeiras letras, mas a afiliação desta regra era oratoriana (burguesa), e não lassalista (popular).

todos os alunos aprendessem os conteúdos e percorressem em conjunto as nove etapas graduadas. Neste sentido, também o ensino simultâneo não foi criação dos lassalistas, mas o uso que deram a ele, sim: a prática, na escola elementar, deste procedimento já empregado na educação colegial da burguesia e da aristocracia, levava à retenção na escola das crianças das camadas populares durante um certo período de tempo determinado, isto é, até que todas completassem o aprendizado de todos os conhecimentos e atitudes prescritos para as nove classes e ministrados pelo livro. Ficavam marcadas, assim, duas diferenças em relação à tradicional prática das pequenas escolas: de interromper a educação elementar das crianças segundo os desejos e necessidades das famílias ou a possibilidade de disponibilizar esses saberes pelos seus professores, e de utilizar como suportes materiais para o ensino da leitura os próprios textos religiosos. Uma bela reflexão de D. Morando, em sua obra *Pedagogia*, expõe uma terceira e importante implicação dessa educação disciplinar:

> Essa aprendizagem, aplicando-se a todos os sujeitos indistintamente, descuidaria a realidade das diferentes e peculiares inclinações de cada um. Além disso, a pretensão de chegar, com uma particular disciplina, a preparar tudo para todos, levaria a definir como não educados, não educáveis e não aptos para assumir os propósitos, os deveres e as responsabilidades, grandes e pequenas, da vida, os alunos incapazes de submeter-se a *essa* disciplina. (p.143)

Podemos finalizar esta análise das implicações da pedagogia lassalista para o processo de escolarização lembrando que, em 1684, La Salle abriu em Reims uma escola normal, isto é, uma escola para ensinar aos professores – membros da sua ordem, mas também de outras congregações, e mesmo mestres privados – a norma de conduta que ele havia planejado para a prática nas escolas elementares: essa formação escolar dos professores deve ser confrontada com o tradicional modo de formação pela observação e imitação de outros mestres, que era mais afim de procedimentos corporativos.

Relacionando a cultura escolar sistematizada pelos lassalistas com a configuração histórica da França no período, podemos dizer que ela era adequada ao contexto concreto de uma sociedade contrarreformada, segundo o conceituado por Davidson e por Gaulupeau, e também ao momento recortado por este último autor, de uma aliança política entre a monarquia antiprotestante e a igreja católica. Os dados apresentados por Nunes (*História da Educação no século XVII*) evidenciam a crescente expansão dos Irmãos na França: em 1680, La Salle tinha uma escola em Reims, com cinco professores; dois anos depois, mais duas nessa cidade e outra em Lâon. Em 1719, eram

36 escolas em 27 cidades, com 274 religiosos e 9 mil alunos; seis décadas depois, 760 religiosos, 137 escolas, com 441 classes e 33 mil alunos. Vale dizer, portanto, que essa rede de escolas elementares pôde ser aproveitada pela monarquia francesa para a execução daqueles atos de 1685 e 1698, já referidos, e que os lassalistas, apoiados pelo poder real, e em consonância com este, civilizaram e disciplinaram as populações dos campos e das cidades pela escola, fosse diretamente, atuando como professores nas suas escolas urbanas, fosse formando segundo suas prescrições outros mestres para as pequenas escolas das aldeias e das cidades.[11]

Séculos XVIII e XIX: aproximações à escola primária

No final do século XVIII, a escola elementar de classes graduadas e método simultâneo, onde os alunos de um mesmo nível trabalhavam com o mesmo material, na mesma tarefa e ao mesmo tempo os mesmos conteúdos de leitura, escrita, aritmética, civilidade e religião, segundo as regras fixadas por La Salle, já era um modelo difundido em toda a Europa. Isso quer dizer, de um lado, que o movimento crescente de alfabetização e escolarização tomou como referência ou padrão essa escola, mas se concretizou na realidade educacional de diferentes maneiras, algumas mais próximas das pequenas escolas dos séculos XVI e XVII, outras já tendendo à plena forma escolar e ao modelo simultâneo dos Irmãos, outras fundindo as sobrevivências da tradição mais antiga com as inovações. Mais uma vez é preciso confrontar as propostas com a realidade educacional, pois a excepcional gravura dos inícios do século XIX, que nos dá uma rara imagem de uma escola lassalista com uma classe e também uma situação de ensino individual – o único aluno e seu professor com o *fouet* ocupando o primeiro plano – sugere que o ensino simultâneo ainda não havia se firmado nem entre eles próprios, e que a sua prática escolar estava mais próxima de uma organização mista **[Fig. 103]**.

De outro, quer dizer que, no decorrer do Setecentos, apareceram também mudanças que não vieram dos lassalistas. Segundo Vial, no plano da leitura, a soletração ainda era dominante, mas o método fonético posto em circulação pelas escolas de Port-Royal teve muito sucesso, principalmente na França e na Alemanha: era mais fácil e mais rápido nos seus resultados, porque mais próximo da experiência da língua falada pelas crianças (lê-se pelo som, sem dizer o nome das letras). Apareceram as cartilhas silabadas,

---

[11] Cf. em Nunes, citado, a sugestão de que La Salle também desenvolveu, além da escolar, as vertentes do ministério pela palavra e do trabalho leigo, ou seja, todas as três marcas de atuação que Davidson atribui à Igreja contrarreformada.

isto é, que começam pelas sílabas no lugar do abecedário, e até aquelas que ofereciam frases inteiras, associadas com figuras, como a publicação *Rôti-Cochon*, apreciada por Vial como "um esforço de globalismo" (p. 314) [**Fig. 104a**]. A ênfase no ensino intuitivo baseado nos sentidos, com suas propostas de quadros murais e de livros ilustrados com figuras – já vimos o exemplar *Orbis pictus* de Comenius –, levou ao uso de jogos com cartões de letras e palavras: um deles, de 1773, tem o título sugestivo de "Espinhos transformados em Rosas...", exprimindo a expectativa de que ele trouxesse uma prática mais fácil e prazerosa da leitura [**Fig. 104b**]. Houve ainda a sugestão de uma espécie de tipografia escolar.[12]

O aparecimento da pedra de ardósia de uso individual (lousa) e coletivo (quadro-negro) entre o final do século XVII e o início do século XVIII provocou uma verdadeira revolução, em dois sentidos. O primeiro foi o de facilitar a execução simultânea da prática da escrita e da leitura e a organização da classe única e coletiva, sem subdivisões: apoiada comodamente nos joelhos, prescindindo do aparato tradicional dos instrumentos da escrita, a ardósia permitia que todos os alunos exercitassem as letras ao mesmo tempo em que liam os textos dos quadros. O segundo, no aspecto econômico: a lousa de ardósia foi o "papel dos pobres", como diz Vial em outro de seus textos, *As técnicas das aprendizagens rudimentares do século XIX*, pois possibilitava a constante reescrita das letras. Gradativamente, as tabuinhas de cera desaparecem das pinturas, substituídas pelas pedras de ardósia como atributo do tempo escolar [**Fig. 105**].

Não obstante, durante muito tempo ainda, as duas atividades da leitura e da escrita foram ensinadas em separado, o que explica a saída de muitas crianças das escolas sem a plenitude da expressão escrita, mas podendo ler os textos e grafar os nomes simples: o corte entre umas e outras era determinado pelos critérios de gênero, tipo de ofício familiar, colocação na escala social, e residência no campo ou na cidade. Daí a insistência de R. Chartier nas altas taxas de alfabetização dos séculos XVI e XVII europeus indiciadas pela capacidade de leitura ou de assinar o nome, ainda que dissociada do pleno domínio da escrita. Quando este ocorre, no final do século XVIII, já se está no contexto daquela educação propriamente escolar na linha de Ariès, que essas mudanças técnicas e metodológicas vieram propiciar.

---

[12] O *bureau tipographique* seria criação do abade L. du Mas, em 1733, segundo o princípio da associação dos sons com as cores. Transcrevemos de Nunes, no seu livro sobre o século XVII: "[uma] mesa comprida com prateleira e repartições, em que se distribuem os sons da língua expressos em caracteres simples ou compostos em cartões. Cada caixeta traz numa inscrição a indicação das letras nelas contidas, e a criança arruma as letras para compor as palavras tal como faz o tipógrafo" (p. 138).

A leitura oralizada, na qual o leitor pronuncia as palavras à medida que lê o texto, acompanhando com o dedo para indicar a passagem lida, ficará associada aos usos populares e escolares, caracterizando o principiante, ou aquele que não tinha familiaridade com textos escritos [**Figs. 106a e 106b**]; mas à difusão da leitura silenciosa [**Fig. 107a**], apontada pelo autor como a grande inovação dos tempos modernos, pois permitira a constituição da intimidade individual e familiar – poder ler silenciosa e rapidamente, em qualquer lugar, inclusive nos espaços domésticos, equivalia a ter vida privada reivindicada pela burguesia – se juntou a prática rotineira da escrita entre os escolarizados, inclusive para as mulheres dos meios abonados [**Fig. 107b**].

De outro lado ainda, a formação modelar pelo alfabeto e pela escola não anulou a força do costume entre as camadas populares. Nestas, como mostrou E. P. Thompson no seu importante texto *Costumes em comum*, tanto as práticas e as normas de conduta continuaram a ser propagadas de uma geração para outra sobretudo pela transmissão oral, quanto o controle delas permaneceu sendo feito pelo modo tradicional, ou seja, não pelos argumentos da racionalidade aprendidos nas escolas, e sim pelos procedimentos do ridículo, da vergonha, da intimidação e da força. No seu texto *Cultura popular na Idade Moderna*, Peter Burke também argumenta que, se levarmos em consideração o material impresso que circulava nos meios populares, fica evidente que os usos da alfabetização pelo trabalho dos Irmãos e outros agentes da escolarização não alteravam os seus costumes. No começo do século XVIII, eles ainda liam as obras do repertório da tradição oral, como baladas, diálogos, pseudossermões, peças de mistério e outras, adequadas às práticas de audição da leitura ou de leitura em voz alta, mesmo se os temas tratados nesses textos apontem que estava ocorrendo uma progressiva secularização e politização da mentalidade popular. Essas conclusões enquadram a "revolução do impresso" proposta por Chartier como mais restrita aos meios eruditos, que consumiam obras apropriadas para a leitura silenciosa e individual.

Contudo, as consequências daquelas práticas que fixavam apropriações de um modelo de escolarização elementar que instruía, disciplinava e catequizava as camadas populares eram incontornáveis, pois extrapolaram o mundo escolar: a alfabetização na leitura e na escrita levou à quebra do monopólio das corporações dos escrivães, à simplificação das técnicas gráficas e ao desaparecimento dos escritos aparatosos, permitindo ainda, como fenômeno geral, a superação das barreiras representadas pela origem social e pelo gênero em direção a uma civilização da escrita. Nesse contexto, os pensadores iluministas do século XVIII foram levados a enfrentar a questão da educação escolar elementar. No entanto, no confronto com a ação das escolas cristãs (principalmente a lassalista), a posição que tomaram em relação à sua aplicação aos camponeses e trabalhadores do povo miúdo foi muito restritiva. Os *philosophes* eram reconhecidos por seu completo envolvimento nos debates sobre as questões da cidade,[13] e o homem que eles tinham em mente era o burguês letrado; foi para ele que os iluministas reivindicaram uma transformação no campo da educação. Ou seja, repercutindo a mentalidade empiricista dominante, para a qual nada no homem era inato, mas tudo aprendido, diziam que o contexto da vida social (urbana) devia ser inteiramente pedagógico para formar um novo tipo humano (citadino): é a linha da onipotência da educação, como diz W. Bernardi (*Educazione e società in Francia dall' Illuminismo alla Rivoluzione*), na qual Rousseau, iluminista, mas não *philosophe*, introduzirá a vertente oposta, que denuncia "a obra nefasta da civilização sobre a inocência natural do homem" (p.22). Os iluministas não tiraram, entretanto, as implicações que as suas posições teóricas empiristas e sensistas autorizavam, de uma cultura e uma educação escolarizada para todos, incluindo os populares. A rigor, o paradigma das luzes não se concentrava sequer no interesse pela educação em instituições. Pelo contrário: para grande parte dos iluministas, a melhor educação era aquela dada e controlada pelas instâncias públicas, abarcando sob esta rubrica o espetáculo das manifestações populares; a participação nas festas cívicas; e a ampla circulação dos conhecimentos por meio de jornais, cartazes e outros impressos, de museus, da difusão de dicionários e enciclopédias, das sociedades científicas e culturais, e dos grupos de convivialidade adulta, cujos membros trocavam cartas, conversavam nos cafés e praticavam a leitura em voz alta **[Fig. 108]**. O princípio era promover a multiplicação das ações formativas pela via da difusão das luzes em todos os aspectos da vida político-cultural burguesa, e desta, para os demais grupos sociais.

Foi sob a influência da redescoberta que a corrente estética do neoclassicismo fez das culturas antigas (em especial a cretense, a espartana e a romana), abrindo a possibilidade de o modelo escolar de educação ser controlado pela cidade e não mais pela Igreja católica, que os iluministas

---

[13] J. M. Goulemot constrói em seu texto *As práticas literárias ou a publicidade do privado*, a figura dos filósofos iluministas que "vivem e atuam tão somente para o mundo. O espaço público os determina [...]" (p. 398). É preciso notar que o autor contrasta essa postura com a posição de recusa ao vínculo social que encontra em Rousseau, e por isso a frase citada se completa com a expressão "e aliena". Esta explicitação não alteraria nosso argumento uma vez que, embora com outro fundamento – o da proximidade com a natureza – ela implica para Rousseau a mesma posição contrária à instrução popular.

passaram a reivindicar educação leiga, pública e estatal na forma escolar,[14] em escolas, mas distintas na sua feição de acordo com as diferentes camadas sociais. Para o burguês, homem da cidade e da cultura escrita, os *philosophes* se posicionaram pela rejeição do modelo colegial clássico, isto é, dos colégios de humanidades, e em favor das escolas de currículo enciclopédico, como vimos no capítulo anterior. Para as camadas populares, reivindicaram – exceto Diderot (1713-1784) e Helvétius (1715-1771) – menos até do que o ensino escolar da leitura, da escrita e da civilidade cristã que os Irmãos lasssalistas ministravam: recomendaram apenas a prática dos ofícios e da moralidade leiga. Neste sentido, as posições de La Chalotais (1701-1785) e Condillac (1714-1780) são exemplares. As respectivas citações são tiradas do texto de Bernardi:

> Os Irmãos da doutrina cristã, que são chamados *Ignorantins*, vieram para levar tudo à ruína. Ensinam a ler e a escrever a pessoas que deveriam aprender apenas a desenhar e a manejar a plaina e a lima, mas que não querem mais fazê-lo: são os rivais e sucessores dos Jesuítas. O bem da sociedade reclama que os conhecimentos populares não se estendam para além de suas ocupações. Todo homem que olha além de seu trabalho não o realizará mais com coragem e paciência. Entre as pessoas do povo não é quase necessário saber ler e escrever, como àqueles que vivem com estas artes, ou àqueles a quem estas artes ajudam a viver. [...]
>
> Dado que [os cidadãos] não são feitos para contribuir do mesmo modo para as vantagens da sociedade, é evidente que a instrução deve variar de acordo com o estado ao qual são destinados. Às últimas classes basta saber contribuir com o seu trabalho, mas os conhecimentos tornam-se necessários à medida que as condições se elevam. (p. 129-130)

No texto em que examina essa posição como o lado sombrio das Luzes (*Educação das massas: uma "sombra" no século das Luzes*), M. Lúcia P.-Burke mostra que ela também pôde ser vista na Inglaterra, ao transcrever as manifestações de um autor insatisfeito com as iniciativas dos dissidentes da Igreja Anglicana de difusão do saber entre os pobres:

> Para fazer uma Sociedade feliz e as Pessoas satisfeitas nas mais baixas circunstâncias, é um requisito que um grande número delas seja ignorante

---

[14] Nas décadas de 1760 e 1770, os iluministas desenvolveram planos de educação encomendados por soberanos adeptos do Absolutismo Ilustrado – Prússia (1763), Áustria (1774), Saxônia (1773), Polônia (1773), Rússia (1776), Itália (1785) – além do plano de La Chalotais para o Parlamento Francês (1763), o que reforça a visão do Iluminismo como manifestação da camada social moderna no interior do Antigo Regime. Cf., a respeito, W. Doyle (*O Antigo Regime*) e Fr. J. C. Falcon (*Despotismo Esclarecido* e *O Iluminismo*).

> e também pobre. O conhecimento tanto amplia quanto multiplica nossos desejos. [...] O Bem-Estar e a felicidade, portanto, de todo estado e Reino requerem que o Conhecimento do trabalhador pobre seja confinado ao âmbito de suas ocupações e nunca estendido... além do que se relaciona a seus afazeres. (p. 58-59)

Em sentido contrário, o movimento revolucionário de 1789 procurou dar particular atenção ao ensino popular e elementar. Dos iluministas vieram a rejeição às práticas da iniciativa privada (inclusive a familiar), das corporações e das congregações, vistas como "muito estreitas e muito solitárias", e o princípio geral da educação como um encargo de toda a nação, sob a influência dos modelos das sociedades antigas: a dos cretenses, assumido pelo girondino Rabaut-Saint-Just, e a dos espartanos, por Lepeletier. Dos educadores Reformados, remontando das escolas realistas aos pietistas, e destes até o iluminismo enciclopedista (e rosacruciano) de Comenius e Bacon, a atenção ao mundo físico e social coetâneo. Nos debates do movimento avançou-se, assim, a proposição de um verdadeiro sistema de educação escolar, com ensino graduado em primário, secundário e superior. Já vimos no capítulo anterior as iniciativas deles para o ensino secundário e o superior. No âmbito da educação popular, os princípios de uma formação gratuita, leiga, universal, obrigatória, pública e estatal – e não, religiosa e privada – foram progressivamente inscritos na legislação revolucionária: a Constituição de 1791 aprovou o ensino elementar gratuito oferecido pelo Estado; em abril de 1792, por projeto de Condorcet, foram criadas escolas elementares gratuitas, leigas[15] e iguais para ambos os sexos, com o objetivo explícito de "formar-lhes a razão"; em julho de 1793, a partir de um projeto de Lepeletier, apresentado por Robespierre, os lugares onde ela ocorreria, ou seja, internatos para os jovens revolucionários, nos quais meninos e meninas dos cinco aos doze anos de idade seriam educados por um currículo comum, com ênfase em exercícios físicos e práticas de formação cívica; e, em dezembro de 1793, por projeto dos deputados Bouquier, Barère e Lakanal – este um antigo aluno dos lassalistas convertido à Revolução – definiu-se essa educação como obrigatória e nacional, baseada no ensino da leitura, da escrita, da aritmética, de noções de gramática, da prática das medidas, da lição de coisas, e da moral republicana, dado por professores contratados pelo Estado.

Educando também pela imagem, os adeptos da Revolução condensaram e fizeram circular todas essas proposições acerca da educação das

---

[15] Um decreto anterior suprimira todas as corporações seculares e eclesiásticas, inclusive as docentes.

crianças em belas estampas carregadas de sentidos patrióticos, como aquela que representa a República recém-instituída, duplamente referida pelo seu símbolo máximo – a *Marianne* –, e esta, na sua função pedagógica (civilizada, não aguerrida), pela jovem professora [Fig. 109].

Em *A vida quotidiana no tempo da Revolução Francesa*, J. Robiquet recolheu, da documentação sobre o período revolucionário, alguns exemplos da aceitação popular dessas medidas, que levavam a novas práticas educativas: reproduzimos dois deles, não sem anotar o tom um tanto escandalizado do autor sobre o papel do Estado "consorte da ama de leite" (p. 91)! Um exemplo se refere a uma mãe de família patriota que, numa cena de educação doméstica, prescinde do livro impresso e educa pelo milenar diálogo catequético das perguntas e respostas:

> Mal o seu pimpolho sabe falar, e ela supõe ser altura de lhe infligir o questionário incluído pela cidadã Desmarest nos seus *Éléments d'Instruction républicaine*: "– Quem és tu? – Eu sou filho da pátria. – Que riquezas possuis? – A liberdade e a igualdade. – Que dás tu à sociedade? – Um coração para amar o meu país e braços para o defenderem"! (p. 89)

O outro é propriamente do âmbito escolar:

> [...] as circulares dos professores de colégio [...] procuram fazer compreender aos pais as excelências do ensino que ministram. Mesmo nas classes primárias, o estudo da Constituição é agora objecto de um curso especial. Por isso, o bom Sr. Donon, que sucede ao pai na casa de educação da rua de Chaume, no Marais, e nada respeita tanto como as sábias e sublimes operações da Assembleia Nacional, consagrará a maior parte do tempo a explicar os seus decretos aos alunos e a fazer-lhes compreender a utilidade que há em se conformarem com a sã razão revelada por tais decretos. E o seu confrade Rolin [...] anuncia que contrata, no seu internato da rua de Sèvres, um novo professor "com o fim de ensinar aos Senhores seus alunos a nova Constituição, que deve ser o principal objectivo da sua instrução, os Direitos do Homem e o Direito público". (p. 90)

No entanto, diz Gaulupeau em *La France à l' école*, logo ficou claro "que a Revolução não tinha os meios para realizar o seu 'sonho pedagógico'" (p. 66). Sem recursos, e passada a fase mais democrática da Convenção, os projetos revolucionários começaram a ser desmontados. O próprio decreto de Bouquier de 1793 sobre o ensino público oficial concedera simultaneamente liberdade à iniciativa particular. Em janeiro de 1794, o movimento revolucionário concentrou a instalação de escolas elementares naquelas de ler, escrever, contar e civilidade, ou seja, o tipo mais largamente praticado, e pôde apresentá-las como a escola universal de responsabilidade do Estado republicano. Evidentemente, elas não tinham a base religiosa que vinha dos lassalistas: substituindo a moral e a civilidade cristãs pela moral e a civilidade republicanas e adotando o recurso do livro didático de leitura com novos suportes doutrinários – a Constituição e a Declaração dos Direitos do Homem no lugar dos textos religiosos ou dos manuais de civilidade cristã, como mostra a gravura acima –, esses textos, diz muito bem aquele autor, comporiam o "catecismo republicano", parte integrante do currículo das escolas elementares, ensinado com o propósito de substituir o credo religioso pelo credo revolucionário, os valores da piedade cristã pelos valores da religiosidade profana, e as figuras exemplares dos santos pelas figuras dos mártires da liberdade. Na sequência, os projetos Lakanal, de 1794, de Daunou, de 1795, e Fourcroy, de 1802, convertidos em lei, levaram ao abandono, respectivamente, da obrigatoriedade, da gratuidade e do pagamento dos professores pelo Estado.

No período pós-revolucionário, com Napoleão Bonaparte e os políticos da Restauração (1815-1830), recorreu-se novamente aos Irmãos das Escolas Cristãs para atuar nas escolas populares. Eles, que tinham sido banidos da França em 1790, foram chamados de volta em 1803, recebendo outra vez a incumbência de se ocuparem do ensino elementar: em 1815, tinham 20 mil alunos nas suas escolas. Em passagem do seu livro *Les instituteurs*, G. Duveau explica esse movimento, contrapondo-o ao destino daqueles professores do período republicano revolucionário (que perturbaram Robiquet!) diante das novas medidas:

> No Primeiro Império, Napoleão e seus prefeitos guardaram pessoalmente alguma simpatia pelos antigos convencionais, pelos velhos jacobinos. Mas, o país se reconstruindo na direção da ordem burguesa, nas cidades e nos campos, foram os bem-pensantes que o conduziram adiante. Os professores primários que pertenceram à intelectualidade constitucional, ou que, mais modestamente, se colocaram a serviço desta intelectualidade republicana foram brutalmente perseguidos. Em Mutzig, na Alsácia, os irmãos Stelling, que haviam desempenhado durante dez anos para satisfação geral suas funções de mestres de escola, foram dispensados depois de um voto contrário do conselho municipal. Foram acusados de terem servido de fabriqueiro [tesoureiro] para o padre constitucional e manifestado com tanto ardor seu zelo republicano que arrastaram um de seus parentes para a luta na Vandeia. (Sendo morto esse parente durante a campanha, os bem-pensantes de Mutzig se persignavam com horror diante dos irmãos Stelling). O prefeito ficou preocupado com a perspectiva de perder tão bons servidores da escola. Mas os imperativos da conciliação sobrepuseram-se à fidelidade aos princípios de 1789. Mayer, *irmão de um padre fanático*, toma o lugar dos irmãos Stelling. (p. 32-3)

É se referindo a esse contexto conservador, de medo e de contenção do radicalismo jacobino, que a bibliografia explica o retorno dos lassalistas, e as novas medidas de vigilância e verificação dos professores que caracterizam o período. As ideias mais audaciosas sobre a educação popular, diz A. Léon em *Da Revolução Francesa aos começos da Terceira República*, foram expressas "no próprio momento em que, sob a Convenção montanhesa, se intensifica a participação popular na vida política. Depois da queda de Robespierre, uma fase de reação, assinalada, a um tempo, por um recuo das ideias e por um aumento das realizações, desemboca na constituição do monopólio napoleônico" (p. 339). Esse autor lembra ainda que, em fevereiro de 1816, um novo regulamento de ensino proibirá a coeducação e exigiu dos professores um certificado de capacidade e bom comportamento referente aos seus três últimos anos de atividade, cuja emissão era confiada às autoridades públicas e ao clero da localidade, ou seja, o prefeito e o pároco! Para Bernardi, "a educação permanece [...] sob o controle vigilante e escrupuloso do Estado. A política democrática da Revolução será, no entanto, abandonada. A instrução elementar destinada ao povo será novamente confiada aos cuidados da Igreja e das suas tradicionais organizações, enquanto o Estado se ocupa, sobretudo, dos liceus e da universidade que devem acolher os filhos da burguesia" (p. 30). Também Gaulupeau enfatiza que, durante a Restauração, a monarquia francesa caracterizou-se no campo da educação por procurar colocar as instituições existentes sob a sua supervisão, mais do que estimular a fundação de novas escolas.

Ao que parece, a única iniciativa que surgiu nesse período, em resposta tanto às necessidades sociais e econômicas quanto ao princípio da responsabilidade pública no sentido da tradição iluminista e alcançou a realização concreta, foi a da burguesia industrial, que promoveu, desde 1815, a difusão das escolas de ensino monitoral ou mútuo. Os industriais franceses estavam interessados em acelerar a expansão da educação escolar elementar de seus futuros operários, tanto pelos seus aspectos disciplinares quanto de domínio da escrita e da leitura, mas recusavam o modelo das escolas de ensino simultâneo definido pelos lassalistas, em vista da sua base catequética e do oneroso processo de formação de seus professores pela escola normal. O ensino mútuo, pelo contrário, foi apresentado pelos seus criadores, vindos dos meios filantrópicos do protestantismo inglês – A. Bell (1753-1832), pastor anglicano em Madras, na Índia, e J. Lancaster (1778-1838), um *quaker* londrino, respectivamente em *An Experiment in Education* [*Uma Experiência em Educação*] de 1797, e *Improvements in Education* [*Melhoramentos em Educação*], de 1803 – como uma alternativa aos modelos de ensino individual e de ensino simultâneo ou de classe vigentes, pois possibilitava, justamente, diminuir as despesas, abreviar o trabalho dos professores e acelerar o rendimento da aprendizagem dos alunos.

Reunindo em uma única sala de grandes dimensões um mínimo de 100 alunos, repartidos em classes de 10 crianças lideradas por monitores escolhidos dentre os melhores alunos e coordenados por um único professor [**Fig. 110**], os procedimentos de ensino mútuo combinavam as práticas já difundidas nos séculos XVII e XVIII de leitura silenciosa, uso de sinais visíveis e sonoros para desencadear ações, ensino em língua materna e aprendizado simultâneo da leitura e da escrita, com duas inovações: um sistema de recompensas e punições simbólicas por meio de cartões, e a decomposição das tarefas em pequenas unidades, que tinham de ser dominadas antes de o aluno prosseguir com a lição. Os onerosos livros eram praticamente abolidos: os alunos-monitores [**Fig. 111**], com seus grupos de alunos reunidos em semicírculo [**Fig. 112**], liam as letras, sílabas e frases escritas em grandes quadros apensos às paredes, ou nas tábuas de leitura individuais. Também usavam tinta e papel para escrever apenas na última classe: os meninos grafavam as letras, primeiramente com o dedo, em "mesas de areia", ou seja, tabuleiros recobertos de uma camada desse material, e depois nas suas lousas individuais de ardósia. Essa organização dos trabalhos apressava a etapa de alfabetização, conquistada num ritmo ao mesmo tempo mecânico e de trabalho ativo dos alunos. O uso de monitores, por sua vez, permitia que a escola atendesse um grande número de alunos sem aumentar o dos professores e das escolas normais que os formavam, pois os alunos aprendiam a serem mestres na própria prática monitorial. Como sintetiza Duveau, é a "escola sem mestre" (p. 46).

Em 1820, eram cerca de 170 mil os alunos atendidos na França. Ao que parece, o sistema foi aceito pelos próprios trabalhadores pelas características de ensino mútuo entre os alunos, isto é, mais igualitário, já que as posições de aluno e monitor podiam ser constantemente trocadas durante os trabalhos nas classes. A Igreja católica se opôs violentamente ao sistema [**Figs. 113a e 113b**], denunciando que os professores mútuos ensinavam o catecismo sem a sua supervisão, ao passo que a opinião liberal foi solidária com a experiência exatamente por sua base religiosa não congregacional. Pode-se até dizer que, na passagem do século XVIII para o XIX, em todas as sociedades em que ocorreu implantação de governos liberais, houve também experiências de ensino mútuo.[16] Desde então, repercutindo as disputas políticas e religiosas

---

[16] Inclusive na América espanhola e no Brasil independente. Cf., a respeito, o livro organizado por Bastos e Faria Filho, *O ensino elementar no século XIX: o método monitorial/mútuo*.

do meio sociocultural, as formas de organização escolar elementar segundo os modelos simultâneo e mútuo se apresentaram como concorrentes e superiores ao individual – ainda que, na realidade educacional, ocorressem mesclas e aproveitamento de todos os procedimentos, configurando um modelo misto –, até que o governo de Luís Felipe prescrevesse, pela lei Guizot de 1833, o modelo simultâneo como o padrão oficial das escolas francesas públicas de ensino elementar, e as escolas normais (uma em cada região administrativa do país) como o lugar de formação dos seus professores.

De qualquer modo, o ensino mútuo e o simultâneo foram, sobretudo, uma prática escolar das cidades mais urbanizadas. Nas pequenas localidades e no mundo rural, continuaram a funcionar as pequenas escolas de sala única subdividida em grupos e subgrupos quanto aos conteúdos e atividades, que ofereciam um ensino repartido e sequencial da leitura separada da escrita e com atendimento individual aos alunos de idades variadas. Tais marcas ficaram consagradas nas pinturas do período, como mostram os quadros de Cornet, Charlet, David, Chibourg, Beaume e muitos outros artistas, compondo aquelas "cenas de gênero" a que já nos referimos para o século XVII: elas representaram, durante muito tempo, século XIX adentro, essa escola de alfabetização e doutrina como popular, atrasada e tradicional [**Figs. 114a e 114b**], em oposição à escola urbana de classe simultânea (ou mútua), considerada burguesa, avançada e moderna [**Figs. 115a e 115b**].

Na realidade educacional, frequentemente, essas formas de organização se misturavam. Esta condição aparece na imagem de uma escola de meninas do final da década de 1830 que reproduzimos [**Fig. 116**], brilhante pintura de síntese cujos motivos, se desdobram à análise do historiador da educação os vários elementos constitutivos do longo processo de conformação da escola elementar dos tempos modernos, podem também estar descrevendo a escola mais usual da época. A cena, organizada num espaço religioso, mas não mais doméstico, traz, sempre em harmônico contraponto, as figuras do mundo adulto, o militar e a religiosa, dois dos protagonistas da sociedade francesa de então; e das crianças, meninas camponesas e burguesas estudando em conjunto. Na sala única, praticam os seus saberes escolares: a leitura e a escrita, o exercício escrito de contas, a recitação do catecismo pela aluna ajoelhada. A mestra traz à mão a pena da escrita, e não mais a vara da disciplina. À direita, vemos um subgrupo ou classe simultânea praticando a leitura, a escrita e a aritmética, e à esquerda, um pouco desorganizadas, o grupo das alunas à espera de serem atendidas individualmente pela professora. Nas paredes, as seculares imagens sacras contracenam com o novo quadro-negro. A imagem traz, enfim, entre as sobrevivências metafóricas da composição, os motivos recorrentes da criança que chega trazida pelo pai e, ao fundo, quase escondida, da menina que sai da sala, aproximando-se do pesado reposteiro.

É notável, ainda, que esses modelos da forma escolar elementar do final do século XVIII e início do século XIX tivessem sido criações históricas dos tempos modernos para a educação das camadas populares. O que as diferenciava, segundo M. Enguita, que examina em *A face oculta da escola* as conexões da escola dos lassalistas e do sistema mútuo com o processo produtivo, era a adequação dessas duas iniciativas para promover a substituição do trabalho pré-industrial pelo industrial moderno, assalariado: comparando as características deste, no qual tanto o local quanto o processo de produção não estão mais sob o controle dos trabalhadores, com as práticas de aula dos Irmãos e das escolas mútuas – o trabalho coletivo nas classes, o ensino graduado, a obediência, o silêncio, a repetição das tarefas, o controle rígido, a fragmentação das atividades, a duração uniforme do período escolar –, Enguita considera que elas instituíram o lugar apropriado para as camadas populares se acostumarem às relações sociais do processo de produção capitalista, predispondo seus alunos para realizarem as etapas de transição para o trabalho assalariado (divisão manufatureira do trabalho, introdução da maquinaria, taylorismo e fordismo).

Esse ponto explica por que nem o modelo mútuo nem o modelo simultâneo alteraram significativamente os seus conteúdos de leitura, escrita, contas, civilidade e doutrina, exceto pela incorporação do ensino de pesos e medidas prescrito pela Lei Guizot. Para chegarmos à ampliação dos saberes e conhecimentos que passaram a integrar a educação popular em direção ao que veio se chamar, no século XIX, o ensino primário, organizado como uma escola anterior à escola secundária colegial, temos que procurar a sua origem em outro lugar.

É nas realizações de J. H. Pestalozzi (1746-1827), cuja atuação tem as marcas da rejeição ao modo burguês de vida e ao modelo escolar de educação popular a ele associado, fosse o dos lassalistas, fosse o dos iluministas e liberais, que vemos avançar essa inovação. Tanto Manacorda, no seu livro *História da Educação: da Antiguidade aos nossos dias*, quanto L. Cossu e M. Maggi, em *L'educazione dell'Europa moderna*, explicam o modelo de escola pestalozziano pelo seu quadro de referência histórico – a sociedade pré-industrial e o mundo localístico das pequenas comunidades suíças –, e pela sua adesão à vertente, muito difundida na época, de conformidade à vida simples e imediata da natureza e rejeição da civilização degenerada e corruptora. Cossu e Maggi alertam até que esses dois motivos costumam ser associados a influências rousseaunianas, mas "na verdade fazem parte de uma *sensiblerie* largamente difundida, a que a obra de Rousseau dará uma contribuição mais emblemática que exclusiva, ainda que de certo fortemente operante nas áreas alemãs e suíças" (p. 103). Concordamos com eles: se Pestalozzi projetou o ser humano como perfectível, nisso não se distinguindo dos demais pensadores iluministas dos meados do século XVIII que acreditavam na disposição da criança para querer o bem se a educação liberasse suas potencialidades para o justo e o bom, diferentemente deles, ele aplicou o seu otimismo antropológico e pedagógico às populações pobres, procurando preservar as suas crianças dos efeitos da crescente industrialização burguesa e revalorizar a educação familiar e a escola que a essa se assemelhasse. Assim, distanciando-se dos modelos construídos pela racionalidade dos séculos XVII e XVIII com critérios de rigor, ordem e disciplina, Pestalozzi começou sua atividade educativa baseado nos sentimentos do amor, da justiça e da bondade natural, localizando-os na vida comunitária e familiar.

Nesse ponto, a apreciação de Cossu e Maggi sobre a atuação de Pestalozzi é bem negativa, vendo nele a afirmação da "educação como condição essencial para que a criança e o homem conquistem consciência e autonomia produtiva frente às restrições sociais exercidas pelos estratos superiores" (p. 24), mas também uma "insistência crescente sobre aspectos 'sentimentais' da relação pedagógica, com algumas acentuações de tipo paternalístico e moralístico" (p. 104). Manacorda, por sua vez, valoriza justamente duas coisas em Pestalozzi: o seu resgate da função materna – real, ou simbolicamente representada pelo professor da escola elementar – na condução de cada individualidade infantil à perfeição; e o uso desse "princípio materno, enquanto prolongamento e concretização do princípio da natureza", dando origem a uma série de procedimentos que definiram um novo modelo de educação escolar elementar.

Segundo Manacorda, o primeiro desses procedimentos foi a educação não repressiva, pois, para Pestalozzi, as "vontades infantis" não são más em si, são naturais e não podem ser combatidas com castigos. O segundo, o modo de agir da mãe ou do professor, baseado em dois pontos: o interesse da criança e o ensino intuitivo e gradual. Isso significava ensinar com a ajuda de objetos, partindo da realidade concreta para as ideias abstratas. Essa proposta já era conhecida e praticada, mas Pestalozzi qualificou-a dizendo que qualquer objeto do mundo infantil podia ser usado para despertar na criança as intuições e as ideias: isto era novo, pois ampliava consideravelmente a abrangência da cultura escolar popular, justificando a prática de atividades do tipo exercícios sensoriais, ginástica, música, desenho, modelagem e outras, que não eram levadas em conta, fosse nas pequenas escolas, fosse nas escolas de ensino simultâneo dos lassalistas. Tal procedimento, além de permitir o desenvolvimento de todas as faculdades da criança – na linguagem pestalozziana, o coração, a cabeça e as mãos, "elementos que a Providência colocou no homem" –, possibilitava, ainda, que essa rica atividade educativa fosse oferecida a todas as crianças, até as mais miseráveis, pois não dependia de impressos ou de outros onerosos materiais de ensino para ser praticada. O terceiro procedimento foi, portanto, para Manacorda, o da democracia no âmbito das relações sociais, alcançada pelo princípio da universalização (todas as faculdades, todas as crianças) da educação. Não espanta, pois, diz o autor, que Pestalozzi tenha recebido da Assembleia Nacional o título de cidadania francesa, em 1792, e aderido à República Helvécia, em 1798!

Na sua bela análise, Manacorda considera, ainda, que Pestalozzi conseguiu estabelecer uma continuidade de princípios entre a educação materna e a do professor, pois, tendo começado seu trabalho com crianças órfãs e abandonadas em instituições não escolares, os abrigos de Neuhof (1771-1778) e Stans (1798-1799), ele também aplicou suas ideias numa escola pública de Burgdorf (1799-1800), e depois, nas escolas-internato de Burgdorf (1800-1804) e Yverdon (1804-1825). Nas duas primeiras iniciativas, em Neuhof e Stans [**Figs. 117a e 117b**], seu modelo de educação remetia inteiramente às práticas de socialização familiar: pelo seu alvo de formar o homem integral dotado de bom senso, boa saúde e bondade de coração; pelos trabalhos de lavoura, jardinagem, fiação de algodão e afazeres domésticos (mais do que a leitura e a escrita) que compunham os saberes que ele desenvolvia; e, sobretudo, pela convivência serena e afetuosa que praticava, visando garantir a confiança e a adesão das crianças. Esses procedimentos foram justamente os representados pela iconografia que ficou associada ao nome de Pestalozzi [**Fig. 118**], mas podemos conhecê-los pelo registro que fez deles em sua *Carta de Stans*. Citamos de D. Incontri (*Pestalozzi: educação e ética*):

> Minha convicção e meu objetivo eram um só. Na verdade, eu pretendia provar, com minha experiência, que as vantagens da educação familiar devem ser reproduzidas pela educação pública e que a segunda só tem valor para a humanidade se imitar a primeira. [...] a vontade [infantil] não é produzida por palavras, e sim pelos cuidados que cercam a criança e pelos sentimentos e forças gerados por esses cuidados. As palavras não produzem a coisa em si, mas apenas o seu significado, a sua consciência [...] Minha meta principal direcionou-se, antes de mais nada, a tornar as crianças irmãs, cultivando os primeiros sentimentos da vida em comum e

> desenvolvendo suas primeiras faculdades nesse sentido. [...] Embora eu tivesse o livro de leitura de Gedike, seu uso me foi tão pouco importante como o de outros livros escolares, pois eu via que a aprendizagem [...] deveria se dar preferencialmente por algum meio que reunisse a todas harmoniosamente, no mesmo estado de ânimo, para o meu objetivo. Compreendi perfeitamente a impossibilidade de se ensinar na forma de uma escola plenamente organizada. [...] Guiado por esses princípios básicos, eu não procurava no começo, com tanta pressa, que as minhas crianças avançassem na soletração, na leitura e na escrita, mas que elas desenvolvessem, com esses exercícios, da maneira mais polivalente e ativa, as faculdades da alma em geral. (p. 144-156)

A passagem de Pestalozzi pela pequena escola de Burgdorf é pouco referida, mas nela ele parece ter encontrado uma oportunidade de sistematizar melhor os seus procedimentos intuitivos e ampliar os conteúdos que ministrava, como mostra a avaliação dos seus supervisores, reproduzida de L. Meylan (*Henrique Pestalozzi*):

> Nessa idade de 5 a 8 anos, na qual as crianças, submetidas à tortura do antigo método, aprendiam a conhecer as letras, a soletrar e a ler, vossos alunos não apenas cumpriam essa tarefa com grande perfeição desconhecida até o presente, mas os mais hábeis dentre eles já se distinguem como calígrafos, desenhistas e calculadores. Em todos, soubestes despertar e cultivar o gosto da história, da história natural, da medição, da geografia, etc., de tal sorte que seus futuros professores primários, se souberem aproveitar com inteligência essa preparação, verão seu trabalho grandemente facilitado [...]. (p. 217)

Em Yverdon, Pestalozzi esteve bem mais próximo da rotina escolar. Nesse grande estabelecimento [**Fig. 119**], ele recebia visitantes e estagiários de toda a Europa[17] que iam aprender os seus métodos: um deles, Marc-Antoine Jullien (1775-1848), que o frequentou durante dois meses, em 1805, deixou uma memória desse período, descrevendo Yverdon como um lugar de ensino, onde Pestalozzi associava aos seus procedimentos originais de convivência familiar e afetividade outros elementos tirados das práticas escolares do ensino individual, do mútuo e da organização colegial. Dentre eles, estavam: trabalho metódico, realizado por meio de atividades graduadas, seriadas e encadeadas; divisão das crianças – meninos e meninas – em classes de idade com 8 a 10 alunos, cada uma com

---

[17] Entre eles, Fröbel, Madame Niederer – que teve em Genebra uma escola onde estudou Carolina Florence, futura proprietária (1863) do colégio Florence, de Campinas, interior da província de São Paulo – e Hippolyte Denizard [Alan Kardec], criador do espiritismo e grande divulgador de Pestalozzi na França.

seu "preceptor particular de mesmo gosto e idade" (monitores); internato; tempo escolar dividido entre o estudo e a recreação; e conteúdos seriados e graduados segundo a ordem progressiva da natureza (ou seja, das sensações às ideias), e expandidos para incluir – além da leitura, da escrita, das contas, da religião e da civilidade – os trabalhos manuais, os exercícios de ginástica, a higiene, os jogos, o canto, o desenho, a geografia e a história, a geometria e o cálculo, inclusive o escrito, a história natural, as línguas (alemão, francês, latim e grego) e a educação moral, fundada na disciplina do trabalho e na vida comunitária.[18]

Certamente, esse texto fala muito de Jullien, seu autor, que segundo as suas próprias expectativas de homem letrado do período pós-revolucionário, interpretava a obra de Pestalozzi como uma instituição privada, na qual reinava aquele clima familiar e amoroso no trato com as crianças de permeio com uma educação liberal e humanística do interesse da burguesia: ele chega a comparar, explicitamente, Yverdon com o *contubernium* de Vittorino de Feltre! Nesse sentido, a escola de Pestalozzi talvez fosse já bem pouco popular. Mas Jullien dá também pistas inegáveis de que Pestalozzi organizara, nesse início do século XIX, uma escola de educação elementar com marcas próprias: era anterior ao estudo colegial, sendo o latim e grego opcionais; era alternativa nos seus procedimentos aos modelos de ensino simultâneo e mútuo; e aqueles saberes trabalhados em Stans e Burgdorf haviam sido trazidos para o currículo como disciplinas, com previsão de um horário a ser cumprido no calendário de atividades, passando a integrar a primeira formação escolar das crianças. Assim, Yverdon educava enquanto uma escola de ensino primário.

Eby é o autor da história da educação que tem a melhor percepção desse fato. Ele observou que Pestalozzi derivou dos três pontos de partida da sua instrução – a forma, o número e as palavras – um currículo para o desenvolvimento intelectual:

> Incluía lições de coisas, que eram sempre acompanhadas de exercício de linguagem, pois percepção e palavra formam um todo integral. A Aritmética, tanto escrita quanto mental, era de máxima importância, pois seu estudo assegura pensamento claro e exato. As lições de coisas conduziam ao estudo da natureza em geral, e, incluída nisso, estava a Geografia. Em outro sentido, a observação sensorial levava ao estudo dos produtos feitos pelo homem, a objetos de manufatura e arte. O estudo da forma acarretava o desenho e interesse pelas cores, a modelagem e a Geometria. A vocalização é a origem da linguagem, e isso deve ser sempre relacionado com a

---

[18] Cf. excerto do relatório em Incontri, citado.

observação sensorial e a atividade intelectual. A música, especialmente o canto, era considerada uma forma de linguagem. (p. 391)[19]

Eby mostra ainda, a repartição do tempo escolar cotidiano realizada por Pestalozzi, com horário fixo para as diversas atividades, que também foi integrada à organização do ensino primário e elementar: das 6 às 7 horas, orações matinais, depois banho e desjejum; das 8 às 12 horas, e das 13h30 até 16h30 horas, lições separadas por um pequeno intervalo, sendo cada hora dedicada a um estudo específico; refeições e recreação entre as 12 e as 13h30 horas, e 16h30 até as 19 horas. Depois, estudo, novas orações, e o descanso noturno por volta das 21 horas.

Sabemos que a escola pestalozziana foi rapidamente incorporada ao sistema escolar dos países de língua alemã. As autoridades escolares da Prússia mandaram estagiários para Bourgdorf e Yverdon e contrataram C. A. Zeller (1774-1840), discípulo de Pestalozzi, para dirigir um instituto pedagógico de formação de professores em Königsberg, que foi modelar para as outras instituições do estado prussiano; Berlim teve outro pestalozziano, Diesterweg (1790-1866), à frente da sua escola normal. Na Itália, as vozes contrárias à introdução da escola pestalozziana foram majoritárias.[20] Na França, o Ministro Guizot tomou conhecimento das iniciativas alemãs por intermédio do seu olheiro pedagógico, Vitor Cousin, que visitou a região em 1830, inspecionando esses estabelecimentos; no entanto, na reforma que assinou em 1833, ele descartou para o ensino elementar e popular do seu país tanto o modelo de ensino mútuo quanto o modelo pestalozziano, mantendo o já tradicional modelo simultâneo. A lei até prescreveu para as comunidades com mais de 6 mil habitantes a criação de escolas primárias superiores, com um currículo aproximado ao praticado por Pestalozzi em Iverdon, mas cerca de vinte anos depois, no universo de 60 mil escolas francesas, elas ainda somariam – como mostra M. Gontard em *Os ensinos primário e secundário em França* (p. 235) – apenas 455 unidades.

---

[19] Ele também aponta os aspectos que, na sua opinião, Pestalozzi não desenvolveu: os meios para o cultivo da linguagem – o brinquedo, os contos de fadas, as narrativas, a História e a Literatura – e para o desenvolvimento do poder prático, isto é, a capacidade produtiva da criança; e o aspecto moral e religioso, que também devendo partir das experiências, pois era baseado nas emoções, não era ensinável mediante doutrinas morais e rituais religiosos. A aproximação que Eby faz do currículo apenas às disciplinas, sem incluir as atividades e práticas, é questionável, mas essa visão restritiva não altera o nosso argumento em favor da atuação de Pestalozzi na constituição de uma escola expandida nos seus conteúdos e diferente na sua organização e procedimentos.

[20] Cf. em Cossu e Maggi, citado, o relatório do padre G. Girard (1765-1850) a respeito.

A influência de Pestalozzi ajuda a entender por que a Alemanha foi, então, como diz Léon, "berço da escola primária" (p. 377).[21] Pela via da história da arte porém, é também possível reconhecer a ampla aceitação desse modelo escolar pestalozziano: nossa última gravura **[Fig. 120]** traz, de maneira encantadora, as suas marcas – presentes, se não na realidade, ao menos no imaginário da época –, ao encenar a classe única de uma pequena escola empenhada coletiva e prazerosamente em uma aula de música escrita, sob a condução atenta e paternal do professor e... o controle do relógio de pêndulo!

SABERES ESCOLARES NA ESCOLA POPULAR PESTALOZZIANA
Fontes: D. Incontri, *Pestalozzi* e Fr. Eby, *História da Educação Moderna*

Classe infantil (horas)	Classe superior (horas)
Canto..............................3	Canto................................3
Religião e moral............6	Religião e moral..............9
História Natural..............2	História Natural...............2
Artes e Tecnologia.........2	Artes e Tecnologia...........2
Cálculo (mental)............6	Cálculo (escrito)..............6
Desenho........................4	Geometria e Desenho.....4
	Trabalhos manuais
	Higiene e Ginástica (saltar, correr, nadar, caminhar e escalar)
Leitura e Linguagem: Alemão e Francês.........................6	Linguagem: Alemão e Francês (exercícios de composição e estilo e memorização).......4
Geografia.......................2	Latim e Grego (opcionais)
Conhecimento do campo (excursões).....2	

---

[21] Léon assinala ainda como explicações dessa marca histórica da educação na Alemanha nos inícios do século XIX outros fatores – a influência do protestantismo, o fracionamento do país em pequenos estados que cumpriam a obrigatoriedade escolar desde meados do século anterior, e, mais à frente, no decorrer do Oitocentos, as funções políticas assinaladas à escola de concorrer para a unificação do país e desenvolver o espírito nacionalista – que ficam fora do nosso recorte temporal e temático de análise e não serão aqui considerados.

[Fig. 79] Na cidade italiana do século XIV, comércio e escola estão juntos. ("Os Efeitos do Bom e do Mau Governo sobre a cidade e o campo", de A. Lorenzetti, c. 1337-40. Afresco do Palácio Público de Siena.)

[Fig. 80a] Escolas urbanas religiosas: ensino da leitura e da doutrina. (Arte em Madeira. Escola flamenga, século XVI.)

[Fig. 80b] Ensino do mestre-livre: rudimentos de gramática. Ele segura um feixe de varas, indicando que leciona para crianças. (Iluminura de uma tradução da *Política* de Aristóteles do século XV.)

[Fig. 80c] O humanista e seus alunos: sua escola funciona na *loggia*. (Afresco de Benozzo Gozzoli, "Cenas da vida de Santo Agostinho", c. 1463-65.)

[Fig. 81] Escolas urbanas: ensino em vista da profissão. (H. Holbein, o Jovem, 1516. Museu de Basileia.)

[Fig. 82] Escolas urbanas: ensino dos rudimentos. (A. Holbein, 1516.)

[Fig. 83] Ensino da doutrina Reformada, na tradição da proposta luterana. (De obra de B. Picart, século XVIII.)

[Fig. 84] Leitura e doutrina católica: escolas de catequese também para as meninas. (Século XVIII. Paris.)

[Fig. 85a] Saberes e condutas adequados às meninas caminham juntos. (Gravura de Bacheley de um desenho de Gravelot. Século XVIII.)

[Fig. 85b] O castigo dos meninos: palmatória e feixe de varas. (Gravura de Bacheley de um desenho de Gravelot. Século XVIII.)

[Fig. 86] Práticas nas escolas de meninas. (Estampa flamenga, século XVII, segundo quadro de Eisen, *le Père*).

[Fig. 87a] As pequenas escolas domésticas: o preceptor-professor. ("O professor da aldeia", de G.F. Cipper, dito Todeschini, século XVIII.)

[Fig. 87b] O professor e seu grupo de alunos. (*La petite école*, gravura de Milcent, de um quadro de Doublet, c. 1770.)

[Fig. 88a] Escola mista: o casal ensina junto. ("Escola de meninos e meninas", de J. Steen, século XVII.)

[Fig. 88b] Mantendo a tradição da escola elementar doméstica mista. (Século XVIII.)

[Fig. 89a] Cada grupo de alunos com sua tarefa. ("O mestre-escola", de A. van Ostade, 1662.)

[Fig. 89b] Atendimento individual para o grupo que aprende a ler. ("O mestre-escola", de J. Steen, século XVII.)

[Fig. 90a] As milenares tabuinhas de cera para a escrita. (Boécio representado na inicial do seu livro *Consolação da Filosofia*. Século XII. Biblioteca Bodleiana.)

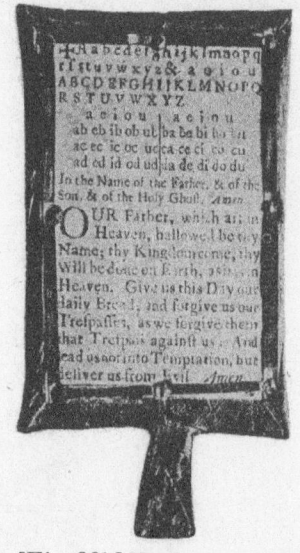

[Fig. 90b] Um *horn-book* inglês: a cartilha do século XVII.

[Fig. 91] Leitura e escrita: aprendidas em separado. ("Escola noturna", de G. Dou. Rijksmuseum, Amsterdã.)

[Fig. 92] Ensino da escrita pelo mestre-escrivão: a caligrafia é arte de profissionais. (Museu Carnavalet. Paris.)

[Fig. 93a] Modo antigo de segurar o cálamo para escrever. (Retrato do médico italiano G. Zelli, de Van Orley. Museu de Arte Antiga, Bruxelas.)

[Fig. 93b] De novo: o livro e o cálamo. ("Retrato de Lutero", de L. Cranach, o Velho. Século XVI.)

[Fig. 93c] O cálamo e o tinteiro. ("A Virgem do *Magnificat*", de Botticelli, c. 1482-98.)

[Fig. 93d] O monge, surpreendido no ato da escrita, suspende o cálamo. ("A visão de São Bernardo", de F. Lippi, c. 1486.)

[Fig. 94a] Modo novo de segurar a pena. (Escriba do afresco "A disputa do Sacramento", de Rafael, c. 1508-9. Tribunal da corte papal. Vaticano.)

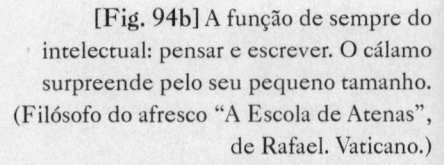

[Fig. 94b] A função de sempre do intelectual: pensar e escrever. O cálamo surpreende pelo seu pequeno tamanho. (Filósofo do afresco "A Escola de Atenas", de Rafael. Vaticano.)

[Fig. 94c] Um sábio à antiga, mas com o novo uso da pena. (F. Bol, pintor holandês do século XVII.)

[Fig. 94d] Na Holanda: correspondência privada. ("Mulher escrevendo uma carta", de G. Ter Borch, 1655.)

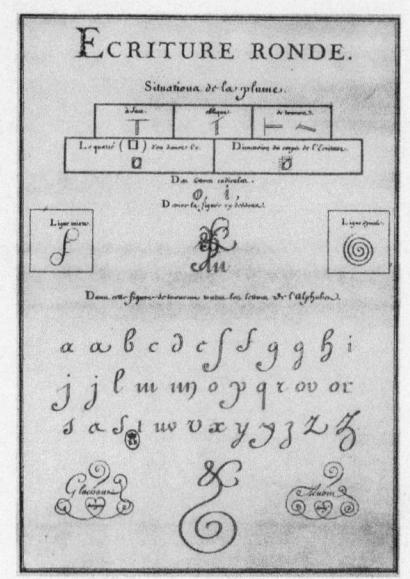

[Fig. 95a] Modelos de escrita: o redondo. (Método de Rossignol, 1742.)

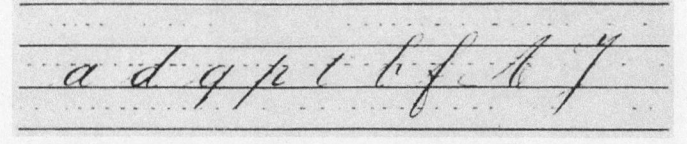

[Fig. 95b] Modelos de escrita: o bastardinho ou italiano.

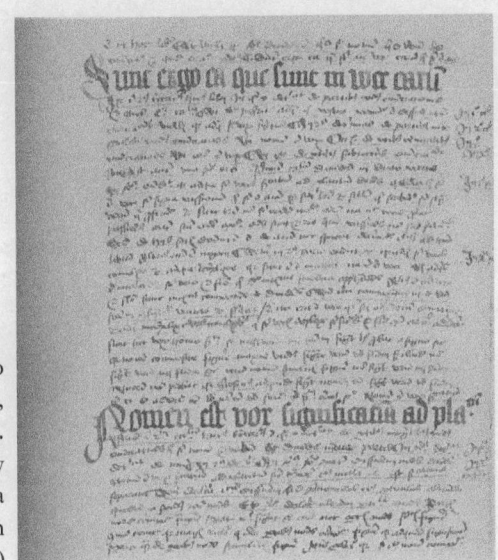

[Fig. 96] Em gótico, o ditado do professor; em cursivo, os comentários do aluno. (Anotações de aula de Thierry de Bruxelas, estudante da Universidade de Louvain, em 1488. Manuscrito, século XV.)

[Fig. 97] Na França, diferenças de gênero: mesas de escrever só para os meninos. (Gravuras de A. Bosse, século XVII.)

[A ESCOLA SECUNDÁRIA ERUDITA] 211

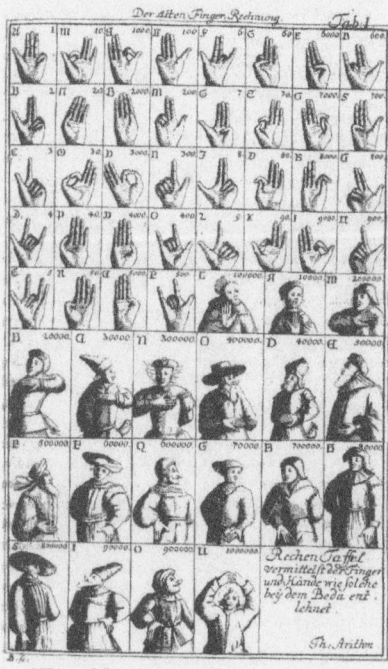

[Fig. 98] Ensinando a contar com dedos e gestos. (J. Leupold, *Theatrum arithmetica-geometricum*, 1727.)

[Fig. 99] Representação simbólica das duas aritméticas: a popular, pelo ábaco, e a erudita, à pena. (G. Rusch, *Margaritha Philosophica*, Basileia, 1508. Gravura em madeira.)

[Fig. 100] O escrivão público: importante função na vida urbana. (Gravura do final do século XVIII. Paris.)

[Fig. 101] O professor lassalista e sua palmatória. ("A Punição", litogravura de Engelmann, de um desenho de Gravedon, início do século XIX.)

[Fig. 102a] Disciplina de corpos e de condutas: em fila, aos pares. ("Os Irmãos conduzindo os alunos na escola de *Saint-Nicolas-des-Champs*, Paris". Litogravura de Marlet.)

[Fig. 102b] A prática lassalista da fila dupla continua em meados do século XIX. (*Après la classe*, de B. Vautier, 1859.)

[Fig. 103] Entre a classe simultânea e o ensino individual. Escola em Friburgo, 1828. ("Uma classe dos irmãos das Escolas Cristãs". Litogravura a partir de um desenho de Clérian.)

[Fig. 104a] *Cochon roti*: método para ensinar a ler por sentenças. (Século XVIII.)

[Fig. 104b] Jogo para ensinar a ler.
(Criado por Mlle. Duteil. Paris, final do século XVIII.)

[Fig. 105] A ardósia com o alfabeto no ambiente doméstico lembra que está chegando o tempo escolar. ("A professora", de Fragonard [1732-1806], segunda metade do século XVIII.)

[Fig. 106a] Leitura oralizada, quando há pouca familiaridade com o escrito. (Quadro de G. Dou. Museu Ermitage, Leningrado.)

[Fig. 106b] Principiante, o menino acompanha a leitura com o dedo. ("A jovem professora", de J.-B. Chardin, c. 1740.)

[Fig. 107a] Leitura silenciosa: privacidade. (*Mademoiselle Lavergne*, de J.Et. Liotard.)

[Fig. 107b] Escrita privada: intimidade. (*Pamela*, de J. Highmore. Londres.)

[Fig. 108] Iluministas: educação pela convivialidade e pela difusão do impresso. ("Diderot lendo para os amigos". Água-forte de Monziés, a partir de um quadro de Meissonier, século XVIII.)

[Fig. 109] Durante a Revolução: educação pela imagem republicana. ("A jovem professora".)

[Fig. 110] Uma classe na primeira escola de ensino mútuo aberta em Paris, em 1815, na antiga capela do colégio de Beauvais. (Litogravura de Marlet, c.1820.)

[Fig. 111] O monitor ensinando a ler. ("O monitor", litogravura de Saillet, c. 1820.)

[Fig. 112] Uma classe de ensino mútuo: o trabalho nos semicírculos.

[Fig. 113a] A oposição aos lassalistas: as escolas dos Irmãos se despovoam.

[Fig. 113b] Rivalidade entre o ensino tradicional dos lassalistas e o novo da escola mútua. ("Progresso das Luzes", caricatura francesa c. 1825.)

[Fig. 114a] Na classe única, de ensino individual, um sumário de todas as representações da escola tradicional, mas o "chapéu de burro" substituiu a palmatória. (*La maîtresse d'école*, de A. Cornet.)

[Fig. 114b] Ensino tradicional: a cena ainda é de gênero, mas o ambiente é sereno e afetuoso. (Litogravura de J. David.)

[Fig. 115a] Representações da escola moderna: urbana, de religiosos, leitura, escrita e cálculo para todos, e classe simultânea. ("A escola dos Irmãos lassalistas", pintura de Fr. Bonvin, c. 1866-73.)

[Fig. 115b] Na escola de religiosas, a classe é única e o ensino simultâneo, mas a lição é dada individualmente. ("Escola de caridade". Água-forte de Masson, de obra de Fr. Bonvin, c. 1850.)

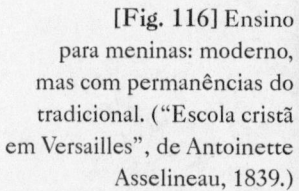

[Fig. 116] Ensino para meninas: moderno, mas com permanências do tradicional. ("Escola cristã em Versailles", de Antoinette Asselineau, 1839.)

[Fig. 117a] A fazenda de Neuhof, onde Pestalozzi iniciou suas atividades de educador. (Gravura de J.H. Schulthess, 1780.)

[Fig. 117b] A aldeia de Stans. (Gravura de H. Thomann, 1790.)

[Fig. 118] Educação familiar: afeto e solidariedade. ("Pestalozzi com os órfãos", de K. Grob, 1879.)

[Fig. 119] O Instituto de Yverdon: educação escolar primária e secundária.

[Fig. 120] Música no currículo da escola primária. ("A lição de canto", litogravura de Barry, de um quadro de C. Schloesser, c. 1850.)

Referências

Bibliografia

ABBAGNANO, N.; VISALBERGHI, A. *História da pedagogia*, II. Trad. Lisboa: Livros Horizonte, 1981.

AMELANG, J. S. O burguês. In: VILLARI, R. (Org.). *O homem barroco*. Trad. Lisboa: Presença, 1995.

ARIÈS, Ph. A educação familiar. In: MIALARET, G.; VIAL, J. (Orgs.). *História mundial da educação*, II. Trad. Porto: Rés, s/d.

ARIÈS, Ph. *História social da criança e da família*. Trad. R. de Janeiro: Zahar, 1978.

AYMARD, M. Amizade e convivialidade. In: ARIÈS, Ph.; CHARTIER, R. (Orgs.). *História da vida privada*, 3. Trad. São Paulo: Companhia das Letras, 1991.

BAXANDALL, M. *O olhar renascente*: pintura e experiência social na Itália do Renascimento. Trad. São Paulo: Paz e Terra, 1991.

BERNARDI, W. *Educazione e società in Francia dall' Illuminismo alla Rivoluzione*. Torino: Loescher, 1978.

BROCCHIERI, M. T. B. O intelectual. In: LE GOFF, J. (Org.). *O homem medieval*. Trad. Lisboa: Presença, 1989.

BROWN, P. Antiguidade tardia. In: VEYNE, P. (Org.). *História da vida privada*, 1. Trad. São Paulo: Companhia das Letras, 1991.

BURKE, M.L.P. Educação das massas: uma "sombra" no século das Luzes. In: VIDAL, D. G.; HILSDORF, M. L. S. (Orgs.). *Tópicas em História da Educação*. São Paulo: Edusp, 2001.

BURKE, P. O cortesão. In: GARIN, E. (Org.). *O homem renascentista*. Trad. Lisboa: Presença, 1991.

BURKE, P. *Veneza e Amsterdã*: um estudo das elites do século XVII. Trad. São Paulo: Brasiliense, 1991.

BURKE, P. *As fortunas d'*O Cortesão. Trad. São Paulo: Edunesp, 1997.

BURKE, P. *Cultura popular na Idade Moderna*: Europa, 1500-1800. 2 ed. Trad. São Paulo: Companhia das Letras, 1999.

CARRATO, J. F. O ensino do latim no Colégio do Caraça. *Revista de História*, n. 75, p. 105-127 (1968).

CAULY, O. *Comenius*: o pai da pedagogia moderna. Trad. Lisboa: Inst. Piaget, s/d.

CHARTIER, R. As práticas da escrita. In: ARIÈS, Ph.; CHARTIER, R. (Orgs.). *História da vida privada*, 3. Trad. São Paulo: Companhia das Letras, 1991.

CLAUSSE, A. A Idade Média. In: DEBESSE, M.; MIALARET, G. (Orgs.). *Tratado das ciências pedagógicas*, 2. Trad. São Paulo: Nacional/Edusp, 1977.

CLAUSSE, A. *A relatividade educativa*: esboço de uma história e de uma filosofia da escola. Trad. Coimbra: Livraria Almedina, 1976.

CODIGNOLA, E. *Linee di storia dell' educazione e della pedagogia*. Firenze: La Nuova Itália, 1965.

COMÉNIO. *Didática magna*. Trad. Lisboa: Fund. C. Gulbenkian, 1966.

COMPÈRE, M.-M. *Du collège au lycèe, 1500-1850*. Gallimard/Julliard, 1985.

COSSU, L.; MAGGI, M. *L'educazione dell'Europa moderna*. Torino: Loescher, 1980.

DAVIDSON, N. S. *A Contra-Reforma*. Trad. São Paulo: Martins Fontes, 1991.

DAVIES, N. Z. *Culturas do povo*: sociedade e cultura no início da Idade Moderna. Trad. São Paulo: Paz e Terra, 1990.

DEBESSE, M. A Renascença. In: DEBESSE, M.; MIALARET, M. (Orgs.). *Tratado das ciências pedagógicas*, 2. Trad. São Paulo: Nacional/Edusp, 1977.

DELUMEAU, J. *A civilização do Renascimento*. 2 v. Trad. Lisboa: Estampa, 1984.

Diário de Walafrido Estrabão. Trad. e notas de Cynthia P. de Sousa. *Cadernos de Filosofia e História da educação*, II, 3, p. 24-44 (1994).

DINI, A. *La formazione intelletuale nel' 500*. Torino: Loescher, 1978.

DUBY, G. *A Europa na Idade Média*. Trad. São Paulo: M. Fontes, 1988.

DUBY, G. Advertência. In: DUBY, G. (Org.). *História da vida privada*, 2. Trad. São Paulo: Companhia das Letras, 1990.

DUFRAISSE, R. A educação durante o Período Revolucionário, 1789-1915. In: VIAL, J.; MIALARET, G. (Orgs.). *História mundial da educação*, II. Trad. Porto: Rés, s/d.

DUVEAU, G. *Les instituteurs*. Paris: Ed. Du Seuil, 1966.

EBY, Fr. *História da Educação Moderna*. Trad. Porto Alegre: Globo, 1962.

ENGUITA, M. *A face oculta da escola*: educação e trabalho no capitalismo. Trad. Porto Alegre: Artes Médicas, 1989.

GARIN, E. *Educazione umanística in Italia*. Roma/Bari: Laterza, 1975.

GARIN, E. *L' educazione in Europa, 1400/1600*. Roma/Bari:Laterza, 1976 .

GARIN, E. *L' umanesimo italiano*. Roma/Bari: Laterza, 1978.

GARIN, E. O filósofo e o mago. In: GARIN, E. (Org.). *O homem renascentista*. Trad. Lisboa: Presença, 1991.

GARRISSON, J. *Les protestants au XVIe. siècle*. Fayard, 1988.

GAULUPEAU, Yves. *La France à l'école*. Paris: Gallimard, 1996.

GONTARD, M. Os ensinos primário e secundário em França. In: VIAL, J.; MIALARET, G. (Orgs.). *História mundial da educação*, III. Trad. Porto: Rés, s/d.

GOULEMOT, J. M. As práticas literárias ou a publicidade do privado. In: ARIÈS, Ph.; CHARTIER, R. (Orgs.). *História da vida privada*, 3. Trad. São Paulo: Companhia das Letras, 1991.

HANSEN, J. A. A civilização pela palavra. In: LOPES, E.M.T. e outros. (Orgs.). *500 anos de educação no Brasil*. Belo Horizonte: Autêntica, 2000.

HILL, Christopher. *Origens intelectuais da Revolução Inglesa*. Trad. São Paulo: Martins Fontes, 1992.

HILL, Christopher. *O mundo de ponta-cabeça*. Trad. São Paulo: Companhia das Letras, 1987.

INCONTRI, Dora. *Pestalozzi*: educação e ética. São Paulo: Scipione, 1996.

JAEGER, W. *Cristianismo primitivo y Paidéia griega*. Trad. México: FCE, 1965.

LADURIE, E. Le Roy. *O Estado monárquico – França, 1460-1610*. Trad. São Paulo: Companhia das Letras, 1994.

LADURIE, E. *O mendigo e o professor:* a saga da família Platter no século XVI. Trad. Rio de Janeiro: Rocco, 1999.

LAUAND, L.-J. *Educação, teatro e matemática medievais*. São Paulo: Perspectiva, 1986.

LAUAND, L.-J. *Cultura e educação na Idade Média*. São Paulo: Martins Fontes, 1998.

LE GOFF, J. *Os intelectuais na Idade Média*. 2. ed. Trad. São Paulo: Brasiliense, 1989.

LE GOFF, J. *O apogeu da cidade medieval*. Trad. São Paulo: M. Fontes, 1992.

LÉON, Ant. *Introdução à História da Educação*. Trad. Lisboa: D. Quixote, 1983.

LÉON, Ant. Da Revolução Francesa aos começos da Terceira República. In: DEBESSE, M.; MIALARET, G. (Orgs.). *Tratado das ciências pedagógicas*, 2. Trad. São Paulo: Nacional/Edusp, 1977.

LETTS, R. M. *O Renascimento*. Trad. R. de Janeiro/ São Paulo: Zahar/Círculo do Livro, 1982.

MANACORDA, M. A. *História da Educação*: da Antigüidade aos nossos dias. 2. ed. Trad. São Paulo: Cortez/Autores Associados, 1989.

MANDROU, R. *Dagli umanisti agli scienziati*: sécoli XVI-XVII. Trad. Roma/Bari: Laterza, 1975.

MANGUEL, A. *Uma história da leitura*. Trad. São Paulo: Companhia das Letras, 1997.

MARGOLIN, J.-C. A educação no tempo da Contra-Reforma. In: VIAL, J.; MIALARET, G. (Orgs.). *História mundial da educação*, II. Trad. Porto: Rés, s/d.

MARROU, H.-I. *História da Educação na Antigüidade*. Trad. São Paulo: Herder/Edusp, 1966.

MARROU, H.-I. *Santo Agostinho e o agostinismo*. Trad. R. de Janeiro: Agir, 1957.

MESNARD, P. Rollin forja o espírito do ensino secundário. In: CHÂTEAU, J. (Org.). *Os grandes pedagogistas*. Trad. São Paulo: Nacional, 1978.

MESNARD, P. A pedagogia dos jesuítas. In: CHÂTEAU, J. (Org.). *Os grandes pedagogistas*. Trad. São Paulo: Nacional, 1978.

MEYLAN, L. Henrique Pestalozzi. In: CHÂTEAU, J. (Org.). *Os grandes pedagogistas*. Trad. São Paulo: Nacional, 1978.

MICCOLI, G. Os monges. In: LE GOFF, J. (Org.). *O homem medieval*. Trad. Lisboa: Presença, 1989.

MONTEIRO, H. *O feudalismo*: economia e sociedade. São Paulo: Ática, 1986.

MORANDO, Dante. *Pedagogia*. Trad. Barcelona: L. Miracles, 1953.

NUNES, R. *História da Educação na Antigüidade Cristã*. São Paulo: EPU/Edusp, 1978.

NUNES, R. *História da Educação na Idade Média*. São Paulo: EPU/Edusp, 1979.

NUNES, R. *História da Educação no Renascimento*. São Paulo: EPU/Edusp, 1980.

NUNES, R. *História da Educação no século XVII*. São Paulo: EPU/Edusp, 1981.

PINSKY, J. *O modo de produção feudal*. São Paulo: Brasiliense, 1979.

REVEL, J. Os usos da civilidade. In: ARIÈS, Ph.; CHARTIER, R. (Orgs.). *História da vida privada*, 3. Trad. São Paulo: Companhia das Letras, 1991.

RHEINHOLDT, H. *História da balança e a vida de J. J. Barzelius*. São Paulo: Nova Stella/Edusp, 1988.

ROBIQUET, P. *A vida quotidiana no tempo da Revolução Francesa*. Trad. Lisboa: Livros do Brasil, s/d.

RONAN, C. A. *História ilustrada da ciência*, 2: Oriente, Roma e Idade Média. Trad. São Paulo: Zahar/Círculo do Livro, s/d.

RONAN, C. A. *História ilustrada da ciência*, 3: Da Renascença à Revolução Científica. Trad. São Paulo: Zahar/Círculo do Livro, s/d.

ROSSI, P. O cientista. In: VILLARI, R. (Org.). *O homem barroco*. Trad. Lisboa: Presença, 1995.

ROUCHE, M. A Alta Idade Média ocidental. In: VEYNE, P. (Org.). *História da vida privada*, 1. Trad. São Paulo: Companhia das Letras, 1991.

SCHAMA, S. *O desconforto da riqueza*: a cultura holandesa na época de ouro. Trad. São Paulo: Companhia das Letras, 1992.

SERVIER, J. *Histoire de l' utopie*. Paris: Gallimard, 1978.

SNYDERS, G. Os séculos XVII e XVIII. In: DEBESSE, M.; MIALARET, G. (Orgs.). *Tratado das ciências pedagógicas*, 2. Trad. São Paulo: Nacional/Edusp, 1977.

SPENCE, J. *O Palácio da Memória de Matteo Ricci*. Trad. São Paulo: Companhia das Letras, 1986.

STAROBINSKI, J. *A invenção da liberdade, 1700-1789*. Trad. São Paulo: Edunesp, 1994.

THOMPSON, E. P. *Costumes em comum*: estudos sobre a cultura popular tradicional. Trad. São Paulo: Companhia das Letras, 1998.

VERGER, J. *As universidades medievais*. Trad. São Paulo: Unesp, 1990.

VERGER, J. Universidades e escolas medievais: do final do século XI ao final do século XV. In: MIALARET, G.; VIAL, J. (Orgs.). *História mundial da educação*, I. Trad. Porto: Rés, s/d.

VEYNE, P. O Império Romano. In: VEYNE, P. (Org.). *História da vida privada*, 1. Trad. São Paulo: Companhia das Letras, 1991.

VIAL, J. A aprendizagem dos rudimentos na Europa ocidental. In: VIAL, J. ; MIALARET, G. (Orgs.). *História mundial da educação*, II. Trad. Porto: Rés, s/d.

VIAL, J. As técnicas das aprendizagens rudimentares do século XIX. In: VIAL, J. ; MIALARET, G. (Orgs.). *História mundial da educação*, III. Trad. Porto: Rés, s/d.

VIGUERIE, J. de. Os colégios em França. In: VIAL, J.; MIALARET, G. (Orgs). Trad. *História mundial da educação*, II. Trad. Porto: Rés, s/d.

VILLARI, R. Introdução. In: VILLARI, R. (Org.). *O homem barroco*. Trad. Lisboa: Presença, 1995.

YATES, Frances. *O iluminismo Rosa-Cruz*. Trad. São Paulo: Pensamento, 1983.

YATES, Frances. *Giordano Bruno e a tradição hermética*. Trad. São Paulo: Cultrix, s.d.

WALEY, D. *Las ciudades-república italianas*. Trad. Madrid: Guadarrama, 1969.

WEIMER, H. *Historia de la pedagogia*. Trad. Ed. de la Lectura, s/d.

WOLFF, Ph. *Outono da Idade Média ou primavera dos Tempos Modernos?* Trad. São Paulo: M. Fontes, 1988.

ZIND, P. La catequesis. In: AVANZINI, G. (Org.). *La pedagogia desde el siglo XVII hasta nuestros días*. Trad. México: FCE, 1990.

Bibliografia ampliada

ALPERS, Svetlana. *A arte de descrever*: a arte holandesa no século XVII. Trad. São Paulo: Edusp, 1999.

BASTOS, M. H.; FARIA FILHO, L. (Orgs.) *A escola elementar no século XIX*: o método monitorial/mútuo. Passo Fundo: EDIUPF, 1999.

BURKE, M. L. P. *The Spectator: O teatro das Luzes*: diálogo e imprensa no século XVIII. São Paulo: Hucitec, 1995.

COVELLO, S. C. *Comenius*: a construção da pedagogia. 3 ed. São Paulo: Ed. Comenius, 1999.

DUBY, G. *Senhores e camponeses*. Trad. São Paulo: M. Fontes, 1990.

DUBY, G. *L'an mil*. Paris: Gallimard/Julliard, 1980.

DURKHEIM, E. *A evolução pedagógica*. Trad. Porto Alegre: Artes Médicas, 1995.

DAVIES, N. Z. *Nas margens*: três mulheres do século XVII. Trad. São Paulo: Companhia das Letras, 1997.

DOYLE, W. *O Antigo Regime*. Trad. São Paulo: Ática, 1991.

ELLIOT, J. H. *A Europa dividida, 1559-1598*. Trad. Lisboa: Presença, 1985.

ELTON, G.R. *A Europa durante a Reforma, 1517-1559*. Trad. Lisboa: Presença, 1982.

FALCON, Fr. J. C. *O Despotismo Esclarecido*. São Paulo: Ática, 1986.

FALCON, Fr. J. *O Iluminismo*. São Paulo: Ática, 1986.

FRAGO, A. V. *A alfabetização na sociedade e na história*. Trad. Porto Alegre: Artes Médicas, 1991.

GARIN, E. (Org.). *O homem renascentista*. Trad. Lisboa: Presença, 1991.

GUENÉE, B. *O Ocidente nos séculos XIV e XV*: os Estados. Trad. São Paulo: Pioneira/EDUSP, 1981.

GUION, J. La lectura y la escritura. In: AVANZINI, G. (Org.). *La pedagogia desde el siglo XVII hasta nuestros días*. Trad. México: FCE, 1990.

HALE, J.R. *A Europa durante o Renascimento, 1480-1520*. Trad. Lisboa: Presença, 1983.

HALL, A. R. *A revolução na ciência, 1500-1750*. Trad. Lisboa: Edições 70, 1988.

HASKELL, Fr. *Mecenas e pintores*: arte e sociedade na Itália barroca. Trad. São Paulo: Edusp, 1997.

HEERS, J. *O Ocidente nos séculos XIV e XV*: aspectos econômicos e sociais. Trad. São Paulo: Pioneira/EDUSP, 1981.

HIBBERT, Ch. *Ascensão e queda da casa dos Médici*: o Renascimento em Florença. Trad. São Paulo: Companhia das Letras, 1993.

HILSDORF, M.L. *Pensando a educação nos Tempos Modernos*. São Paulo: Edusp, 1998.

HUIZINGA, J. *O declínio da Idade Média*. Trad. São Paulo: Verbo/Edusp, 1978.

KRIEGER, L. *Kings and philosophers, 1689-1789*. N. York: W.W.Norton, 1970.

LE GOFF, J. (Org.). *O homem medieval*. Trad. Lisboa: Presença, 1989.

LESSAGE, P. O ensino mutual. In: MIALARET, G.; VIAL, J. (Orgs.). *História mundial da educação*, III. Trad. Porto: Rés, s/d.

LEE, St. J. *A Guerra dos Trinta Anos*. São Paulo: Ática, 1994.

MACEDO, J.R. *A mulher na Idade Média*. São Paulo: Contexto, 1990.

MANNARINO, L. *La condizione dell' intelectuale nel Seicento*. Torino: Loescher, 1975.

MARGOLIN, J.-C. A educação na época dos grandes humanistas. In: VIAL, J.; MIALARET, G. (Orgs.). *História mundial da educação*, II. Trad. Porto: Rés, s/d.

MAYER, A. J. *A força da tradição*: a persistência do Antigo Regime. Trad. São Paulo: Companhia das Letras, 1987.

MIALARET, G; VIAL, J. (Orgs.). *História mundial da educação*, I. Trad. Porto: Rés, s/d..

MICELI, P. *O feudalismo*. São Paulo/Campinas: Atual/Unicamp, 1986.

NARODOWSKI, M. *Comenius & a educação*. Trad. Belo Horizonte: Autêntica, 2001.

NÓVOA, Ant. Para o estudo sócio-histórico da gênese e desenvolvimento da formação docente. *Teoria & Educação*, n. 4, p.109-134 (1991).

PERNOUD, R. *A mulher no tempo das catedrais*. Trad. Lisboa: Gradiva, 1984.

PETITAT, A. *Produção da escola/produção da sociedade*. Trad. Porto Alegre: Artes Médicas, 1991.

POGGI, St. *Immagine dell' uomo e prospettive educative*: da Lessing a Herbart. Torino: Loescher, 1978.

RIBEIRO, Arilda I. *A educação feminina durante o século XIX*: o Colégio Florence de Campinas, 1863-89. Campinas: CME/Unicamp, 1996.

RICHÉ, P. A educação na Alta Idade Média, séculos VI-XI. In: MIALARET, G.; VIAL, J. (Orgs.). *História mundial da educação*. I. Trad. Porto: Rés, s/d.

STONE, L. *Causas da Revolução Inglesa, 1529-1642*. Trad. Bauru: Edusc, 2000.

SEVCENKO, N. *O Renascimento*. 4. ed. São Paulo/Campinas: Atual/Unicamp, 1986.

Textes et documents pour la classe – Ecoles et écoliers de Henri IV a Napoléon, n. 146 (1975).

Textes et documents pour la classe – Ecoles et écoliers 1815-1879, n.186. (1977).

Textes et documents pour la classe – L'espace de la classe, n. 808 (2001).

TENENTI, A. *Florença na época dos Médici*. Trad. São Paulo: Perspectiva, 1973.

TUCHMAN, B. *Um espelho distante*. Trad. R. Janeiro: J. Olympio, 1989.

VILLARI, R. (Org.). *O homem barroco*. Trad. Lisboa: Presença, 1995.

WARNKE, M. *O artista da corte*: os antecedentes dos artistas modernos. Trad. São Paulo: Edusp, 2001.

Fontes das ilustrações

Figs. 37, 44, 47, 50, 73, 75a, 75b, 83, 84, 92, 106a, 107b: ARIÈS, Ph.; CHARTIER, R. (Orgs.). *História da vida privada*, 3. Trad. São Paulo: Companhia das Letras, 1991.

Figs. 4, 6a: BACKHOUSE, J. *The illuminated manuscript*. London: Phaidon, 1979.

Fig. 29a: BAXANDALL, M. *O olhar renascente*: pintura e experiência social na Itália da Renascença. Trad. Rio de Janeiro: Paz e Terra, 1991.

Figs. 10b, 17b: Biblioteca Salvat de grandes temas: *A nova pedagogia*. Trad. 1980.

Figs. 10c, 90a: BROOKE, Chr. *O Renascimento do século XII*. Trad. Lisboa: Verbo, 1972.

Figs. 6c, 22b, 93c, 100: CHARTIER, R. *A aventura do livro*: do leitor ao navegador. Trad. São Paulo: Edunesp/Imprensa Oficial do Estado, 1999.

Fig. 59: COHN, W. *Albrecht Dürer, 1471-1528*. Trad. Lisboa: Bertrand, s/d.

Figs. 40, 69a, 71: COMÉNIO. *Didática magna*. Trad. Lisboa: Fund. Calouste Gulbenkian, 1966.

Figs. 22a, 26a, 80c: DUBY, G. (Org.). *História da vida privada*, 2. Trad. São Paulo: Companhia das Letras, 1990.

Fig. 96: DUBY, G. *História artística da Europa: a Idade Média*, II. Trad. São Paulo/Rio de Janeiro: Paz e Terra, 1998.

Figs. 78, 88b, 104a, 113a: DUVEAU, G. *Les instituteurs*. Paris: Du Seuil, 1966.

Fig. 90b: EBY, Fr. *História da Educação Moderna*. Trad. Porto Alegre: Globo, 1962.

Figs. 8a, 8b, 98: EISENSTEIN, E. L. *A revolução da cultura impressa*: os primórdios da Europa Moderna. Trad. São Paulo: Ática, 1998.

Fig. 18: *Enciclopédia da civilização e da arte*, V. Trad. São Paulo: Martins, s/d.

Figs. 21b, 27, 28: *Enciclopédia da civilização e da arte*, VI. Trad. São Paulo: Martins, s/d.

Fig. 94a: *Enciclopédia da civilização e da arte*, VII. Trad. São Paulo: Martins, s/d.

Fig. 26b: *Enciclopédia dos museus – Louvre*. 2. ed. Trad. São Paulo: Melhoramentos, s/d.

Figs. 36, 51a, 56b: *Enciclopédia dos museus – Pinacoteca de Munique*. 2. ed. Trad. São Paulo: Melhoramentos, s/d.

Figs. 55a, 55b, 91: *Enciclopédia dos museus – Rijksmuseum de Amsterdã*. 2 ed. Trad. São Paulo: Melhoramentos, s/d.

Fig. 38: GARRISSON, J. *Les protestans au XVI e. siècle*. Fayard, 1988.

Figs. 10a, 46a, 46b, 81, 87b, 89a, 89b, 101, 102b, 113b, 114a: GAULUPEAU, Y. *La France à l' école*. Paris: Gallimard, 1996.

Fig. 74: HASKELL, Fr. *Mecenas e pintores*: arte e sociedade na Itália barroca. Trad. São Paulo: Edusp, 1997.

Figs. 7d, 93a: JEAN, G. *A escrita. Memória dos homens*. Trad. Rio de Janeiro: Objetiva, 2002.

Fig. 106b: JONES, St. *A arte do século XVIII*. Trad. São Paulo: Círculo do Livro, s/d.

Figs. 117a, 117b, 118, 119: INCONTRI, D. *Pestalozzi*: educação e ética. São Paulo: Scipione, 1997.

Figs. 1, 2, 15, 33a, 35a, 35b, 39b, 42, 49a, 85a, 85b, 97, 99, 102b, 108, 109, 110, 111, 114b, 115b: LÉAUD, A.; GLAY, E. *L´école primaire en France*, I. Paris: La Cité Française, s/d.

Fig. 120: LÉAUD, A.; GLAY, E. *L´école primaire en France*, II. Paris: La Cité Française, s/d.

Figs. 11a, 57a: LE GOFF, J. *Os intelectuais na Idade Média*. 2. ed. Trad. São Paulo: Brasiliense, l989.

Figs. 20, 21a, 25: LETTS, R. M. *O Renascimento*. Trad. R. de Janeiro/São Paulo: Zahar/ Círculo do Livro, 1982.

Fig. 33b: LINDSAY, K. *A educação na Inglaterra*. Trad. Rio de Janeiro: J. Olympio, s/d.

Figs. 45a, 45b: LEYMARIE, J. *Le Nain*. Paris: Braun & Cia., s/d.

Fig. 16: HOLANDA, S. B. de *[et al]*. *História da Civilização*: curso moderno. 8. ed. São Paulo: Nacional, 1980.

Figs. 5, 41c, 80a, 80b, 82, 93b: MANGUEL, A. *Uma história da leitura*. Trad. São Paulo: Companhia das Letras, 1997.

Fig. 58: MASTERS, R. *Da Vinci e Maquiavel*: um sonho renascentista. Trad. Rio de Janeiro: Zahar, 1999.

Figs. 12a, 17a: MIALARET, G.; VIAL, J. (Orgs.). *História mundial da educação*, I. Trad. Porto: Rés, s/d.

Figs. 39a, 48, 86, 87a, 95a, 104b: MIALARET, G.; VIAL, J. (Orgs.). *História mundial da educação*, II. Trad. Porto: Rés, s/d.

Figs. 95b, 115: MIALARET, G.; VIAL, J. (Orgs.). *História mundial da educação*, III. Trad. Porto: Rés, s/d.

Fig. 34: MONTAIGNE. *Ensaios*, I. Trad. Porto Alegre: Globo, 1961.

Figs. 23a, 24: *O mundo dos museus – Galeria Nacional de Londres*, 1. Trad. Madri: Codex, 1968.

Fig. 23b: *O mundo dos museus – Galeria degli Uffizzi de Florença*. Trad. Madri: Codex, 1967.

Fig. 64: *O mundo dos museus – Galeria de Pintura do Museu de Arte Histórica de Viena*. Trad. Madri: Codex, 1968.

Fig. 107a: *O mundo dos museus – Museu do Estado de Amsterdã*. Trad. Madri: Codex, 1967.

Fig. 29b: *Os pensadores*: história das grandes idéias do mundo ocidental. Suplemento, I, cap. 13. São Paulo: Abril Cultural, 1972-74.

Fig. 31: *Os pensadores*: história das grandes idéias do mundo ocidental. Suplemento, I, cap. 15. São Paulo: Abril Cultural, 1972-74.

Fig. 94b: *Os pensadores*: história das grandes idéias do mundo ocidental. Suplemento, I, cap. 1. São Paulo: Abril Cultural, 1972-74.

Fig. 68: *Os pensadores*: história das grandes idéias do mundo ocidental. Suplemento, I, cap. 20. São Paulo: Abril Cultural, 1972-74.

Fig. 49b: *Os pensadores*: história das grandes idéias do mundo ocidental. Suplemento, II, cap. 23. São Paulo: Abril Cultural, 1972-74.

Fig. 72: *Os pensadores*: história das grandes idéias do mundo ocidental. Suplemento, II, cap. 27. São Paulo: Abril Cultural, 1972-74.

Fig. 76: *Os pensadores*: história das grandes idéias do mundo ocidental. Suplemento, II, cap. 29. São Paulo: Abril Cultural, 1972-74.

Fig. 77: *Os pensadores*: história das grandes idéias do mundo ocidental. Suplemento, II, cap. 33. São Paulo: Abril Cultural, 1972-74.

Figs. 7c, 29c: PLINVAL, G. de; PITTET, R. (Orgs.). *Histoire illustrée de l'Église*, I. Genève/Paris: L'Écho Illustré/Ed. Du Cerf, s/d.

Figs. 93d, 94c: PLINVAL, G. de; PITTET, R. (Orgs.). *Histoire illustrée de l'Église*, II. Genève/Paris: L'Écho Illustré/Ed. Du Cerf, s/d.

Fig. 30: RASHDALL, H. *The universities of Europe in the Middle Ages*, 1. Oxford: Oxford Univ. Press, s/d.

Figs. 32, 57b, 63: RONAN, C. A. *História Ilustrada da ciência*, 2: Oriente, Roma e Idade Média. Trad. São Paulo: Zahar/Círculo do Livro, s/d.

Fig. 65: RONAN, C. A. *História ilustrada da ciência*, 3: Da Renascença à Revolução Científica. Trad. São Paulo: Zahar/Círculo do Livro, s/d.

Figs. 60a e 60b: ROUCHÈS, G. *Peinture allemande (XIVe.-XVIe. siècles)*. Paris: Braun & Cia., s/d.

Figs. 51b, 51c, 52a, 52b, 53, 54a, 54b, 56a, 88a: SCHAMA, S. *O desconforto da riqueza*: a cultura holandesa na época de ouro. Trad. São Paulo: Companhia das Letras, 1992.

Fig. 43: SELSE, Elisabeth. "Singing for their supper". *The World of Interior*, p. 178-187 (may 1990).

Fig. 11b: SHAVER-CRANDELL, A. *A Idade Média*. Trad. São Paulo: Círculo do Livro, s/d.

Fig. 94d: SOUZA-LEÃO, J. de. *Pintura holandesa – século XVIII*. S/i.

Fig. 13: STEENBERGHEN, F. van. *História da Filosofia*: período cristão. Trad. Lisboa: Gradiva, s/d.

Figs. 41a, 41b: SVEND-DAHL. *Histoire du livre*. Paris: Poinard, s/d.

Figs. 103, 116: *Textes et documents pour la classe – L'espace de la classe*, n. 808 (2001).

Figs. 9, 22c, 112: VAISEY, J. *A educação no mundo moderno*. Trad. Porto: Inova, s/d.

Fig. 105: Fragonard. *Ventura*, n. 3, 11, p. 2-32 (1990).

Figs. 3, 6b, 7a, 7b: VEYNE, P. (org.). *História da vida privada*, 1. Trad. São Paulo: Companhia das Letras, 1991.

Figs. 66, 67a, 67b, 69b, 70a, 70b: YATES, Fr. *O Iluminismo Rosa-Cruz*. Trad. São Paulo: Pensamento, 1983.

Figs. 61, 62: YATES, Fr. *Giordano Bruno e a tradição hermética*. Trad. São Paulo: Cultrix, s/d.

Figs. 12b, 14, 19, 79: WALEY, D. *Las ciudades-república italianas*. Trad. Madrid: Guadarrama, 1969.

Este livro foi composto com tipografia Bembo e impresso
em papel Polen Soft 70g/m² na PSI7.